北京文化产业发展研究
——基于新浪微博公开数据的分析

赵继敏 著

九州出版社
JIUZHOUPRESS

图书在版编目（CIP）数据

北京文化产业发展研究 ： 基于新浪微博公开数据的分析 / 赵继敏著 . -- 北京 ： 九州出版社， 2021.8
ISBN 978-7-5225-0433-9

Ⅰ . ①北… Ⅱ . ①赵… Ⅲ . ①文化产业－产业发展－研究－北京 Ⅳ . ① G127.1

中国版本图书馆 CIP 数据核字 (2021) 第 171242 号

北京文化产业发展研究：基于新浪微博公开数据的分析

作　　者　赵继敏　著
责任编辑　李创娇
出版发行　九州出版社
地　　址　北京市西城区阜外大街甲 35 号 (100037)
发行电话　(010)68992190/3/5/6
网　　址　www.jiuzhoupress.com
印　　刷　三河市华东印刷有限公司
开　　本　787 毫米 × 1092 毫米　16 开
印　　张　13.5
字　　数　245 千字
版　　次　2021 年 9 月第 1 版
印　　次　2021 年 9 月第 1 次印刷
书　　号　ISBN 978-7-5225-0433-9
定　　价　58.00 元

前 言

近年来，著者先后主持北京市社会科学院重点课题"'互联网+'与北京文化创新（2016A3239）"、北京市社会科学基金一般课题"基于互联网公开数据的北京网络文化产业研究（16YJB022）"、北京市社会科学院激励课题"信息技术影响下的文化创意产业集群布局与演化研究（2021C6773）"。基于三个项目，著者采集了关于北京传统文化产业、网络文化产业的一批网络公开数据，从文化产业发展的理论依据与实践经验出发，对这些数据进行了较为系统地分析，研讨了北京文化产业不同门类在产业组织、产业布局、信息传播等方面呈现的规律，撰写了这本拙作。

根据著者多年的观察，文化产业研究大致有三种类型。第一种是在园区尺度针对文化产业某一个具体门类的研究，比如，一些文献中对工业设计园区发展机理的探讨。第二种是在国家和城市尺度，基于数据对文化产业做整体性的研究，比如，针对北京市的文化产业集聚形态的分析。第三种是在城市尺度对不同的文化产业门类进行的分析和比较。从国内外经验来看，城市是制定扶持政策最多、对文化产业发展影响最密切的尺度层级，同时，不同门类的文化产业发展规律上有一定的差异，因而第三类的研究往往最具价值。但是，长期以来，因为数据的限制，第三种类型的研究以定性分析为主，定量分析很难得到推进。本书采用互联网公开数据，试图在这方面做出一点尝试。

当前，以新浪微博为代表的新型网络社区是融入人民群众日常生活的重要社交网络平台，同时，也是现代企业和机构彼此联络以及向社会和公众发布信息的重要信息发布平台。在传统文化产业和网络文化产业中，几乎所有的大企业都会开通官方微博，重要的文化名人也都有自己的微博账号。我们基于从新浪微博抓取的关于北京艺术、动画、相声、设计、时装、音乐、电影等7种类型的传统文化产业（本书中对于互联网产生之前已经存在的非网络文化产业的特定称谓），以及网络媒体、网络动漫、网络视频、网络文学、网络影视、网络音乐、网络游戏、网络广告等8种类型的网络文化产业的企业数据和个人从业者数据，分析了北京传统文化产业和网络文化产业的组织形式以及发展趋势。

研究发现，北京传统文化产业、网络文化产业不同门类之间存在共性也存在差异。主要共同点包括：北京传统文化产业、网络文化产业主要关注的微博一般是来自中国广东、上海，以及美国、韩国等国内外经济、文化较为发达的地方。临近的天津市、河北省很少被北京的文化企业或个人关注。在北京市内部，朝阳区、东城区和海淀区是文化产业、网络文化产业机构和个人用户分布最多的区。主要差异在于各类文化产业中，最受关注的企业和个人的特点不同，文化产业微博相互关注的社会网络密度有明显的差异，北京在文化产业的各部类的竞争优势有明显差异等。此外，著者根据北京在具体的网络文化产业门类中的特征，对北京相关产业的发展趋势做出了一些基本的判断。

在本书的撰写过程中，烽火通讯科技的陈振超先生对数据采集提供了重要帮助，在此向他表示衷心的感谢。由于网络时代的快速发展，新旧观念迅速更新，在写作中难免有偏颇、不成熟之处，加之作者水平有限，书中或多或少存在缺点及错误，希望广大读者批评指正。

赵继敏

2021年6月

目 录

第一章　总论：“互联网+”的兴起及对文化产业的影响

（一）“互联网+”对文化领域的影响

国外没有“互联网+”这一概念，主要采用“IT（信息技术）的应用”或者“工业互联网”之类的概念表达类似的含义。国外多数学者认为文化是相对稳定的，有关IT与文化关系的研究数量较少。我们将其分为以下3类：

1. IT对国家文化的影响

比如，Leidner和Kayworth指出IT可能会影响不同国家之间的文化趋于融合。①

2. IT对基层组织（机关和企业）文化的影响

一些研究认为信息技术价值并非中立，IT本身就是文化。在企业或者政府部门使用信息技术后，其内部文化倾向于秩序、体系和理性。②

3. IT对文化产业的影响

这是较多的一类研究，可以分为两个小类：首先，宏观描述信息技术（特别是互联网）与文化产业的结合过程的研究。比如，Hesmondhalgh、Hartley和Cunningham分析了计算机、消费电子品的大批量生产，新媒体技术的广泛应用，使得大众消费新形态的文化成为可能；创意艺术（个人天赋）和文化产业

---

① Leidner D E，Kayworth T. A review of culture in information systems research：toward a theory of information［J］. *Mis Quarterly*，2006，30（2）：357-399.

② Robey D，Markus M L. Rituals in information system design［J］. *Mis Quarterly*，1984，8（1）：5-15.

（大范围上的）在概念和实践上会合，对原有文化产业重新进行了塑造。[①②③]其次，分析信息技术和文化产业融合发展的治理方式的研究。比如，Kenny 和 Meaton 通过与欧洲其他国家的比较，指出芬兰在一些互联网技术（比如人类语言技术）领域大规模的投入，形成了全社会的“企业家精神”，导致其在文化产业领域取得超常规的发展。[④]

2015 年全国两会期间，政府工作报告提出了“互联网+”的新概念。国内“互联网+”没有形成统一的定义，也没有明确界定其内涵，[⑤] 比较典型的观点分为两类：一是将其主要看作经济领域的事物，主张“互联网+”是一种新型经济形态，[⑥⑦] 是移动通信网络+大数据收集、挖掘、分析、整合+智能感应能力形成的新的业务体系和新的商业模式；二是将其拓展到更广阔的范畴，涵盖了互联网对行政、民生、医疗、教育、交通等领域的渗透。[⑧⑨] 在国内“互联网+与文化创新”是很热点的话题，研究议题可以概括为以下各方面。

1. 综述互联网技术对文化领域的影响。比如，王立新等将其概括为生产新的知识、丰富文化生活、为人类创造了新的文化载体、扩大了人与人之间的交往、促进智能的倍增等。[⑩]

---

① Hesmondhalgh, D. *The cultural industries* ［M］. London: SAGE Publications. 2002, 11-14.

② Hartley, J. Creative Industries ［A］. *Creative Industries* ［C］. J. Hartley, (eds). Malden: Blackwell Publishing Ltd, 2005, 1-40.

③ Cunningham, S. D. From Cultural to Creative Industries: Theory, Industry, and Policy Implications ［J］. *Media International Australia, Incorporating Culture & Policy*, 2002, (102): 54-65.

④ Kenny B, Meaton J. Cross-benchmarking international competitiveness and performance in human language technologies ［J］. *Benchmarking: An International Journal*, 2007, 14 (5): 594-608.

⑤ 欧阳日辉．从“+互联网”到“互联网+”——技术革命如何孕育新型经济社会形态[J]．人民论坛·学术前沿，2015（10）：25-38.

⑥ 金元浦．“互联网+”与“创客”时代[J]．理论导报，2015，(10)：19-24.

⑦ 项立刚．“互联网+”不是简单加法[J]．中华工商时报，2015-03-27，第 3 版．

⑧ 欧阳日辉．从“+互联网”到“互联网+”——技术革命如何孕育新型经济社会形态[J]．人民论坛·学术前沿，2015（10）：25-38.

⑨ 邬贺铨．“互联网+”行动计划：机遇与挑战[J]．人民论坛·学术前沿，2015(10)：8-16.

⑩ 王立新，刘敏．信息网络技术对社会文化影响探析[J]．辽宁教育行政学院学报，2002，19（005）：93-94.

2. "互联网+"与公共文化服务的研究。比如，司改霞等论述了"互联网+"在城市公共文化广场建设中的作用。①

3. "互联网+"与文学艺术的发展。比如，欧阳友权分析了网络文学、手机小说等新文学形式，并对网络与文学的关系做出了探讨。②

4. "互联网+"对企业文化的影响。马春晖等曾分析了"互联网+"下企业文化发展变化。③

5. "互联网+"与传统文化的保护和传承。金路对信息技术应用于世界文化遗产管理进行了分析。④

6. "互联网+"对文化产业的影响研究。这是最多的一类研究，也是与政府政策最贴近的研究。其中可以分为4个小类：①"互联网+文化产业"价值链的特征。陈少峰从产业链长度、知识产权、商业模式、企业结盟、互联网平台、视频、产业链思维、资本、跨界9个方面系统地对其进行了总结。⑤ ②互联网与文化产业融合的治理机制研究。比如，解学芳和臧志彭将网络文化产业视为一个生态系统，通过对北京、上海、广州、深圳和杭州5大城市进行实证分析得出了政府在这一系统中起主导作用的结论。⑥ ③"互联网+"对某些特定的文化产业门类的影响研究。比如，熊澄宇等对数字内容产业的发展趋势与动力的分析以及周清平对网络电影、网络剧和网络节目的分析。⑦⑧ ④"互联网+"对文化产业的促进作用研究。比如，魏鹏举指出互联网众筹可以破解文化

---

① 司改霞，张敏，郝放，等．"互联网+"城市公共文化信息传播广场建设研究[J]．创新科技，2015，(11)：74-76.

② 欧阳友权．网络媒体对文学经典观念的解构[J]．贵州社会科学，2007，216(012)：29-32.

③ 马春晖，杨晓红，潘禹宁．"互联网+"下的企业文化嬗变松原移动的企业文化创新实践[J]．通信企业管理，2016，No.346（02）：36-39.

④ 金路．利用信息手段管理文化遗产——故宫博物院世界文化遗产监测平台建设探讨［C］．百年传承创新发展：北京地区博物馆第六次学术会议论文集．2012.

⑤ 陈少峰．"互联网+文化产业"的价值链思考[J]．北京联合大学学报：人文社会科学版，2015，13（04）：13-17.

⑥ 解学芳，臧志彭．"互联网+"背景下的网络文化产业生态治理[J]．科研管理．2016，37（2）.

⑦ 熊澄宇，孔少华．数字内容产业的发展趋势与动力分析[J]．全球传媒学刊，2015，(2)：39-53.

⑧ 周清平．"互联网+"模式中现代影像艺术文化基因的融合与裂变[J]．电影艺术，2016（1）：60-66.

产业金融难题。①

综观国内外相关研究，“互联网+”对文化领域的影响研究，涉及的面非常广，包括公共文化、文学艺术、传统文化的保护和传承等都受到了互联网的影响和冲击。但是，这些影响更多地体现在传播方式上，对其内部组织方式的影响较小。相比较，在现代社会文化与经济高度融合的情境下，“互联网+”与文化产业的融合是最深刻的（组织方式、发展机制都发生变化），影响也最大。无论国内还是国外，都把其作为最主要的研究领域。

（二）“互联网+”对北京文化产业的颠覆和渗透

作为“中国网都”，截至2019年年底，北京去重之后的网页总数超过1124亿，远超第二位广东的405.8亿②。互联网设施的规模化发展为网络文化生产、文化传播、文化消费、文化休闲娱乐方面奠定了坚实基础，并体现出强劲的竞争力。从产业发展规模来看，2014—2017年，北京市文化产业年均增长16.1%；文化产业增加值占全市地区生产总值的比重为9.6%，继续保持全国首位，比全国高5.4个百分点③。其中，“互联网+”的影响至少包括以下3方面。

首先，互联网正在颠覆文化产业的内容和结构。这表现在消费和供给两个方面：从消费来看，互联网改变了人们使用消费工具的习惯，进而推动着文化产业的内在结构和人们文化消费习惯的转变。在前互联网时代，人们消费文化产品的主要形式是到剧院看演出，到电影院看表演，以及其他所有的线下的文化消费。在互联网时代和移动互联网时代，人们可以在家里、办公室，在任何场所随心所欲地观看和消费各种文化产品。从供给方面来看，随着新媒体技术的不断进步，一些新的文化产业形式应运而生。近些年来，网络媒体、网络动漫、网络视频、网络文学、网络影视、网络音乐、网络游戏、网络广告等新兴的文化产业形式，不断涌现，并呈现出勃勃生机。作为全国的文化中心，北京在这些以网络技术为平台传播网络文化产品的新形态产业，也即网络文化产业，④ 取得了飞速的发展。

---

① 魏鹏举．互联网破解文化产业金融难题[J]．人文天下，2015，8（53）：10-12.

② 中共中央网络安全和信息化委员会办公室，中华人民共和国国家互联网信息办公室．中国互联网络信息中心．第45次中国互联网络发展状况统计报告［N］．2020-4.

③ 北京文化产业占GDP比重居全国首位［N］．新京报．2017-09-27. A07版．

④ 汪长玉，李秋迪．多视角下网络文化产业链模式研究[J]．技术经济，2014（1）：97-103.

其次，互联网改变了文化产业的经营方式。随着网络技术的发展，特别是网上支付、网上交易、网上营销等电子商务的日益完善，文化产业的经营方式也在不断变革。比如传统的绘画艺术、收藏艺术，可以通过网站的形式对外推广和宣传，同时，在网络上进行拍卖和销售。国内已经涌现了雅昌艺术网这样规模庞大的艺术网站，并且在北京有了相当的发展。传统的表演艺术，除了在剧场演出和电视等传统媒介上进行播放之外，还可以在新兴的网络媒体进行播出，甚至一些演员和制作人还进入新兴的直播平台和观众有了更多、更直接的交流。很多传统的媒体，不得不做出自身的改变，向网络媒体进行转型和拓展。《北京日报》等传统的纸媒都有了自己的 App 以及其他网络平台。中央电视台也建立了中国网络电视台（英文简称 CNTV），全面部署多终端业务架构，建设网络电视、IP 电视、手机电视、移动电视、互联网电视等集成播控平台，以及重点新闻网站——央视网。

最后，互联网影响了文化产业的空间布局。一方面，互联网影响了文化产业在城市间的布局。比如，互联网可以实时地将产品设计的图片、视频传递到千里之外，北京的一些服装鞋帽的设计公司设计出的产品在广东生产，彼此之间关于产品设计和制造的一些细节可以通过互联网进行及时的沟通和交流。因此，设计这一文化产业类型可以在远离制造业中心进行布局。另一方面，互联网也影响到文化产业在城市内的布局。比如，海淀区原本在文化产业方面没有显著优势。但是，作为北京的互联网中心，在互联网和文化产业融合的背景下，产生了爱奇艺、优酷、今日头条、抖音等一大批网络文化企业，成为新兴的网络文化产业的中心之一。

（三）本书的主要思路和研究方法

当前关于北京文化产业的研究很少基于企业和个人层面的网络数据进行分析。本书基于注册地址为北京的企业、机构和个人的新浪微博数据，分析文化产业与互联网融合背景下，北京文化产业在互联网上呈现的规模、特征、布局以及企业之间的组织关系，对于完善文化产业的相关理论可以提供实证资料，所采用的研究框架可以为今后开展相关研究提供参考。本书在网络数据分析基础上对于"互联网+"背景下北京文化产业发展趋势的探讨以及提出的政策建议，可以为相关部门提供参考。

1. 主要思路

基于网络爬虫技术采集注册地址为北京的文化企业、机构和个人的数据，采用社会网络分析等方法，定量推演文化产业与互联网融合背景下，北京传统文化产业和网络文化产业在互联网上呈现的规模、特征、布局以及企业之间的组织关系。在数据分析基础上对“互联网+”影响下的北京文化产业发展趋势做出判断，并提出政策建议。

2. 主要数据源——基于新浪微博

数据是限制对文化产业深入细致分析的重要原因。随着网络爬虫等技术手段的发展，社会科学的很多领域开始尝试抓取网络数据对城市治理、经济发展动态等议题进行分析。本书尝试响应这一时代潮流，从互联网抓取关于北京传统文化产业和网络文化产业各门类的企业数据和个人从业者数据，分析北京传统文化产业和网络文化产业的组织形式以及发展趋势。

所谓互联网公开数据，是来源于互联网网页的公开数据，包括文化企业的网站数据、社交媒体（比如新浪微博）数据、政府政务公开数据等。当前，以新浪微博为代表的新型网络社区成为人们重要的社交网络平台，同时，也是现代企业和机构彼此联络以及向社会和公众发布信息的最重要的平台之一。比如，几乎所有的大型文化企业都会开通官方微博，重要的文化名人也都有自己的微博账号。互联网数据多种多样，但是很多网站的数据过于零散，难于进行系统化的分析。相比较而言，新浪微博拥有超过 5 亿注册用户、超过 300 万认证用户，这一最热门的社交媒体的数据覆盖面十分广泛，为系统化分析提供了条件。将这些数据进行统计，一方面，可以帮助我们分析北京文化产业的生态体系，分辨出“互联网+”影响下最具规模和影响力的文化企业、机构和网络文化产品，以及文化企业之间的相互联系；另一方面，将不同文化产业形态在互联网上呈现出的特征进行比较，有助于分析北京在艺术、相声、动画、电视、设计、时装、音乐等各种文化产业形态上建立的优势和存在的局限，从而对北京文化产业的创新发展提出针对性的建议。

近年来，出现了一批以微博为主题的学术研究成果：比如，杜杨沁等对“上海发布”等 2012 年新浪政务微博影响力排行榜前 10 位的微博进行了社会网络和结构洞方面的分析。① 宋恩梅和左慧慧分析了新浪微博时尚标签下的排名前 50 位用户的社会网络，得出了其中最有影响力的人物和整体网络的密度、中

---

① 杜杨沁，霍有光，锁志海．政务微博微观社会网络结构实证分析[J]．情报杂志，2013，32（5）：25-31.

心度等特征。[①] 李昕对企业微博营销进行了分析，指出含有图片/视频、外部URL、话题（#）、提及他人（@）的微博，以及本身为转发的微博更可能实现持续性扩散，最终获得更高的转发量。[②] 这些研究为相关问题提供了重要的数据资料和科学的政策建议，引起了学术上的关注。

目前鲜见针对北京的视觉艺术、相声、动画、出版、电视、设计、广告、时装、音乐等传统文化产业以及网络媒体、网络动漫、网络视频、网络文学、网络影视、网络音乐、网络游戏、网络广告等网络文化产业的定量研究。考虑到文化产业的从业者对于互联网的传播能力有着较为明确的认识，相较于大众，他们更为积极地参与到互联网的传播和交流之中，因而，研究文化产业的行动者（企业和个人）的新浪微博及其社会网络关系很有可能对认识这些产业的发展提供重要的支持。这正是我们研究设计的主要出发点。

3. 数据分析方法

表 1-1　课题数据采集、分析的步骤

步骤	软件
Step1：定位查找数据源的网络地址	IE 浏览器
Step2：采集数据、将获取的数据保存在本地	Python
Step3：数据的清洗、预处理	Excel
Step4：社会网络分析	Pajek

（1）在新浪微博上查找北京艺术、动画、相声、设计、时装、音乐等传统文化产业和网络媒体、网络动漫、网络视频等网络文化产业相关微博，确定搜集数据的方案。比如关于北京动画数据的采集，我们经过分析比较，最终确定在新浪微博"找人"模块，以"动画"为关键词，选择搜索"昵称"，地点限定在"北京"，用户选择"机构认证"和"个人认证"，搜索所有的用户。由于认证用户是经过新浪微博的审核的，一定程度上确保了信息的真实性。

（2）依靠 Python 编辑的程序从新浪微博抓取北京文化产业的微观数据，分析其规模、特征和布局。比如，我们采集了北京相声认证用户的粉丝数、关注数、微博数、注册地等信息，以及这些用户关注的其他用户的信息。

① 宋恩梅，左慧慧．新浪微博中的"权威"与"人气"：以社会网络分析为方法［J］．图书情报知识，2012，(3)：43-54.

② 李昕．基于社会网络分析的企业微博营销与信息瀑布传播实证研究［D］．北京邮电大学，2013.

(3) 对初步采集的数据进行比对，剔除掉因为人为操作失误多采集的信息，增加对研究有重要意义但是未采集到的信息。

(4) 根据新浪微博的相互关注情况，分析北京各种文化产业形态在微博上形成的社会网络。文化产业从业者关注互联网动态，普遍使用新浪微博进行交流。这就为基于新浪微博数据分析其产业组织状况提供了可能。由于本研究中涉及的数据量成百上千，我们选择了适用于对大型复杂网络进行分析的软件工具 Pajek。

(四) 关于数据的说明

本书撰写之初，我们曾试图采用不同的数据源，而不是像现在这样局限于新浪微博数据。但是，我们很快发现不同来源的数据之间的统计口径不一样，比较起来存在很大的困难。最终我们决定还是以新浪微博数据为依托，分析北京文化产业各个门类。

在 2016 年 9 月至 11 月，我们以新浪微博为数据源采集了有关北京传统文化产业的数据。2017 年上半年，我们准备对北京网络文化产业的数据进行采集时，新浪对爬虫进行了限制。我们只能抓取一个微博关注的前 200 个其他微博的信息。显然，这次采集的数据没有我们初次采集的数据更具说服力。对于多数普通微博而言，前 200 个已经包含了绝大部分关注信息。但是，对于那些关注其他微博数量非常多的微博账号，这个量较少。我们承认这是本书中无法克服的缺陷，但是，我们现有条件下只能做到这些。此外，由于 2016 年 9—11 月采集的数据更为可靠且不具有可复制性，为了更真实地反映北京文化产业在新浪微博上呈现的状况，我们仍然采用 2016、2017 年采集的数据来开展研究。从直观感受判断，近 5 年来，北京文化产业的组织形式、发展特征、区位布局方面没有发生根本性的变化，本书的内容对当前北京文化产业发展仍然有其解释意义。

新浪微博数据下的北京传统文化产业发展研究

上篇

第二章　北京视觉艺术产业研究

（一）艺术产业的“互联网+”——从艺术网的发展说起

视觉艺术是艺术的一个分支，包括绘画、雕塑、摄影、装置等。但是，绝大多数视觉艺术的工作室都自称“艺术工作室”，很少有人将“视觉艺术”这个完整的称谓标注在机构和个人的头衔中。因此，视觉艺术一般也被直接称为艺术，视觉艺术家往往简称自己为艺术家。互联网对艺术产业的影响是随着一些艺术网站的兴起而发生的。互联网与艺术品市场的融合最早可追溯到美国，在 1995 年的时候，美国成立了艺术品电子商务网站 artnet. com，其被视作是艺术品电商运用模式的开端。[①] 我国艺术网站的兴起起源于 2000 年之后，一是围绕着 798 艺术区这一品牌，一批打着 798 旗号的艺术网站发展起来；二是一些做艺术周边产品的企业顺应互联网发展潮流而建立的艺术网站。自 2000 年 10 月成立的以文化创新为核心的“互联网+”艺术品平台——雅昌艺术网，正是其中的龙头。雅昌原是一个印刷企业，从事艺术品的高端印刷业务。雅昌管理团队发现印刷后的资料可以“变废为宝”。基于多年的资料存储以及印刷经验，雅昌建立了中国艺术品数据库，并在此基础上创办雅昌艺术网。很快，雅昌艺术网利用其数据资料的丰富性，占据了艺术界最推崇的互联网品牌，目前已经拥有超过 200 万的会员，每日的浏览人次达到 800 万。雅昌艺术网为 4000 余位艺术家制作了数字化全集，建设了艺术家个人数字资产管理库，网站可以为客户提供各种需要的信息，如艺术品行情指数、拍卖指数等，还拥有博客论坛空间等众多的平台。雅昌艺术网还举办“AAC 艺术中国”年度影响力评选活动。通过联合近百家专业媒体，评选年度艺术家、年度艺术事件、年度艺术展览，

---

① 杨洁．“互联网+”模式下艺术品市场的变革［J］．营销界，2019（28）：49-50.

以及行业特别贡献奖、终身成就奖，对艺术产业的生产、流通和销售产生了全方位的影响。包括雅昌艺术网在内的艺术网站对视觉艺术的影响主要体现在以下几个方面：

首先，“互联网+”扩大了艺术品的市场空间。一方面，艺术网站增加了视觉艺术在线上的传播。不少原本对视觉艺术没有太多了解的网民，通过网络社区认识和了解了视觉艺术，成为艺术品的买家。另一方面，艺术品的线上销售增加了艺术品的销售渠道。一些习惯于网络购物的消费者在艺术网站的影响下，从网络上订购了心仪的艺术作品。

其次，“互联网+”使得艺术品平台运营模式透明化。① 互联网平台介入使得艺术品拍卖行业革新了旧有的工作室—画廊—拍卖的产业链条，艺术家、画廊、收藏家、艺术网站、策展人等多方面个体形成了复杂的联结网络，让艺术生产、投资、展出和拍卖更加方便透明。

最后，“互联网+”强化了艺术品的投资和金融属性。艺术品除了艺术价值，还有投资价值。“互联网+”背景下，艺术品的价值更为透明，降低了认知艺术品价值的门槛，有助于促使更多群众投入艺术品的收藏中来。

（二）北京视觉艺术产业概况

北京拥有中央美术学院、清华美术学院等一批知名的视觉艺术院校，以及范曾、黄永玉等一大批知名的画家，长期以来，北京始终是中国视觉艺术产业的最重要的聚集地。中华人民共和国成立后，油画成为最重要的视觉艺术形式，其风格主要是徐悲鸿的写实体系同苏联的现实主义的结合。由于政治运动频繁，中国油画即使在写实的同时也与国家的意识形态相吻合，《地道战》《刘胡兰》《艰苦岁月》等革命历史题材作品就是作为教育人民的艺术品而出现在社会大众面前。改革开放之后这种局面开始转变，1979 年美术界出现了“星星美展”，艺术家们提出“要政治民主，要艺术自由”的口号，似乎给中国当代艺术提供了一个与主流对抗的情境。与此同时，美术学院、美展、美协这一长期有效的系统也以它自己的方式展现其革新之相。陈丹青的《西藏组画》，重启了中国油画学习西欧的步伐。米勒、库尔贝、柯罗、伦勃朗、梵高等 19、20 世纪的艺

① 李玉琴．“互联网+”艺术品平台的竞争力提升问题与路径［J］．深圳大学学报（人文社科版），2018，35（4）：45-52.

术家等重新进入中国艺术家的视野。① 之后，以北京的艺术家为先锋的中国美术又经历了“85”新潮、“新生代”和“后89”等思想解放运动，日益向西方主流艺术理念和风格靠拢。政治、性、社会问题等题材逐渐成为当代艺术的主流。

在20世纪80年代，港澳台、东南亚的华人买家是大陆油画市场的缔造者。他们依靠收入的价格差、货币兑换比率，在中国大陆大量购入写实绘画，影响直至今日。然而，总体上画廊、艺术赞助体系还十分欠缺，艺术至上的理想主义堪称主流，艺术家的创作伴随着改革开放的进程，更多的是思想解放运动，而不是商业活动。90年代初期之后，中国当代艺术开始为西方所关注，中国本土的当代艺术收藏力量已在缓慢成长。1991年澳大利亚人布朗·华莱士在北京创办红门画廊，之后，世纪翰墨画廊、四合苑画廊等也先后成立。中国当代艺术开始登上国际舞台，方力钧、岳敏君等一批享誉世界的当代艺术家成了北京视觉艺术的代表。然而，从总体上看，这个舞台由他人搭建，规则、标准由西方设定。中国当代艺术开始在西方成熟的“艺术家—策展人、评论家—媒体—画廊—拍卖行—收藏家—美术馆”体制内运行。

总之，改革开放以来，北京视觉艺术处于飞速发展的过程之中。无论是艺术风格，还是艺术市场逐步与国际接轨。互联网这一新的科技革命同时在西方和中国发生，“互联网+”浪潮对于中国视觉艺术产业的影响与西方同步进行。21世纪初期，以雅昌艺术网为代表的艺术网站显著推动了北京视觉艺术的发展。通过网络拍卖、网络展出、线上线下融合发展等方式，为视觉艺术产业的发展贡献出了新的业态，引领了北京视觉艺术产业持续保持国内领先。

（三）基于新浪微博数据对北京视觉艺术产业的分析

1. 数据采集

艺术的概念有广义和狭义之分，广义的艺术包括视觉艺术、舞蹈、音乐、影视。狭义的艺术就是指视觉艺术，一般而言，很少有视觉艺术工作者自称为视觉艺术家，都是采用艺术家这样简单的称谓。因此，我们只能在新浪微博搜索“找人”模块，在昵称中填入“艺术”，选定北京为所在地进行搜索，在采

① 李峰．前卫艺术回顾：中国当代艺术及市场28年［EB/OL］．搜艺搜——艺术品专业搜索，2008-07-11. http：//www. findart. com. cn/引用于2008-9-13.

集到机构认证用户 1333 个和个人认证用户 244 个之后，再剔除掉并非视觉艺术领域的机构。比如，删除了一些舞蹈、音乐等非视觉艺术的培训机构（中国传媒大学影视艺术学院、天禹教育—艺术类考研辅导集训营等）、一些名称中有艺术但是并非狭义的视觉艺术和工艺美术的中国儿童艺术剧院、一些非主流的艺术形式（比如刺艺堂文身艺术俱乐部），最后剩余机构认证用户 1247 个以及个人认证用户 240 个。

2. 北京艺术微博用户的特征

对于社交网站，一个重要的问题是发现和识别有影响力的人，也即那些可以影响大部分其他用户行为的用户。一般而言，粉丝数目代表了新浪微博用户的受众群体，是其影响力大小的集中体现，发表微博数目则一定程度上代表该用户的活跃程度，也一定程度上对其影响力的大小有所影响。①

（1）粉丝数量最多的艺术机构

微博吸引粉丝的办法有很多种。除了微博自身吸引人之外，还有加入一些互相关注的群，以及花钱买粉丝等方式。但是，这些手段的影响往往是有限的。毕竟，除了一些明星外，一般的微博用户很少花钱买粉丝。粉丝数对于微博的受关注度还是有一定的代表性的。

表 2-1　粉丝数排名前 10 位的艺术机构

用户名	粉丝数	关注数	微博数	所在地
艺术与设计杂志	1 011 174	153	6792	北京西城区
芭莎艺术	219 997	1140	10 956	北京朝阳区
朝阳规划艺术馆	187 766	465	7465	北京朝阳区
林大艺术中心	163 576	1106	1305	北京朝阳区
中国艺术品产业博览会	130 554	56	90	北京朝阳区
HIHEY 艺术	124 890	243	6597	北京顺义区
雅昌艺术网官方微博	109 587	1551	12 972	北京顺义区
艺术市场研究中心	107 867	676	2713	北京朝阳区
青年艺术 100	106 288	623	1741	北京朝阳区
微博人文艺术	99 868	266	223	北京朝阳区

在表 2-1 粉丝数排名前 10 位的艺术机构中，“艺术与设计杂志”是《艺术与设计》杂志的官方微博，这一杂志是全球发行量最大的创意类杂志，由证券

① 梁宏，许南山，卢罡．新浪微博用户及其微博特征分析[J]．计算机工程与应用，2015. 51（7）：141-148.

日报社于2003年创办，是中华人民共和国新闻出版总署主管的国家重点学术期刊，中国国家图书馆、中央美术学院、哈佛大学、耶鲁大学等均是该刊的长期订户，刊物发行至海外37个国家和地区。“芭莎艺术”是艺术杂志《芭莎艺术》的官方微博。创刊于2011年，被称为中国第一本国际化艺术杂志，《芭莎艺术》是继《时尚芭莎》《芭莎男士》《芭莎珠宝》之后，Harper's BAZAAR品牌在中国推出的第四本杂志。《芭莎艺术》的目标读者既包括中国现有100万收藏家，还试图将艺术带向中国超过1亿人口的奢侈品消费群体，推动中国精英群体的艺术鉴赏和艺术消费。“朝阳规划艺术馆”是朝阳区对外展示的窗口，是首都“工业遗存”和“奥运遗产”的双遗产改造再利用项目。艺术馆将公益性规划展览与自主策划文创活动相结合，旗下已形成三大品牌和五大板块活动，涵盖政府、文创、时尚、公益活动和艺术策展等多个领域，成为富有朝阳特色的文化创意活动集聚地和以3D为主题的科技与文化融合的创新示范基地。“林大艺术中心”在印度尼西亚、新加坡及中国北京三地都设有展览空间，自1990年起一直致力于推广中国和东南亚当代艺术，并在艺术家、藏家和艺术机构之间建立具有国际视野的交流对话平台，历年来多次和国际上知名的美术馆携手举办展览，并参加全球重要博览会。“中国艺术品产业博览会”是由中华人民共和国文化部、北京市人民政府主办的中国艺术品类规格最高的艺术盛会。博览会一般在北京市通州区宋庄镇举办，设置有开幕式、艺术品展览、高峰论坛和主题活动四大板块。“HIHEY”是艺术品电商（hihey. com）的官方微博，在新兴艺术家的推广方面做了大量的工作。“雅昌艺术网”是艺术品电商的龙头企业，自称全球最重要的中国艺术品专业门户与最活跃的在线互动社区。目前已经拥有超过200万的会员，每日的浏览人次达到800万。“艺术市场研究中心”（AMRC）是国内首个专门以研究国内外艺术市场动态为主要目标的学术机构。“青年艺术100”是“青年艺术第一推广品牌”，以专家提名、艺术家自荐、艺术家互荐、展览发现为渠道，长期开展年度性的全球巡展等艺术活动，努力为青年艺术家提供一个能够实现艺术梦想的高端平台。目前，“青年艺术100”已经成为文化部文化产业重点推广项目、京津冀一体化文化产业重点推荐项目、北京市文化局重点文化推荐项目。“微博人文艺术”是新浪产品内部账号，主要关注包括视觉艺术在内的广义的艺术领域。

（2）粉丝量最多的艺术类个人认证用户

在表2-2粉丝数排名前10位的艺术类微博个人用户中，“赵力跟您聊艺术”是中央美术学院教授、艺术史学者、艺术市场研究者赵力的个人微博。“中国书画艺术”是中国国画家协会女画家焦琨的微博。“蜂巢艺术夏季风”是蜂巢当代艺术中心馆长夏季风的微博。“文武艺术亚洲”是画家文文武的微博，他还是亚洲艺术博览会创办人兼总策展人，文化部东方文化艺术院副秘书长兼国际合作部部长，中华慈善总会黄丝带创始人、执行主任。“艺术家潘公凯”是中央美术学院院长。“艺术舒勇”是中国最著名的当代艺术家之一，大型公共艺术“万人红装唱国歌”发起人舒勇的微博。“文化艺术鉴赏师”是一个认证为“微博文化”的账号。“艺术家展望”是中国当代最重要且身价最高观念雕塑家展望的微博。“郝友-阿波罗艺术”是阿波罗艺术网董事长郝友的个人微博。“艺术工作者梁克刚”是北京梁克刚艺术场馆管理服务有限公司总经理的个人微博。

表 2-2　粉丝数排名前 10 位的个人用户

用户名	粉丝数	关注数	微博数	所在地	性别
赵力跟您聊艺术	2 477 922	197	12 348	北京朝阳区	男
中国书画艺术	769 398	1793	3913	北京东城区	女
蜂巢艺术夏季风	519 743	1992	6247	北京朝阳区	男
文武艺术亚洲	343 443	596	5988	北京西城区	男
艺术家潘公凯	311 933	61	91	北京朝阳区	男
艺术舒勇	273 777	1200	2946	北京朝阳区	男
文化艺术鉴赏师	202 421	78	1655	北京朝阳区	女
艺术家展望	191 067	514	774	北京朝阳区	男
郝友-阿波罗艺术	172 467	114	1165	北京	女
艺术工作者梁克刚	169 799	2844	24627	北京	男

（3）北京艺术类微博受关注度的主要特征

综观北京艺术类微博粉丝数排名，我们不难发现以下特征：

①艺术媒体受关注度最高

在我们抓取的数据中，传统的纸质的艺术媒体受关注度最高。比如，《艺术与设计》《芭莎艺术》等杂志微博粉丝数量最多，排在前两位。这些杂志有广泛的读者群体，在“互联网+”的浪潮下，迅速实现了线上和线下的融合发展，在网络上通过微博等渠道与读者群体建立了更紧密的联系。

②艺术网站受关注度高

雅昌艺术网、HIHEY 艺术是艺术网站的代表，它们从事艺术品的宣传展示

和电子商务等业务，是在“互联网+”浪潮中崛起的新业态。二者都是艺术品电商中的头部企业。雅昌艺术网由艺术品杂志印刷企业转型而来。HIHEY 艺术于 2011 年在北京 798 艺术区成立，由民生银行创新资本、中信证券、深圳创新投资集团联合投资，是股东背景最强的艺术电商。

③展览馆、画廊等艺术品展示平台受关注度高

朝阳规划艺术馆是集合了论坛、时尚、文创、公益和艺术策展五大板块的综合性规划艺术展示平台。林大艺术中心是位于 798 艺术区的画廊。值得注意的是，我们采集数据时，798 艺术区中最具代表性的画廊尤伦斯当代艺术中心，还没有开通官方微博，仅有“尤伦斯当代艺术中心招聘”这一招聘微博，粉丝数量很少。2020 年 7 月“UCCA 尤伦斯当代艺术中心”的官方微博才建立并通过微博的审核。

④艺术机构、院校的负责人受关注度高

中央美术学院艺术管理与教育学院副院长赵力，蜂巢当代艺术中心馆长夏季风，身兼亚洲艺术博览会创办人、文化部东方文化艺术院副秘书长兼国际合作部部长、中华慈善总会黄丝带创始人等数个重要职务的文文武，中央美术学院院长潘公凯等几位排在个人粉丝数前列的微博几乎都是艺术机构和院校的负责人。他们所在的机构、院校具有很强的影响力，是艺术专业的学生以及广大艺术爱好者关注的对象。从数据来看，在“互联网+”的背景下，他们所在的平台的影响力也一定程度上拓展到了微博网络空间中。

⑤知名艺术家参与互联网的程度差异显著

与艺术机构负责人相反，很多知名的视觉艺术家或者没有开通微博，比如岳敏君、陈丹青、刘小东；或者没有精心运营，粉丝数量很少，比如，有着中国当代艺术教父之称的著名艺术批评家栗宪庭的微博粉丝只有 4 万多。中国书法家协会主席苏士澍粉丝只有 7 万。“艺术舒勇”看起来更像一个相反的例子，舒勇作为中国最著名的当代艺术家之一，还是大型公共艺术“万人红装唱国歌”发起人。从艺术风格上，他更接近于主旋律。此外，在中国书画方面个人认证排行最高的“中国书画艺术”是一位女画家的微博，并非业界非常有名的人物。这些现象表明，视觉艺术领域受到“互联网+”影响最强烈的是在传媒、

销售等领域，对于艺术家来说，并不是影响其发展的关键因素①。

3. 北京艺术微博的联系方向

我们在采集了 1487 个昵称为“艺术”、所在地为北京的微博认证用户之后，又抓取了上述认证用户关注列表全部用户的属性信息。之后，我们对这些艺术微博认证用户关注的用户（共计 253 764 个用户，其中 9584 个是海外用户，海外用户中 7714 个用户标注了所在国家）所在地进行了统计。我们假定每 1 个认证用户关注某地方的用户，视为这个认证用户联系了某地方一次。当我们累加所有的 1487 个认证用户关注的用户的所在地之后，我们就可以得到北京艺术产业认证用户（包括机构认证用户和个人认证用户）所联系的方向（地方）。

如图 2-1 所示，在国内的省市中，可以看到北京、上海、广东、浙江、江苏等经济发达、经济总量大的省市是北京艺术类微博主要联系的省市。除了北京本地外，天津、河北等与北京距离近的省市很少被北京的艺术机构/个人所关注。

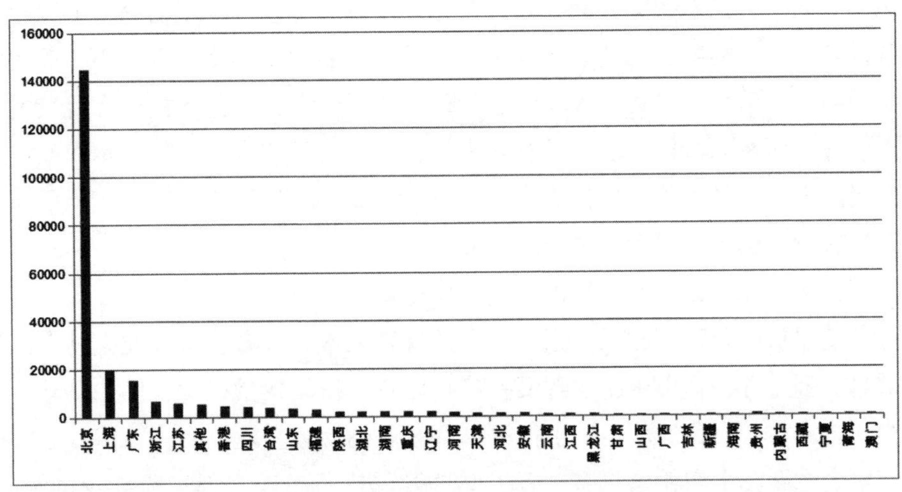

图 2-1 北京艺术微博联系的省市

如图 2-2 所示，在海外的国家中，美国远高于其他国家，英国位居第二位。一方面，美国的收藏家、博物馆是中国当代艺术最重要的买家，国内艺术机构/个人对于来自美国的微博用户自然更为关注。比如，君鼎艺术投资研究

① 有些非常知名的艺术家没有在昵称中标注“艺术”，我们采集数据时有所缺漏，比如方力钧的粉丝数有 90 万以上，张晓刚的粉丝数有 20 多万。由于昵称中没有出现艺术这类字眼，没有采集到。需要承认，艺术家参与互联网程度的差异与我们采集数据的疏漏也有一些关系。

院关注的“荣海兰的蜜月加加”微博账号来自美国龙族集团创始人、中国下一代教育基金会龙族基金创始人荣海兰；“BoydJones”是会中文的美国天使投资人。另一方面，对这些标注位置为美国的用户进行分析后，发现很多用户并非定居在美国，比如“敏敏敏敏 meme”职业是平面模特和美术老师，平时就在上海。还有“Jimmy 蹂躏”是北京养犬协会会员活动部主管，平时都在北京。这些人可能是因为美国比较发达，向往美国，所以在注册地填写了美国。还有的用户有一个阶段在美国，比如国际名模“Ming 奚梦瑶”一度在美国居住。排在美国之后的是英国、法国等西方国家。它们也是中国当代艺术的重要关联对象。此外，日本、韩国与中国地理临近，在书法、绘画等方面有很多的交流，它们排在之后的第四、第五位。

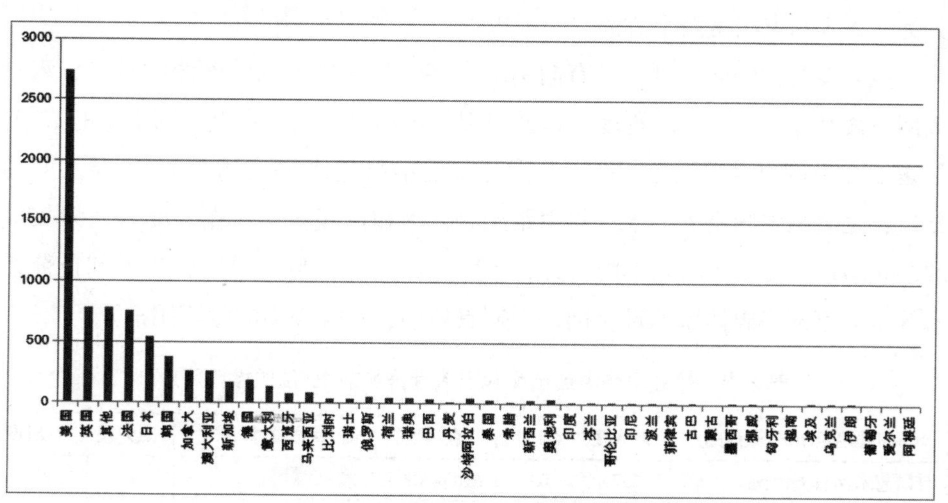

图 2–2　北京艺术微博联系的国家

4. 北京艺术微博用户的社会网络特征

（1）艺术微博的社会网络

微博用户相互关注，从而构成微博社会网络。以相互关注数据进行分析是关于微博的社会网络分析中比较普遍的做法。本书以全部 1487 个北京艺术机构/个人微博认证用户作为行和列，在矩阵中心填写行与列的关注情况，即构成了社会关系矩阵。其中，行位置的行动者是关注情况的发送者，列位置的行动者是关注情况的接受者（被关注）。在本书中，我们约定某行关注了某列，则在该行与列的交汇处标注 1，其他地方均为 0。这样我们就构建了一个“1487 行×1487 列”的北京艺术产业微博的关系矩阵。其中，所有行对应的都是该行关注的情况，所有列对应的均为该列被关注的情况。

(2) 社会网络分析结果

①网络密度和社会网络连接状况

将社会关系矩阵数据转换为 Pajek 的网络数据格式，然后将其导入 Pajek2.0 软件。经过计算得出，矩阵所反映的北京艺术微博社会网络的密度为 0.0041，平均点度为 12.32。密度很低，平均点度很高。由于后者和网络中顶点数量无关，更能说明网络顶点之间的连接状况。可见北京艺术类微博彼此之间的联系是较为紧密的。

②点度中心性

中心性是在社会网络中评价一个机构或个人重要与否以及其社会声望的常用指标。其中，点度中心性是最为常用、最容易测算的指标。点度中心性可以分为点入度和点出度两个方面。

点入度又称为明星度，是有向网络中某个顶点接收到的连线的数量，表示某用户被其他用户关注的程度，以此可以体现出这个顶点在整个网络中的威望。如表 2-3 中的结果所示，点入度最大的是雅昌艺术网官方微博（点入度为 252），之后是中国书画艺术、赵力跟您聊艺术和芭莎艺术（点入度分别为 250、222 和 203）。可见雅昌艺术网官方、中国书画艺术、赵力跟您聊艺术和芭莎艺术等是北京网络媒体微博社会网络中颇具威望，地位颇高的微博用户。

表 2-3 社会网络中点出度和点入度排名前 10 位的微博用户

点入度排名前 10 位微博用户	点入度	点出度	点出度排名前 10 位微博用户	点入度	点出度
雅昌艺术网官方微博	252	63	ArtForAll 全艺术	47	88
中国书画艺术	250	8	北京新安堂—虹墙艺术画廊	20	80
赵力跟您聊艺术	222	8	CYAP 青年艺术家扶持推广计划	54	78
芭莎艺术	203	48	享悦艺术网	27	77
99 艺术网	192	62	零艺术中心	39	74
蜂巢艺术夏季风	188	50	艺术银行杂志	98	70
Hi 艺术	181	68	林大艺术中心	95	69
艺术眼 Artbaba	172	41	Hi 艺术	181	68
艺术财经	161	37	99 艺术网展览频道	79	67
艺术北京	150	42	798 卓越艺术	57	67

与点入度相反，点出度表示某用户关注其他用户的程度。点出度最大的是 ArtForAll 全艺术（点出度为 88），之后是北京新安堂-虹墙艺术画廊（点出度为 80）和 CYAP 青年艺术家扶持推广计划（点出度为 78）。ArtForAll 全艺术点

出度最高的同时，点入度为 47，说明它在网络中主动关注了很多从业机构和个人，但是，关注它的人却没有很多。相反，雅昌艺术网官方微博关注社会网络中的其他人和机构只有 63 个，却被 252 个艺术微博用户关注。进一步表明，雅昌艺术网在北京艺术产业的社会网络中的地位非常高，而且其地位不是靠着主动联系其他人，通过双方互相关注而得到的。

③凝聚子群

分析全部北京艺术微博的相互关注状况可以判断有哪些微博之间的联系更为紧密，甚至形成若干团体。我们运用社会网络分析中的凝聚子群分析方法来进行分析。在初始的 1487 个认证账号的网络中，发现 650 个微博与其他北京艺术微博没有联系，剩余的 837 个微博用户联系的网络中，通过弱组元分析，可以找到 20 个子群。如果将弱组元的最小数目设定为 3，则可以得到 5 个子群（807 个微博用户）。

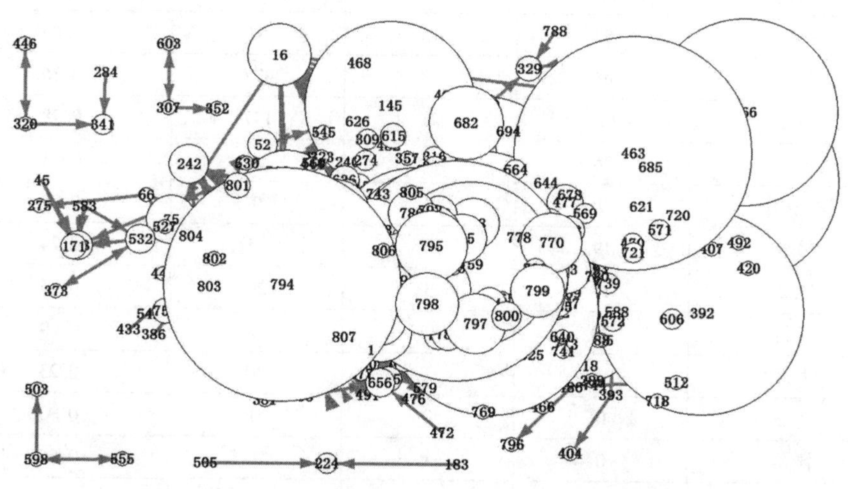

图 2-3　北京视觉艺术产业的社会网络群体

463—雅昌艺术网官方微博；794—中国书画艺术；392—99 艺术网；320—正见语言艺术；341—星城艺术教育；598—青少年艺术家园；307—丹青之星艺术培训中心；224—北大出版社文史哲艺术重点图书

图 2-3 中，“794—中国书画艺术”“463—雅昌艺术网官方微博”“392—99 艺术网”等 794 个微博用户紧密地联系在一起，构成了一个最大的子群。它们关注于视觉艺术的行业热点，可以看作北京艺术微博中的主流。

“446—艺典艺术教育”“320—正见语言艺术”“341　星城艺术教育”“284—北歌现代艺术教育中心”组成了一个艺术教育类的子群体，四者都是做艺术培训的机构。

“307—丹青之星艺术培训中心”和“603—丹青天地文化艺术发展有限公司”隶属于同一家企业，是企业内部的网络。

“598—青少年艺术家园”“555—中国青少年文学艺术家协会”“503—中国青少年文化艺术发展中心”是一个青少年艺术为主题的子群。

“224—北大出版社文史哲艺术重点图书”吸引了“505—百丰艺术”和“183—中国文明网-文学艺术”两位粉丝，组成了一个小的子群。

（四）北京视觉艺术微博空间分布

表 2-4　北京艺术微博注册地的空间分布情况

所在区	机构	个人	用户总数	区位商
东城	255	32	287	6. 23
西城	53	15	68	1. 03
朝阳	399	78	477	2. 36
海淀	126	21	147	0. 78
丰台	26	3	29	0. 25
石景山	9	0	9	0. 27
昌平	19	6	25	0. 24
顺义	17	3	20	0. 35
通州	40	12	52	0. 69
大兴	18	2	20	0. 23
密云	0	0	0	0. 00
怀柔	0	1	1	0. 05
延庆	2	0	2	0. 12
门头沟	0	0	0	0. 00
房山	3	0	3	0. 05
平谷	0	0	0	0. 00
总计	967	173	1140	1. 00

注：部分微博用户只标注了所在地为北京，没有标注具体在哪个区。如表中所示，这样的艺术机构有 280 个，个人有 67 个，共计 347 个微博用户。为了保证计算区位商时背景区域（北京）的数值为 1，北京的微博用户总数是按照 1487 减去 293 个，即 1140 个来测算的。

我们从表 2-4 中不难看出，东城区、朝阳区和西城区是北京艺术微博最为发达的区，它们的区位商都超过了 1。其中东城区区位商最高，数值超过了 6，

意味着艺术微博的密度是平均水平的6倍多。朝阳区总量最多，达到了477个，约占总数的42%。第三名的西城区只是微弱超过平均水平（区位商1.03）。可见东城、朝阳这两个区是北京艺术微博的主要集聚地。通州区拥有超过5000个画家的宋庄画家村，在区位商和总量两个方面表现却都较差。究其原因可能有以下几点：

首先，艺术机构使用微博的倾向远超过艺术家个人，而艺术机构微博的分布倾向于东城区和朝阳区。在我们采集的数据中，机构用户是967个，远超个人用户（173个）。因而，集聚艺术机构的情况，更大程度上影响着艺术微博的空间分布。东城区和朝阳区是高端艺术机构集聚区，这些机构有利用微博等互联网手段宣传推广的需要。相反，通州宋庄主要集聚的是艺术家，艺术机构规模和层次并没有显著优势。这也一定意义上表明，在视觉艺术产业，互联网的影响主要在宣传和销售方面，对于艺术家的创作、交流等影响相对较小。

其次，东城区是传统上文化产业高度发达的区，特别是出版、媒体等领域，很多艺术微博带有出版或者媒体性质，更倾向于在这类产业发达的东城区布局。比如《模型世界-微缩艺术》杂志、《Jalouse 艺术时尚》（法国锋线时装杂志 *Jalouse* 中文版）、中国艺术博览杂志社以及艺术家公盘（北京东方雍和国际版权交易中心有限公司官方微博）等。

最后，朝阳区拥有798这一标杆性的艺术区，艺术区中的很多画廊、展览馆都有认证微博。比如林大艺术中心、蜂巢当代艺术中心等。

（五）本章小结

本章中我们对于北京的艺术机构/个人的新浪微博进行了统计分析，试图通过这个侧面来窥探“互联网+”影响下北京视觉艺术产业的发展特征及其发展趋势。研究发现，可以看到以下几个特点：

1. 北京艺术微博彼此联系相对紧密

机构用户比个人用户更倾向于连接社会网络。北京艺术机构微博用户数量远多于个人，这就强化了微博中彼此之间的联系。艺术机构往往经营着各种类型的艺术品。传统上，一般认为视觉艺术中存在油画、摄影、中国书画等很多不同的圈子，但是，这些不同的圈子有个共同特征就是都要经过相同或者彼此关联的艺术机构进行推广和销售。比如雅昌艺术网官方微博被各类艺术家共同关注。因此，呈现在微博社会网络中，艺术机构/个人彼此之间的联系较多。

北京艺术微博社会网络的平均点度为12.32，数值较高。

2. 艺术媒体、网站、展览馆、画廊受关注度最高，艺术家个体参与互联网热情和受关注度相对较低

在我们抓取的数据中，传统的纸质艺术媒体受关注度最高。比如，《艺术与设计》《芭莎艺术》等杂志微博粉丝数量最多，排在前两位。这些杂志有广泛的读者群体，在“互联网+”的浪潮下，迅速实现了线上和线下的融合发展，在网络上通过微博等渠道与读者群体建立了更紧密的联系。雅昌艺术网、HIHEY艺术为代表的艺术网站作为各类艺术品的传播平台和流通渠道，受关注度次之。再次是展览馆、画廊等艺术品展示平台受关注度较高。

在个人微博方面，艺术机构、院校的负责人受关注度高。相反，不担任机构负责人的艺术家，哪怕是知名艺术家受关注度也不是很高。当然，这可能与视觉艺术家群体使用微博的比率较少有关。仅宋庄画家村就有视觉艺术家超过5000人，但是，在微博上很少能找到来自宋庄的艺术家个人认证用户。很多知名的视觉艺术家或者没有开通微博，比如岳敏君、陈丹青、刘小东；或者没有精心运营，粉丝数量很少，比如有着中国当代艺术教父之称的著名艺术批评家栗宪庭的微博粉丝只有4万多。中国书法家协会主席苏士澍粉丝只有7万。

3. 北京艺术微博主要关注的微博来自中国上海、广东，以及美国、英国等国内外经济、文化最为发达的地方

上海、广东等经济发达、经济总量大的省市是北京艺术类微博主要联系的省市。除了北京本地外，河北、天津等与北京距离近的省市很少被北京的艺术机构/个人所关注。国外方面，美国是北京艺术微博最多联系的国家。这里面有部分原因可能在于美国的收藏家、博物馆是中国当代艺术最重要的买家，国内艺术机构/个人对于来自美国的微博用户自然更为关注。英国、日本、韩国等国家也都有中国视觉艺术产品的收藏者，它们是北京艺术微博最多联系的国家。

4. 北京艺术微博的注册地主要分布在朝阳、东城两个文化产业最发达的区

朝阳和东城两个区的艺术微博占据全部艺术微博的67%以上。同时，艺术机构认证微博是个人认证微博的5倍多。可见主要是因为朝阳和东城分布的大量的艺术机构投射到微博社会网络中，才呈现出艺术微博高度集聚的态势。朝阳区和东城区是媒体、出版、设计、动画等很多文化产业门类的集聚区，视觉艺术的展示和销售机构往往和这些行业有着千丝万缕的关系，这可能是这两个

区布局了最多艺术微博的原因。

在“互联网+”浪潮下，真实世界中的各种元素参与网络社会的热情是有区别的。从我们这章所研究的艺术微博来看，艺术家个人用户远没有杂志、画廊、展览馆等艺术机构的热情高，这直接反映在我们采集的数据中机构认证用户的数量是个人认证用户数量的 5 倍还多。综合整理搜集的数据，结合国内外视觉产业发展的趋势，我们对“互联网+”背景下北京艺术产业的发展有以下推测：

1. 北京视觉艺术与互联网的融合是有限度的

近年来，艺术网站的兴起，一定程度上改变了艺术产业的业态。比如，艺术品的电子商务开始兴起，扩大了艺术品传播渠道、销售范围。然而，视觉艺术具备一定的欣赏门槛，受众并非是所有的社会群体。同时，对于真正的收藏家而言，欣赏视觉艺术品还是需要到现场才能有切身的感受。这就决定了视觉艺术与互联网的融合主要局限在宣传推广和电子商务等范围内，融合的程度可能没有影视、动画等行业深入。

2. 北京视觉艺术在全国将长期占据优势地位

北京是国内文化产业综合实力最强的城市之一。媒体、杂志、电子商务、美术馆、展览馆等各种艺术产业的主体广泛存在，北京均居于前列。同时，北京拥有最多的艺术家人才。仅宋庄画家村一地就超过了 5000 人。在“互联网+”的浪潮下，北京视觉艺术行业又迅速抢占了艺术网站的机遇，成立了雅昌艺术网为代表的平台。这些因素都能促进北京视觉艺术不断发展，在全国持续占据优势地位。

第三章　北京动画产业研究

（一）动画产业的概念及特征

动画产业的概念“可大可小”。所谓“大”的概念与“动画产业”类似，是指以“创意”为核心，以动画、漫画为表现形式，包含动画图书、报刊、电影、电视、音像制品、舞台剧和基于现代信息传播技术手段的动画新品种等动画直接产品的开发、生产、出版、播出、演出和销售，与动画形象有关的服装、玩具、电子游戏、印刷品及日用品等衍生产品的生产和经营的产业；与动画内容相关的展览馆、游乐场和主题公园的经营等。[①] 所谓“小”的概念，是指除去漫画、游戏等产业，剩下的直接与动画片和动画人物相关的产业链和生产环节。相较于其他文化创意产业部类，动画产业有以下显著特征：

首先，动画产业的产业链条最长。广义上的动画产业涵盖了从漫画、电视、电影到游戏、音像制品以及玩具、主题公园等衍生产品的大产业。动画从策划到制作、播出、研发和销售，乃至后续的衍生品的开发，每一个环节都对于动画产业的发展产生非常大的影响。其中，最关键的创造环节往往很难与其他环节截然分开，造成了动画产业常常在一些城市集聚的现象。

其次，动画产业的受众以特定人群为核心，特别是以儿童和青少年为主。动画形象有别于真实的人物和场景。富于想象力但是距离现实有一定距离，最为符合尚未接触社会的青少年和儿童的观赏需求。当然，一些成年人也经常观看动画作品，特别是动画电影。从整体上看，动画作品的受众仍然以儿童和青少年为主。

最后，动画产业具有教育意义，对于确立社会道德规范有一定的价值，受

① 朱春娇.2010. 中国动画产业现状及发展研究[J].现代商贸工业，2010（4）：108-109.

到各国政府的高度重视和大力扶持。文化创意产业的消费与其他产业的重要区别在于它以产品精神价值为主。儿童和青少年由于缺乏完整的人生观和价值观，往往不能站在相对客观的角度欣赏动画作品，甚至一些受众会模仿动画中的人物、情节和观念。因此，动画作品的内容和播出形式、方式一般都被各国的法律和政策文件加以严格的限定。

（二）北京动画的概况及其在全国的地位

北京作为国家文化中心和国家级媒体的主要所在地，必然是动画产业发展的主力军。先后建立了中国动画游戏城、中关村创意产业先导基地、北京三间房动画产业园、国家新媒体产业基地、北京数字娱乐示范基地、中关村科技园区雍和园等动画游戏基地，形成了较为完整的产业链。在互联网兴起后，网络动画日益成为主流。北京网络动画产业出现了一批诸如有妖气漫画、快看漫画、若森数字等为代表的有核心 IP 资源的企业，成为国内网络动画界的重要力量。

就传统动画产业而言，北京有很多得天独厚的条件，众多的高校，良好的文化氛围对包括从事动画行业在内的各种创意人才构成了巨大的吸引力。比如，有业内人士对著者说："现在所有创意做得最好的都是在北京。这也就是为什么北京有北漂，没听说过上海有沪漂，广东有广漂。文化政策这方面，肯定是北京氛围最好嘛……创意的东西不是说政府引导就能做出来的，有时候一个好的创意人才就能带领起一个创意产业。"

然而，仅有创意人才和文化政策的支持是远远不够的。北京目前真正叫得响的动画作品较少。北京的传统动画产业一定程度上依附于中央电视台和北京电视台这样的国有媒体。主要的动画生产企业和部门包括中央电视台青少部、中央电视台下属北京辉煌动画公司，以及北京电视台下属的卡酷动画卫星频道有限公司。显然，这种局面与完全的制播分离还存在很大距离。产权不清，政企不分，市场化程度低成了北京动画业发展的主要障碍。同样是访谈中，又有专家谈道："北京呢，有钱没有市场运作。这和北京文化底蕴、政府拨钱有关系。现在中央台也在改制，搞股份制，但不是这么容易。前段时间，他们搞了一个《三毛流浪记》。好多企业现在想尝试这个领域，现在进去以后一看，不行，影响一大批人。"

北京是国内文化产业整体竞争力最强的城市。但是就动画产业发展而言，也面临着很大的压力。特别是在国内很多省市大力扶持本地动画的背景下，很多省市对于动画制作给予了大量的补贴，甚至出现了很多北京的动画公司纷纷将注册地址改到其他省市的现象，比如北京幸星国际在安徽建立新的动画基地等。

（三）基于新浪微博数据对北京网络动画产业的分析

1. 数据采集

有关我们研究的主题——“北京动画”的微博用户有1500余个。一方面考虑到数据量过大，难以采集全部的数据；另一方面，新浪微博用户的准入门槛非常低，很多人可能申请多个账号，造成研究中数据不能反映真实情况。我们选择只研究有关“北京动画”的微博中的认证用户进行分析。具体而言，是指以新浪微博在北京地区、以动画为昵称的机构认证用户和个人认证用户作为研究对象。在新浪微博搜索“找人”模块，在“昵称”中填入“动画”，选择北京为所在地，搜索到机构认证微博用户数共89个以及个人认证用户24个。两者之和113个用户是本书研究的样本。以此为基础，通过编制爬虫程序于2016年8月22—23日采集了北京动画微博用户以下信息：

（1）全部113个北京动画微博用户的粉丝数、关注数、微博数、所在地、简介等。

（2）全部113个北京动画微博用户关注的所有微博账号的信息。包括29525个机构认证账号和11251个个人认证账号。

（3）通过对步骤（2）中的微博关注信息的分析，提取出113个北京动画微博用户相互关注的信息。

2. 北京动画微博用户的特征

（1）粉丝数量最多的动画机构

表3–1　粉丝数排名前10位的动画机构

认证动画机构	粉丝	关注	微博	所在地
哲想动画	450 698	4345	888	北京海淀区
动画电影大鱼海棠	310 430	79	511	北京朝阳区
动画电影龙在哪里	212 317	215	232	北京朝阳区
爱奇艺动画	89 557	18	2563	北京海淀区
中国传媒大学动画与数字艺术学院	49 844	737	181	北京朝阳区
搜狐视频动画	38 598	273	4501	北京海淀区
追光动画	26 791	233	1625	北京朝阳区

续表

认证动画机构	粉丝	关注	微博	所在地
超萌特攻队——长江 7 号动画大电影	24 874	74	142	北京朝阳区
昆塔动画	22 342	657	3271	北京朝阳区
雏蜂动画	16 405	205	765	北京东城区

表 3-1 中列出了粉丝数排名前 10 位的动画机构。从中可以看出，在后期制作领域具有领先优势的“哲想动画”是影响力最大的微博，这个公司作为 Toon Boom 在中国的独家代理，在设备、培训等方面具有很大的优势，北京电影学院、北京城市学院等高校都与其建立了合作关系。这一点可能是其吸引众多粉丝的主要原因。累计票房达到 5.65 亿元的电影《大鱼海棠》受到了市场的认可，排在粉丝数第二位。作为 2016 年新上映的电影，发布微博已经有了 511 条，微博已经成为其与粉丝联系的重要渠道。排在第三位的是动画电影《龙在哪里?》是北京德稻教育投资有限公司出品的动画电影，由好莱坞华人导演胡陞忠执导，章子怡、王力宏等知名影星配音。第四位是网络平台“爱奇艺动画”。另一家网络平台“搜狐视频动画”排在第六位。第五位是“中国传媒大学动画与数字艺术学院”。第七位“追光动画”是由土豆网创始人王微在北京创立的动画电影公司，志在创作具有中国文化特色和国际一流水准的动画电影。第八位是动画电影《长江 7 号：超萌特攻队》，它是周星驰科幻喜剧电影《长江 7 号》的续作。第九位是《昆塔》系列电影、动画剧集的官方微博。第十位《雏蜂》是有妖气原创漫画梦工厂（隶属于北京四月星空网络技术有限公司）的作品，是有妖气最优秀的作品之一。

（2）粉丝量最多的动画个人

表 3-2　粉丝数排名前 10 位的个人用户

认证动画名人	粉丝	关注	微博	所在地	性别
皮三动画	118 779	1242	7611	北京朝阳区	男
动画电影导演王云飞	107 509	1272	6349	北京朝阳区	男
动画大拿刘沣晨	69 628	268	1998	北京海淀区	男
动画日记	66 801	93	488	北京朝阳区	男
啦啦酷动画	52 725	1956	10 647	北京东城区	女
猫粮的动画馆	44 961	194	14 829	北京西城区	男
从前有座灵剑山动画	8710	24	109	北京海淀区	女
咸蛋动画蟹老板	8327	824	1163	北京	男

续表

认证动画名人	粉丝	关注	微博	所在地	性别
张默然动画	5971	1583	3698	北京朝阳区	男
王新龙_龙腾动画	3713	734	2107	北京海淀区	男

表3-2中列出了粉丝数排名前10位的动画个人。哐哐日记动画总导演“皮三”（王波）是中国原创动画的重要代表和领军人物。其策划导演的动画哐哐系列已成为网络经典原创形象，是北京动画界在微博上非常有影响力的“大V”。排在第二位的王云飞同样也是知名的动画导演。排在第三位的动画编剧刘沣晨，除了做编剧之外，还做了很多关于动画的评论工作，是动画界的“网红”。第四位的“动画日记”是微博动漫视频博主、动漫视频自媒体。第五位的“啦啦酷动画”是动画片导演、制片人赵春燕的认证微博。第六位的“猫粮的动画馆”是《动画馆》丛书主编、动画纪录片《蝉噪林愈静》导演薛燕平的微博。第七位“从前有座灵剑山动画”是腾讯动漫作品《从前有座灵剑山》的官方微博。第八位“咸蛋动画蟹老板”是咸蛋动画创始人蟹赵易的微博。第九位“张默然动画”是中国动漫集团节目制作中心创意副总监、动画导演张默然。第十位“王新龙_龙腾动画”是龙腾动画工作室设计部设计总监的微博。

（3）北京动画微博受关注度的主要特征

综观北京动画微博粉丝数排名，我们不难发现以下特征：

①大制作的动画影视受关注度高

无论是“动画电影大鱼海棠”“动画电影龙在哪里”“超萌特攻队——长江7号动画大电影”“昆塔动画”，还是“从前有座灵剑山动画”这一中日合作改编的电视动画（在中国主要在视频网站进行播出）都有很多的粉丝。这些动画作品制作成本高，还常常引入一些明星配音，并通过互联网进行宣传、播映以及建立粉丝的社群。在微博上成为最受关注的动画类账号。此外，个别漫画品牌（如雏蜂动画）微博上起名为动画，虽然没有拍成动画影视，但是也拥有较高的人气，受关注度较高。

②知名动画导演、编剧受关注度高

粉丝数排名前10位的个人用户中，7位（皮三、王云飞、赵春燕、薛燕平、赵易、张默然、王新龙）是动画导演，1位（刘沣晨）是动画编剧。可见动画导演是北京动画产业中最受瞩目的角色。

③动画网络平台受关注度高

近年来，视频网站成为互联网上新崛起的一股力量。在影视制作和播出方面

大有追赶传统电视媒体的趋势。网络视频平台爱奇艺和搜狐的动画频道“爱奇艺动画”“搜狐视频动画”都有大量的粉丝，成为动画产业发展中的一种新的模式。

3. 北京动画微博的联系方向

微博用户之间的联系依赖于关注和被关注的选择。一旦甲地区的微博用户A关注了乙地区的用户B，用户A成为后者的粉丝。一般而言，用户B发布的微博，用户A是有意愿去查看的。在本书中，我们把用户B看作用户A联系的对象。同时，视为甲地区联系了乙地区一次。

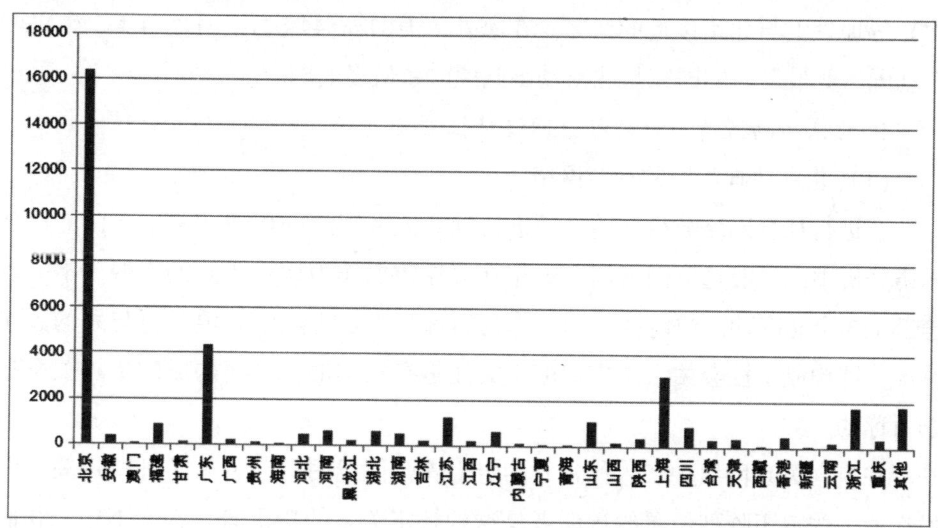

图 3-1 北京动画微博联系的省市

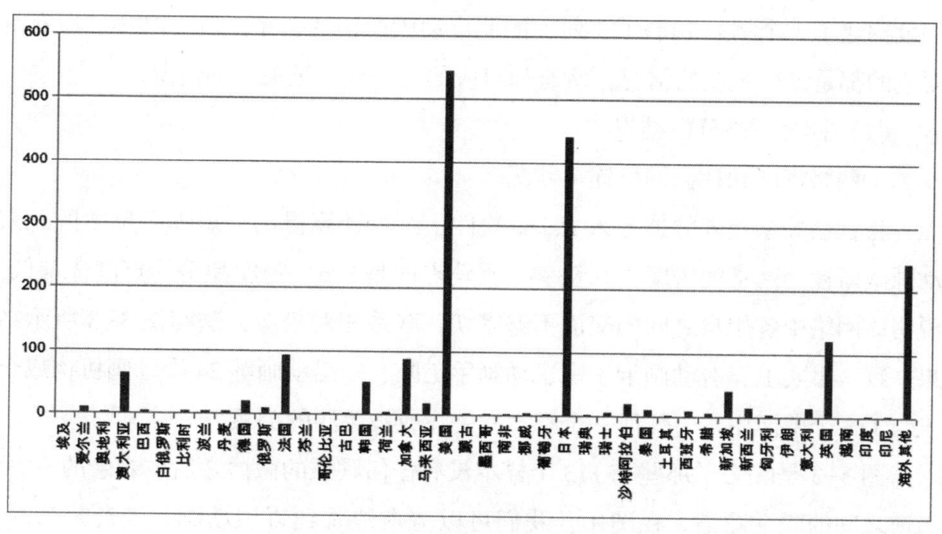

图 3-2 北京动画微博联系的国家

在北京动画微博的 89 个机构认证用户中，一共关注了 29 525 个微博账户；在 24 个个人认证用户中，一共关注了 11 251 个微博账户。我们统计了二者之和，也就是北京动画认证微博（包括机构认证和个人认证）关注的所有微博账户（40 776 个）的所在地（如图 3-1 和图 3-2 所示）。在所有微博中，北京本地的微博最受北京动画微博的关注。在国内其他省市，广东（4350 次）、上海（3055 次）、浙江（1727 次）、江苏（1259 次）等经济发达、动画产业发育较为充分的地区受到北京动画微博的关注次数远高于河北（472 次）、天津（364 次）等地理上与北京接近的地区。在海外，美国（544 次）、日本（442 次）两个动画产业最发达的国家是北京动画微博联系最多的国家。

4. 北京动画微博用户的社会网络特征

（1）北京动画微博的社会网络

在进行社会网络分析之前，要进行社会关系矩阵的构建。关于微博的社会网络分析中，一般选取微博用户的相互关注数据作为构建矩阵的来源。本书以全部 113 个北京动画微博认证用户作为行和列，在矩阵中心填写行与列的关注情况，即构成了社会关系矩阵。由于关注是有指向的，因而构成的矩阵关系是非对称的。

在有向关系网络中，人们常常约定矩阵行位置的行动者是某种特定关系的发送者，约定矩阵列位置的行动者是这种特定关系的接受者。在本书中，我们约定某行关注了某列，则在该行与列的交汇处标注 1，其他地方均为 0。这样我们就构建了一个“113 行×113 列”的北京动画微博的关系矩阵。其中，所有行对应的都是该行关注的情况，所有列对应的均为该列被关注的情况。

（2）社会网络分析结果

①网络密度和社会网络连接状况

将社会关系矩阵数据导入 Pajek 软件。经过计算得出，矩阵所反映的北京动画微博社会网络的密度为 0.0384，平均点度是 8.6。密度和平均点度值偏低，说明该网络中各用户之间的交流不够密切，联系相对松散，这与图 3-3 所示结果一致。事实上，有动画卡丁车、动画手工匠、一诺动画等 24 个动画机构或个人与 113 个微博用户中任何一个都没有关注或被关注的关系。

图 3-3 是除去了那些与 113 个样本没有任何联系的微博之后，剩余的 89 个微博之间的联系图谱。在图中，我们可以清晰地看到哲想动画、爱奇艺动画、北京电影学院动画学院等机构以及皮三动画、动画电影导演王云飞等位于整个

社会网络的中心位置，有非常多的社会联系从它们发出或者发送到它们这里；相反，咸蛋动画、璀璨星空动画、动画大师金子满等位于社会网络的边缘，在网络中缺乏关注度的同时，也很少联络网络中的其他人或机构。

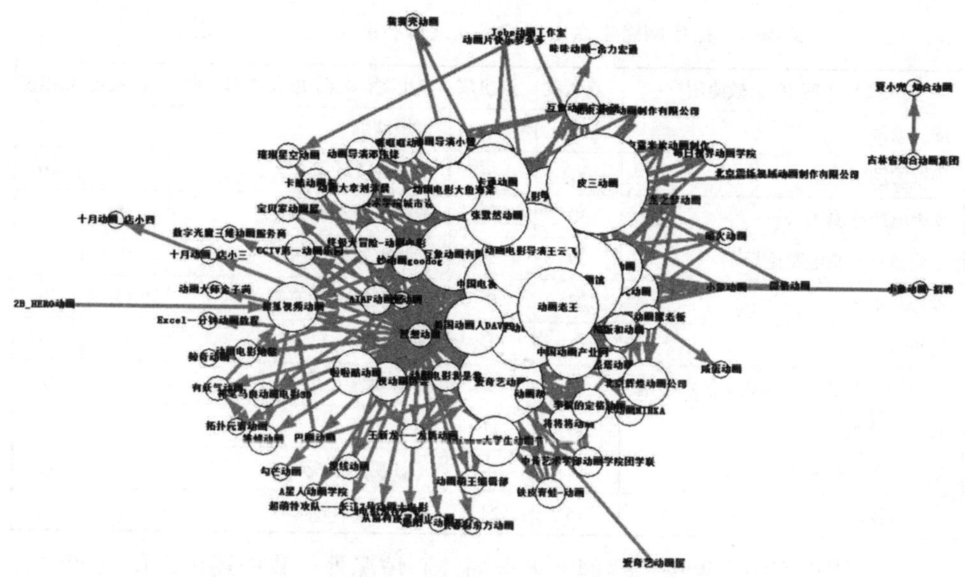

图 3–3 北京动画微博的社会网络关系

②点度中心性和点度中心势

中心性是一个重要的结构位置指标，评价一个机构或个人重要与否，衡量其职务或地位的优越性或特权性，以及社会声望等常用这一指标。中心性指标包括点度中心性和中间中心性。其中，点度中心性常用来衡量谁在团体中成为最主要的中心人物，拥有高点度中心性的人或机构，在这个团体中也具有一个主要的地位。

本书中的北京动画微博的社会网络是有方向性的，其点度中心性包括了点出度和点入度。点出度表示某用户关注其他用户的程度，点入度表示某用户被其他用户关注的程度。如表 3–3 中的结果所示，点出度最大的是哲想动画（点出度为 68），其次是中国独立动画电影论坛、中国电视动画杂志（点出度分别为 26 和 24）；点入度最大的是皮三动画（点入度为 33），其次是猫粮的动画馆和动画电影导演王云飞（点入度分别为 31 和 30）。哲想动画点出度最高的同时，点入度只有 2，说明它在网络中主动关注了很多从业机构和个人，但是，很少被从业者关注。相反，皮三动画关注社会网络中的其他人和机构只有 17 个，却被 33 个从业者关注。如果我们把受关注程度看作更能反映社会网络中地位的指标的话，皮三动画、猫粮的动画馆等就成为具有最高地位的个人或机构。如果我们综合考虑点出度和点入度，则与北京动画微博从业者发生了 70 次联系（68 次关注其他微博、2 次被其他微博关注）的哲想动画具有最高的地位。

表 3-3　社会网络中点出度和点入度排名前 10 位的微博用户

点入度排名前 10 位微博用户	点入度	点出度	点出度排名前 10 位微博用户	点入度	点出度
皮三动画	33	17	哲想动画	2	68
猫粮的动画馆	31	6	中国独立动画电影论坛	29	26
动画电影导演王云飞	30	20	中国电视动画杂志	15	24
中国独立动画电影论坛	29	26	动画电影导演王云飞	30	20
爱奇艺动画	23	0	北京互象动画有限公司	17	18
动画老王	21	1	皮三动画	33	17
中国传媒大学动画与数字艺术学院	20	9	美国动画人 DAVID	11	16
其卡通动画	19	11	慈文动画	1	15
北京互象动画有限公司	17	18	每日视界影视动画	7	12
中国电视动画杂志	15	24	妙动画 goodog	4	12

除了用点度中心度来考察网络中点的核心情况外，我们还可以用点度中心势来分析整个图的中心趋势。中心势特指一个作为整体的图的中心度，它关注的不是点的相对重要性，而是图的总体整合度或一致性。北京动画微博的社会网络的标准化点入度中心势和点出度中心势分别为 25.9%和 57.4%，说明网络中点的点出度差异比点入度差异更大。微博用户被关注的程度与用户关注他人的程度相比，后者具有更明显的集中趋势。这说明在北京动画的社会网络中，那些影响力巨大的微博账户，自身的“魅力”常常居于次位，社会联系更多的还是与其在群体中主动联络他人有关。

③中间中心度

中间中心性衡量了一个人或机构作为媒介者的能力，即在网络中控制其他行动者的能力。在北京动画微博的社会网络中，哲想动画的中间中心度值最高，说明其在该网络中控制信息流动的能力最强；其次是中国独立动画电影论坛、北京影视动画协会和动画电影导演王云飞，网络中的其他人想要获取信息对他们的依赖程度也是比较大的。所有 113 个微博用户中，有 66 个的中间中心度值为 0，它们在该网络中不具有任何交流节点的作用，不能控制其他任何行动者。从整体来看，北京动画微博的社会网络标准化中间中心势为 10.44%，数值较低，说明该网络中大部分的人不需要通过其他人作为桥梁节点就可以获取信息。

因而，北京动画微博之间的关系是比较松散的，没有形成一个围绕某些“大V”的紧密交织的网络。

④凝聚子群

除了24个没有关注其他任何北京动画微博的用户之外，剩余的89个微博用户在北京动画微博的社会网络中彼此联系很紧密，著者试用了寻找组元、寻找重叠完备子网络以及将网络对称化之后，寻找K-核（原是数学图论中的概念，后用于社会网络分析内聚性）再寻找组元等各种方法，都没有找到凝聚子群。

（四）北京动画微博空间分布

表3-4　北京动画微博注册地的空间分布情况

所在区	机构	个人	用户总数	区位商
东城	15	4	19	4.16
西城	4	1	5	0.76
朝阳	31	10	41	2.04
海淀	18	4	22	1.18
丰台	0	0	0	0
石景山	1	0	1	0.30
昌平	0	0	0	0
顺义	0	0	0	0
通州	0	0	0	0
大兴	1	0	1	0.11
密云	0	0	0	0
怀柔	0	0	0	0
延庆	0	0	0	0
门头沟	0	0	0	0
房山	0	0	0	0
平谷	0	0	0	0
总计	89	24	113	1.00

我们从表3-4中不难看出，东城区、朝阳区和海淀区是北京动画微博最为发达的区，它们的区位商都超过了1。其中东城区区位商最高，数值超过了4，意味着艺术微博的密度是平均水平的4倍多。朝阳区总量最多，达到了41个，约占总数的36%。此外，海淀区也有为数不少的动画机构和个人，总量和东城

区接近。可见，东城、朝阳、海淀这 3 个区是北京艺术微博的主要集聚地。究其原因可能有以下几点：

首先，动画机构和个人倾向于在交通便利的中心城区布局。根据著者之前对一些动画公司的访谈，动画产业在城市内部布局中主要考虑的是交通便利。从微博数据中，我们印证了这一点。东城区、朝阳区、海淀区是交通非常便利的区。西城区交通也十分便利，但是，集聚了金融等产业以及很多政府机关，留给动画产业发展的空间很小。即使如此，西城区是动画微博用户总数和区位商都排在第四位的区。

其次，东城区、朝阳区是传统上文化产业高度发达的区，具有文化产业的集聚效应。和艺术产业类似，动画产业微博用户总数排在第一位的是朝阳区，区位商排在第一位的是东城区。这两个区是北京文化产业最繁荣的区。动画产业中的很多从业者也喜欢和其他文化产业门类，比如绘画等进行学习交流。这可能是导致这两个区动画微博用户最集中的原因。

最后，在“互联网+”背景下，海淀区的互联网产业对发展动画产业有带动作用。海淀区原本以科技产业为主，很少有文化产业布局，近年来，随着互联网与文化融合，以互联网科技为企业核心竞争力的海淀区企业，开始通过向动画内容领域的渗透，推动了动画产业的网络化发展。从我们抓取的新浪微博数据来看，爱奇艺动画、搜狐视频动画、中国动画产业网、数字光魔三维动画服务商这些典型的科技平台驱动型的企业都布局在海淀。

（五）本章小结

本章基于新浪微博数据分析北京动画产业的微博用户的属性信息和它们彼此之间的网络关系，尝试说明北京动画产业的发展状况及其社会网络关系。北京是全国重要的动画产业基地。互联网在动画的宣传、客户的联络、信息的传播等方面发挥着重要的作用。本章中我们采集了新浪微博找人模块中所有地点为“北京”，昵称为“动画”的认证用户数据。分析了这些微博用户的特征：从微博的粉丝数目来看，影响力最大的机构用户和个人用户分别是哲想动画和皮三动画；从这些微博关注的其他微博用户的地区来看，也即北京动画微博的主要联系方向为广东、上海以及海外，远远超过了地理临近的河北和天津。

基于全部 113 个北京动画微博认证用户的相互关注情况，得出了北京动画微博的社会网络及其特征：整体上，北京动画微博用户的联系较为松散，微博

社会网络的密度仅为0.0384，平均点度是8.6。其中，关注其他认证用户最多的是哲想动画（点出度为68），其次是中国独立动画电影论坛、中国电视动画杂志（点出度分别为26和24）；最受其他认证用户关注的微博是皮三动画（点入度为33），其次是猫粮的动画馆和动画电影导演王云飞（点入度分别为31和30）。如果我们把点出度和点入度合并起来考虑，哲想动画是网络中点度中心度最高的机构，在网络中具有最高的地位；如果我们把受关注程度看作更能反映社会网络中地位的指标的话，皮三动画、猫粮的动画馆等就成为具有最高地位的个人或机构。

微博是当前企业和个人联系的重要社交网络。研究北京动画微博的属性信息及彼此之间的社会网络关系，从相对客观的数据对现实问题进行分析，无疑可以加强我们对于北京动画产业的理解。本书中，我们针对北京动画微博的社会网络分析有其价值所在。但是，不同的动画企业和个人对于参与微博的热情有所不同，可能影响对真实世界中北京动画及其社会网络关系的判断。比如，哲想动画在网络中具有非常高的中心度，与其热衷于在网络上营销、关注了大量的圈内人有关。相反，北京辉煌动画公司等动画界颇具影响的公司可能对网络的参与缺乏与其地位相匹配的热情，反映在微博社会网络上的数据不能代表其真实的地位。这些问题值得研究者注意。

第四章　北京相声表演产业研究

（一）相声表演的特征及其与“互联网+”的关系

中国的传统表演艺术中，相声的生命力和影响力都是最强的。相声的历史最早可以追溯至2300年前战国时期，那时中国古代的滑稽艺人“俳优”，经常在宫廷中为皇帝和王室进行演出。清朝末期，一些相声艺人开始在街头卖艺赚取收入，相声由此成为一种民间艺术广为流传。[①] 1949年后，说唱艺术统称为“曲艺”，开始进入剧场。相声演出被纳入了国有计划经济体系，依附于国有的演出团体和电视台。[②] 到了20世纪末期，随着社会的发展，以电视为主要载体的相声的弊端日益暴露，已经难以适应大众对幽默的需要。相声重回剧场的声音开始被相声界的有识之士所倡导。先是著名演员李金斗20世纪90年代在北京成立了周末相声俱乐部。[③] 21世纪初，以郭德纲为班主的相声演出团体德云社又走入了公众的视野。大量的北京市民和外地游客开始走入剧场看相声，而不再是单纯从电视上欣赏。自此，传统相声自由交流的表演空间得到了恢复。[④]

21世纪后，互联网开始冲击各个行业，相声重新回归小剧场的时间与此恰巧重合。在相声小剧场的蓬勃发展过程中，互联网也起到了推波助澜的作用。一方面，很多不适宜在电视播出的相声片段被投放到互联网中。小剧场之所以火爆，除了更有现场氛围，还因为小剧场相声中有一些通俗但又不伤大雅的内容。这些内容在电视平台不能通过审查，但是，在互联网上相对宽松，得到了

---

① 杨臻．相声探源[J]．两岸关系，1999（6）：58-59.

② 曲明月．中日两国幽默文化的比较——相声和漫才[J]．学园：学者的精神家园，2014（21）：67-68.

③ 高玉琮．传统相声的回归与相声艺术发展[J]．文艺研究，2003（2）：100-105.

④ 艳霞文．周末相声俱乐部振兴相声的一方热土［N］．北京日报，2004-02-10.

广泛的传播。比如，郭德纲有一个相声段子叫《电台不让播的相声》在网络平台上很受热捧。另一方面，互联网增加了相声演员的曝光率，提升了相声演员的知名度。相声作为一种搞笑的艺术形式，与网络娱乐平台的主题非常切合。在互联网的影响下，相声有了更多的传播渠道。比如，有人专门建设了相声网站；还有人在抖音等平台专门播放相声和喜剧为主题的短视频等。

（二）北京相声产业的概况及其地位

京津两地是相声的主要源地。其中，北京作为首都，有很多艺术院团、各种电视、网络媒体，拥有数量最多、名气最大的相声演员群体。近年来，在相声回归小剧场的潮流下，除德云社外，北京已经形成了嘻哈包袱铺、星夜相声会馆、周末相声俱乐部、乐活卉等众多民间演出团体。这些民间团体是相声产业化的生力军，吸引了广泛的注意力。如今，到小剧场看相声演出已不仅是北京百姓生活中的习惯和需要，也成为外地游客欣赏“京味文化”的重要品牌。可以说，无论是在电视相声时代，还是小剧场相声时代，北京始终引领着全国相声表演产业的发展。究其原因，我们通过对相声行业的实地调查以及对网络数据的分析，得出以下几点初步的结论：第一，北京相声从业人员的社会网络具有师徒关系的空间绑定、实体舞台和虚拟舞台人脉充足的特点，因此吸引了相声演员更倾向选择在北京发展。第二，相声演员与北京众多的演出团体，尤其是现代话剧和脱口秀演员的互动，促进了相声艺术的创新和进步。第三，北京有大量的媒体资源。这些媒体是相声扩大知名度的重要渠道。

（三）研究方法

著者于2014—2017年采用以下方法围绕“互联网+”背景下北京相声从业者的社会交往进行了数据的采集：（1）访谈。选择来自3个相声团体的10位相声演员进行深入访谈，获取一手资料。（2）问卷。选择了演出团体“乐活卉”的多数成员进行社会网络分析中的“自我中心网”的问卷调查。（3）观察。一是直接观察。直接到小剧场观看相声表演，体会相声表演艺术的魅力，探究小剧场相声受欢迎的原因。二是参与观察。进入相声团体的后台进行相对深入的交流，与相声演员有近距离的接触。（4）用网络爬虫程序采集新浪微博数据，并进行社会网络分析。编辑爬虫程序，从新浪微博采集地点为北京、标签含有“相声”的所有经过认证的微博账号的属性信息和这些账号关注的其他认证账号的信息。利用 Pajek 软件对采集的新浪微博数据进行社会网络分析。总结那些在北京特有的、影响相声行业发展的社会网络关系。从社会网络分析的结果中，发现北京哪些地方特色资源推进了相声艺术的传承和发展。

(四) 北京相声行业的特征——基于新浪微博数据的分析

1. 北京相声微博的主要特征

(1) 粉丝数最多的相声机构

表 4-1　粉丝数排名前 10 位的相声机构

认证相声机构	粉丝	关注	微博	所在地
春晚	7 519 535	51	1617	北京
中国喜剧星	1 143 506	238	1367	北京朝阳区
嘻哈包袱铺官方微博	408 679	698	9380	北京东城区
完美娱乐在线	240 777	260	5122	北京
星夜相声会馆	182 238	283	6430	北京西城区
宽度网	177 081	651	4815	北京朝阳区
中视网联传媒项目资源中心	81 856	123	76	北京东城区
德云老和部队	66 801	127	5764	北京西城区
第六届 CCTV 相声大赛	59 402	70	489	北京
北京相声第二班	58 243	275	2638	北京东城区

“春晚”（相声是其中重要的表演节目）作为国人最为瞩目的综艺晚会粉丝数目毫无疑问地占据榜首。“中国喜剧星”是浙江卫视的喜剧节目，其很多节目的录制是在北京完成，微博注册地位于北京朝阳区。“嘻哈包袱铺”是在北京受欢迎程度仅次于德云社的相声团体。“完美娱乐在线”是由完美世界为广大玩家及听众倾力打造的全新娱乐互动体验平台。“星夜相声会馆”是由德云社前成员李菁创办的相声团体。“宽度网”是互联网上一个开放的演艺类评论社区。“中视网联传媒项目资源中心”是纪录片拍摄制作、影视剧投资等综合性影视传媒企业。“德云老和部队”是德云社粉丝团的认证微博。“第六届 CCTV 相声大赛”是中央电视台举办的重要相声比赛。“北京相声第二班”是著名脱口秀主持人、相声演员王自健担任班主的相声团体。

(2) 粉丝数最多的相声个人

粉丝数排名前 10 位的都是知名相声演员。其中包括郭德纲、岳云鹏、于谦、郭麒麟 4 位德云社演员以及曹云金、徐德亮两位德云社前演员。此外，作

为女相声演员中的佼佼者贾玲，其粉丝数排在第三位。近年来凭借着《今晚80后脱口秀》走红的相声演员王自健排在第五位。

表4-2　粉丝数排名前10位的相声个人

认证相声个人	粉丝	关注	微博	所在地
郭德纲	67 593 151	120	1988	北京
岳云鹏	11 516 005	429	3411	北京
贾玲	6 380 721	663	2295	北京朝阳区
于谦	5 616 035	99	1404	北京大兴区
学徒王自健	2 630 537	333	9131	北京海淀区
曹云金	2 553 593	335	2095	北京东城区
白凯南	1 160 269	334	3669	北京朝阳区
郭麒麟	895 312	162	745	北京西城区
徐德亮	735 382	1928	6672	北京
大潘潘斌龙	675 242	848	2182	北京朝阳区

（3）北京相声微博受关注的主要特征

综观北京相声微博粉丝数排名，我们不难发现以下特征：

①播放相声的传播媒介受关注度高

“春晚”“中国喜剧星”“第六届CCTV相声大赛”“完美娱乐在线”等相声传播的媒介或者综合了多种喜剧形式，或者借助了中央电视台这类强势媒体，吸引了数量最多的粉丝。

②知名相声团体和演员受关注度高

“嘻哈包袱铺”“星夜相声会馆”“北京相声第二班”几个知名相声团体以及郭德纲、岳云鹏、贾玲等一众知名相声演员的微博是粉丝数排名最高的微博。

③德云社相对于其他团体具有压倒性的优势

“德云社”微博的粉丝数目高达几百万，本来应该是粉丝数仅次于“春晚”的机构认证微博。但是，德云社可能因为非常有名，并没有在微博昵称或标签里标注“相声”，我们没有采集到。在粉丝数排名前10位的个人微博中包括了郭德纲、岳云鹏、于谦、郭麒麟4位德云社演员以及曹云金、徐德亮两位德云社前演员，德云社在微博的影响力远超其他相声团体。

2. 北京相声微博的主要联系方向

我们在采集了529个标签含有“相声”、所在地为北京的微博认证用户之后，又抓取了上述认证用户关注列表全部用户的属性信息。之后，我们对这些相声微博认证用户关注的用户所在地进行了统计（共计88 946个用户，其中

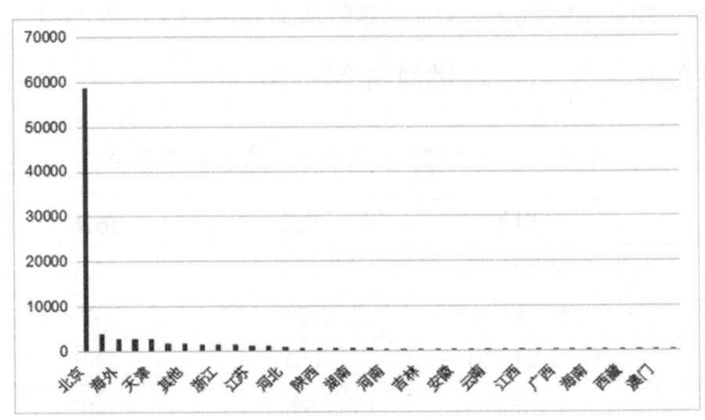

图 4-1　北京相声微博联系的省市

2949 个是海外用户，海外用户中仅有十几个用户标注了所在国家，因此我们这里没有给出北京相声微博联系的海外国家分布图）。我们假定每 1 个认证用户关注某地方的用户，视为这个认证用户联系了某地方一次。当我们累加所有的 529 个认证用户关注的用户的所在地之后，我们就可以得到北京相声表演产业认证用户（包括机构认证用户和个人认证用户）所联系的方向（地方）。

如图 4-1 所示，在国内的省市中，可以看到北京相声微博主要联系的省市除了北京本地，还包括上海、广东等经济发达、经济总量大的省市，以及天津这一相声产业同样高度发达的城市。相反，河北等与北京距离很近，但是经济总量和相声产业发展水平都不高，很少被北京的相声机构/个人所关注。

（五）北京相声产业的社会网络特征

1. 对北京相声从业者个体的社会网络研究——基于访谈和问卷调查的分析

为了使调查的对象涵盖相声团体中的不同类型的人，我们选择了一个相声团体乐活卉的大部分成员进行问卷，而不是随意对不同团体的从业人员进行分析。该团体共有 12 位演员以及 1 位经纪人，著者对其中 7 位演员（含 1 位负责人），以及 1 位经纪人做了问卷调查（参见表 4-3）。

表 4-3　8 位相声从业者的特征

年龄	性别	文化程度	学相声时间	籍贯	全职、兼职	职务
35	男	大专	28 年	北京	全职	演员
26	男	大本	3 年	山东	全职	演员
26	男	中学	1 年	北京	全职	演员
14	男	中学	3 年	北京	兼职	演员
28	男	大本	3 年	辽宁	全职	演员

续表

年龄	性别	文化程度	学相声时间	籍贯	全职、兼职	职务
36	男	大专	10 年	河北	全职	演员
26	男	大专	4 年	河北	全职	演员
29	男	大本	0 年	北京	全职	经纪人

假定在每一个被调查者的周围都存在一些与其讨论过重要问题的人组成的社会网络。分析的基本单位是围绕每一个被调查者提问："相信您一定会和其他人讨论一些关于相声和从事相声工作的问题，请您回顾一下，最近半年中，与哪 5 个人讨论过这些问题？请将这些人的资料填入后面的表格……"这样，8 个受访者提出了 40 个讨论对象，对这 8 个讨论网（40 个讨论对象）的关系数据汇总，则可以得到相声从业者社会网络的一些特征（参见表 4-4）。

观察表 4-3，我们可以发现此相声团体以二三十多岁的人为主，同时，也有个别未成年的学徒演员，大多全职从事相声表演工作，这和访谈中了解到其他团体的情况有类似之处。在表 4-2 中，相声从业者日常生活中主要联系的人中，现在团体的同事（占主要联系人中的 37.5%）、老师（占主要联系人中的 22.5%）是被选择最多的。因此，相声团体内部倾向于"强关系"的方式连接。我们对这些个体"与讨论对象的关系是否非常亲密"的问题也证实了这一点。被调查者和经常联系的老师（9 个关系中的全部）以及现在团体的同事（15 个关系中的 14 个）几乎都非常亲密。此外，表 4-2 中的数据还表明以下两点结论：首先，互联网在相声从业者的交流中的作用很小，相声从业者仅在与以前的同事、朋友交流时候偶尔使用网络手段（占全部交流的），其他联系基本不通过网络。面对面的交流是相声从业者最主要的交流方式，62.5%的交流都需要当面来完成。其次，这些从业者主要交流的问题是专业的技能。这与访谈中了解的情况基本一致。相声团体的运作实际上多由班主和经纪人来完成，其成员多数对这些并不关注。这样，从一个普通相声演员的角度出发，其师傅和同事的影响力是非常大的。访谈中，多位受访者表示其所拜的师傅或者联系紧密的带头人（通常所说的班主）也在北京，彼此之间长期密切合作，形成了社会网络的"强关系"。

伴随着相声日益产业化的发展趋势，相声团体的管理方式也正悄悄地发生一些转变。访谈中，有演员指出以师承关系为基础的作坊式的演出团体从运营

表 4-4　网络成员与中心人物的关系构成及交往状况

关系类型		关系亲密程度		交往方式			交往频率（你们多久联系一次?）					交往内容（你们所讨论的问题主要是关于哪方面?）		
		非常亲密	不是非常亲密	见面	电话	网络	几乎每天	每周几次	每月几次	每年几次	每年不到1次	相声专业技能	相声的产业化	相声圈的人际关系
老师	9（22.5%）	9（22.5%）		9（22.5%）			3（7.5%）	3（7.5%）	2（5%）	1（2.5%）		7（17.5%）	1（2.5%）	1（2.5%）
现在团体的同事	15（37.5%）	14（35%）	1（2.5%）	11（27.5%）	4（10%）		8（20%）	4（10%）	2（5%）	1（2.5%）		8（20%）	6（15%）	1（2.5%）
以前的同事、朋友	12（30%）	5（12.5%）	7（17.5%）	3（7.5%）	8（20%）	1（2.5%）	2（5%）	4（10%）	2（5%）	3（7.5%）	1（2.5%）	8（20%）	1（2.5%）	3（7.5%）
其他人	4（10%）	3（7.5%）	1（2.5%）	2（5%）	2（5%）		1（2.5%）	1（2.5%）	1（2.5%）		1（2.5%）	3（7.5%）	1（2.5%）	
合计	40（100%）	31（77.5%）	9（22.5%）	25（62.5%）	14（35%）	1（2.5%）	14（35%）	12（30%）	7（17.5%）	5（12.5%）	2（5%）	26（65%）	9（22.5%）	5（12.5%）

注：括号外数字为样本个数，括号中为样本占所有讨论对象（本调查中为40，也即100%）的百分比.

上来讲有好有坏："好处是师傅说话都得听，坏处是产生的错综复杂的矛盾更多，不好解决。"也有人指出相声如果真要发展为一项更引人瞩目的产业，按照一般规律，其管理方式应该更科学化，建立更科学的奖惩机制。但是，就目前而言，主要相声团体仍然是依靠师傅带徒弟的方式在生存和发展。一些新成立的相声团体，同样是由年轻的相声艺人带着更为年轻的徒弟组成。

2. 对北京相声产业整体的社会网络研究——基于新浪微博用户数据的分析

北京大大小小的相声团体至少有10多个，仅仅通过访谈和问卷的方式来调查北京相声的整个社会网络几乎不可能。在中国，微博为代表的新型网络社区成为人们重要的社交网络平台。[①] 同时，也是现代企业和机构彼此联络以及向社会和公众发布信息的最重要的平台之一。这里我们将结合访谈数据和新浪微博用户的彼此关注数据探究相声团体之间的关系。

具体而言，在新浪微博"找人"模块，以"相声"为"标签"，地点限定在北京，搜索到机构认证微博用户数为68个，个人认证用户461个。由于一些标签搜索出的微博为相声的粉丝，并非相声的从业者，同时，一些很著名的相声演员和机构却没有包括在内，为此，我们对爬取的数据进行编辑，增加了"郭德纲""岳云鹏"等个人认证微博以及"北京周末相声俱乐部官网""大逗相声"等机构认证微博，删除了一些明显不是相声从业者或机构的微博。最后得到的数据集包括机构认证微博用户数60个，个人认证用户292个。两者之和352个用户是本书研究的样本。以此为基础，通过编制爬虫程序于2016年11月10—25日采集了北京相声认证微博用户以下信息：(1) 全部352个北京相声微博用户的粉丝数、关注数、微博数、地址、籍贯、简介等。(2) 全部352个北京相声微博用户关注的所有微博认证用户的信息。其中包括13 140个机构认证用户和75 806个个人认证用户。(3) 通过对步骤 (2) 中的微博关注信息的分析，提取出352个北京相声认证微博用户相互关注的信息。

(1) 北京相声社会网络密度和中心性

①网络密度和社会网络连接状况

将社会关系矩阵数据转换为Pajek的网络数据格式，然后将其导入Pajek2.0软件。经过计算得出，矩阵所反映的北京相声微博社会网络的密度为0.061，平均点度为43.22。网络密度较高，平均点度很高。由于后者和网络中

---

① 王波，甄峰，席广亮，等. 基于微博用户关系的网络信息地理研究——以新浪微博为例[J]. 地理研究，2013，32 (2)：380-391.

顶点数量无关，更能说明网络顶点之间的连接状况。可见，北京相声微博彼此之间的联系是很紧密的。

②点度中心性

点入度最大的是郭德纲（点入度为189），之后是于谦、曹云金、岳云鹏和高晓攀（点入度分别为146、117、105和102）。可见，德云社成员以及嘻哈包袱铺班主高晓攀是北京相声微博社会网络中最具威望、地位最高的微博用户。

与点入度相反，点出度表示某用户关注其他用户的程度。点出度最大的是乐活卉吴迪（点出度为115），之后是李涵-Juan卷er（点出度为105）和相声演员如意（点出度为100），主要是一些从事相声行业的新人。

表4-5　社会网络中点出度和点入度排名前10位的微博用户

点入度排名前10位微博用户	点入度	点出度	点出度排名前10位微博用户	点入度	点出度
郭德纲	189	20	乐活卉吴迪	35	115
于谦	146	11	李涵-Juan卷er	37	105
曹云金	117	18	相声演员如意	71	100
岳云鹏	105	6	张伟相声	32	85
高晓攀	102	56	云润山房韩硕	67	83
徐德亮	97	48	演员杨洁	26	83
相声康松广	95	72	喝上一碗酸辣汤	55	81
甄齐-珍奇	91	81	甄齐-珍奇	91	81
相声演员高峰	87	42	相声演员贾仑	80	81
相声演员贾仑	80	81	藏族演员仁青东珠	26	81

（2）相声团体负责人的社会联系——以郭德纲和高晓攀为例

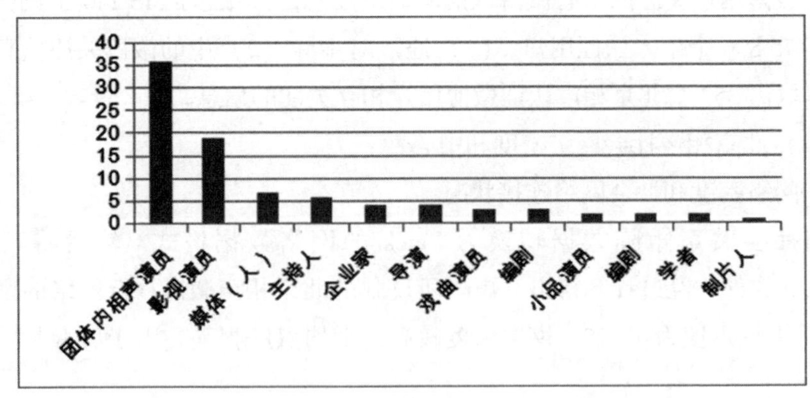

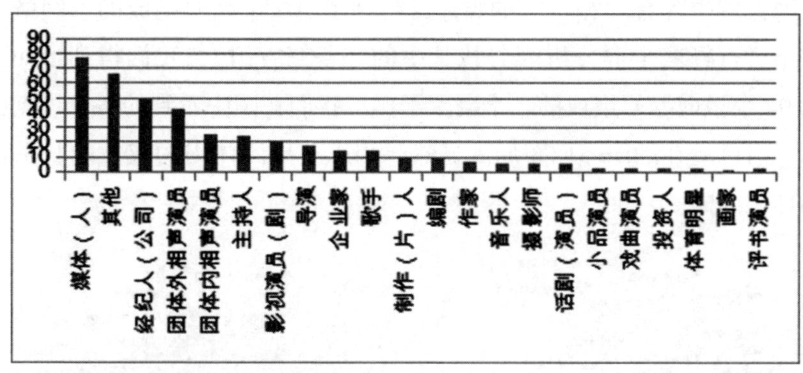

图 4-2　郭德纲（上图）和高晓攀（下图）微博关注的标注地点为北京的微博用户构成

相声团体的对外联系很大程度上是通过团体负责人发生的。德云社和嘻哈包袱铺是北京影响最大的两个相声团体，我们对其负责人郭德纲和高晓攀微博关注的用户的情况进行了统计，发现在郭德纲关注的 109 个认证微博用户中，89 个都在北京；高晓攀关注的 614 个认证用户中 410 个都在北京。在图 4-2 中，我们可以看到 2 人关注最多的微博用户分别是团体内相声演员和媒体（人）。此外，郭德纲关注了较多的影视演员、媒体（人）、主持人等；高晓攀则关注了一些经纪公司和经纪人，以及大量团体外的相声演员和团体内的相声演员。同时，二人都关注了一些编剧、导演、小品和话剧演员、戏曲演员等。

值得注意的是，高晓攀关注了大量的经纪人，并不意味着相声团体和这些行动者的联系是至关重要的。一方面，郭德纲以及其他相声团体负责人关注的微博并没有太多同样类型的联系人；另一方面，一些受访者说与影视等行业需要借助与制片人和投资方的社会网络规避风险、减少交易成本不同，相声演出的成本较小，没有联系专门的经纪公司。综合访谈信息和微博关注信息，相声团体主要联系的外部行动者应当包括其他相声团体、其他类型的表演团体以及媒体。

（3）相声团体之间的社会联系

我们发现相声团体之间是紧密联系的，以至于通过简单的统计手段，不能在 352 个北京相声的微博账号之间区分出不同的子群，这意味着各个相声团体之间的相声演员总有一些人与其他团体的演员存在联系。为了分析哪些团体联系更为密切，我们根据团体的规模和知名度筛选出以下 8 类用户组成的子网络，包括德云社、嘻哈包袱铺、鸣乐汇、乐活卉、星夜相声会馆等 5 个相声团体的成员，德云社前成员，部分有较高知名度的相声名家（比如贾玲、白凯南等），以及微博标签中含有“相声”的媒体，得到了 102 个账号组成的子网络。对这个子网络进行凝聚子群分析（寻找其中的完备三方组），我们得到了如图 4-3 所示的 92 个微博账号组成的 3 个凝聚子群。我们在图中看到的各个顶点也都是主要围绕自己所在的团体而布局。显然，相声演出团体内的成员的联系程度是高于团体之间的。

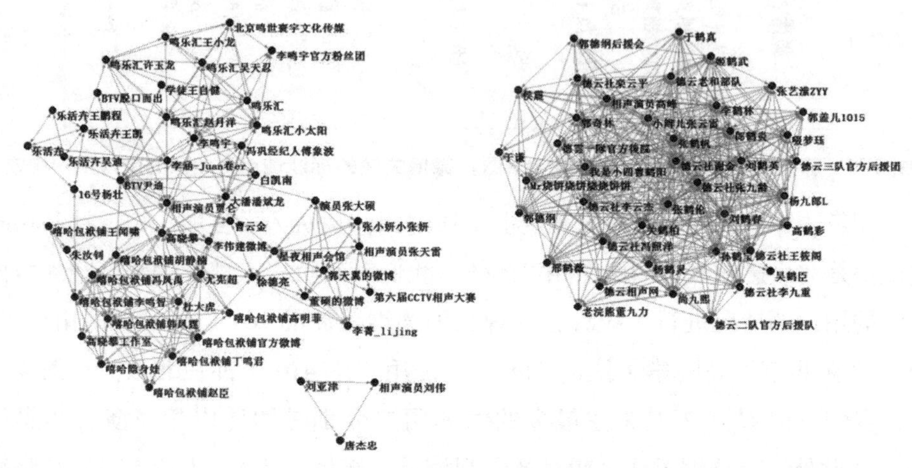

图 4-3 北京相声团体的凝聚子群

在图 4-3 中左下角是一个三人组成的小群体，包括唐杰忠、相声演员刘伟和刘亚津。三人都属于传统的相声名家，曾就职业于国有的艺术团体，并未加入当前市场化的任何相声团体。值得注意的是，一些演员，比如李菁、何云伟等在民间艺术团体中成长，出名后也被国有艺术团体聘用。国有团体的演员很多都很低调，没有注册微博账号，更不会以国有团体的名义登录微博账号，所以我们在上述统计中，很难直接发现这些团体的影响。在搜集的资料中和访谈中，我们了解到很多国有团体的演员与民间团体演员有师承关系。有的演员甚至有时在国有团体演出，有时又在民营团体中活动。北京作为首都，有最多的大型文艺团体，因此，也为相声演员的就业提供了更多的渠道。这一点是国内其他城市不能比拟的。和文化产业中的其他行业一样，相声演员的收入也非常不稳定，如果能够有国有团体为其提供一个稳定的工作，对于演员来说可以起到很好的规避风险的作用。

在左上方的子群中，涵盖了除德云社和唐杰忠等三位相声名家之外的其他所有微博账户。但是，我们仍然能够看出嘻哈包袱铺、鸣乐汇等团体内的成员之间互相临近，彼此之间的互相关注更多。在图中右侧的凝聚子群，则几乎包括了图中所有德云社的成员，并且没有任何一位德云社的现有成员存在于这个

群体之外，加入其他的群体。整体上看，北京相声团体呈现德云社一家独大的局面。其他演出团体则或多或少地呈现抱团取暖的倾向，彼此之间联系更为紧密，访谈中了解到他们彼此之间的交流也较多。

（4）与其他类型的表演团体或演员的联系

在图4-2郭德纲和高晓攀微博关注情况中，以及我们对相声演员的访谈中都发现相声演员与北京的戏曲、话剧、小品等表演团体和演员存在着一定的交流。比如，有相声演员指出："有艺术觉悟的演员，他会跟话剧界的啊，文学界的啊，书画界的啊都有交流。一般的还是跟戏曲演员和曲艺演员接触多一点。"一般而言，最主要交流对象包括传统的大鼓、快板、话剧等说唱艺术，也包括如脱口秀等具有西方特色的艺术形式。

由于说唱类艺术在很多方面是类似的和互补的，这种联系在很多相声从业者的社会关系中也占据重要地位。比如，访谈中有演员就向著者介绍到他们在尝试将相声和话剧相结合，做相声剧演出："我们现在的相声剧就是跟中央戏剧学院毕业的专业导演在合作。一定是相声演员的'嘴'加上话剧演员的'腿'等于'好玩'，相声演员玩话剧结构不行，把俩结合在一起才更有意思。"又比如，北京脱口秀俱乐部就有以前从事相声表演的人转行进行演出。高晓攀等相声演员也来到脱口秀演出团体互相交流，寻求新的演出思路。

（5）与媒体的社会联系

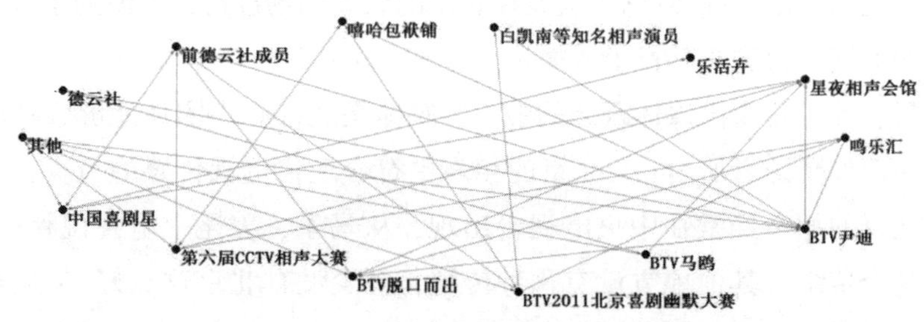

图4-4 相声团体和北京媒体的联系状况

注：根据微博账号的相互关注情况，应用了社会网络分析中的简化网络技术所得。

媒体（特别是电视媒体）的存在为相声提供了更广阔的、虚拟的展示空间，对于相声演员个人和相声艺术整体的传播和推广起到了至关重要的作用。比如，著名相声演员冯巩在其硕士论文中提到"过去是听相声，舞台艺术，现在是电视艺术"。[①] 另一位著名相声演员郭德纲在一个杂志的访谈中曾经提道：

① 冯巩．相声艺术创新的探索与实践［D］．华中师范大学，2001.

“在很长的一段时间内，是二三十年，相声演员见到电视导演就像见到亲人，甚至是家长一样，觉得你掌握着我的全部命脉。”① 时至今日，小剧场活跃起来之后，相声演员有了其他的选择，但是，媒体的重要性仍然是无法替代的。我们在面对面的访谈中有演员告诉著者“北京相声群体有利用媒体的一个传统，多年累积下来的”，也有演员说“某某团体一开始就是靠着媒体的炒作红火起来”。在图4-2中，我们可以看到郭德纲和高晓攀都关注了较多媒体或媒体人的微博。在图4-4中，我们通过社会网络分析中的简化技术，总结各个相声团体成员的微博关注的综合状况，得到了北京部分相声团体和媒体的联系状况。可以看到北京的主要相声团体都和北京有关相声的媒体（浙江卫视的《中国喜剧星》的录制也是在北京丰台完成）或媒体人有互相关注，建立了联系。其中，徐德亮、李菁等德云社前成员是与北京当地的媒体联系最多的一类相声从业者。事实上，这些演员近年来频繁登上北京的《脱口而出》等综艺节目。相反，德云社现在的成员的微博只关注了北京电视台的两位媒体人。从电视节目的播出来观察，他们也很少在北京电视台、中央电视台等位于北京的媒体平台演出节目，与北京当地的电视媒体联系似乎不算很多。不过，我们必须考虑到国内很多电视台的节目其制作阶段也常常在北京完成，比如，位于北京大兴的星光影视基地吸引了辽宁卫视、东方卫视、河北卫视等全国54家电视台到这里制作节目。德云社参与的很多外省市频道的节目演出，在录制阶段也是在北京完成的。比如，德云社20周年庆典在北京的北展剧场进行，上海的东方卫视作为唯一的电视平台进对其行了转播。

可见，北京是全国媒体资源的中心，媒体是北京相声团体能够成功的重要原因之一。如受访者所言：“北京的相声更符合现代电视传媒的节奏，所以你会看到北京的相声经常在中央电视台出现，从马季、姜昆上电视说相声开始，一直有这个传统。其他地方没有这种传统，至少没有北京这么好。”从这里看出，北京的相声演员和数量庞大的媒体资源彼此之间长期磨合，并形成了一定程度上的默契，这可能是北京所独有的资源。现在广播电视相声不如20世纪80—90年代红火，但是相声演员参与传媒的活动并没有减少，而是不断推陈出新，有了更多的形式，如郭德纲、曹云金、李菁、王自健等知名演员发挥在语言和幽默方面的专长，先后参加综艺节目、主持节目，甚至参与影视剧的拍摄等，俨然成了家喻户晓的综艺明星。媒体提供的这种跨界发展的机会也是北京

---

① 张捷，张卓．说相声江湖[J]．人物，2015（2）：180-191.

带给这些演员的重要资源。

（六）北京相声微博的空间分布

表 4-6 北京相声微博注册地的空间分布情况

所在区	机构	个人	用户总数	区位商
东城	15	40	55	5.53
西城	6	50	56	3.93
朝阳	15	65	80	1.83
海淀	6	21	27	0.66
丰台	1	11	12	0.47
石景山	0	1	1	0.14
昌平	0	4	4	0.18
顺义	0	2	2	0.16
通州	0	1	1	0.06
大兴	0	4	4	0.21
密云	0	0	0	0.00
怀柔	0	0	0	0.00
延庆	0	1	1	0.27
门头沟	0	2	2	0.57
房山	0	1	1	0.08
平谷	0	0	0	0.00
总计	43	203	246	1.00

我们从表 4-6 中不难看出，东城区、西城区和朝阳区是北京相声微博最多的区，它们的区位商都超过了 1。其中东城区区位商最高，数值超过了 5，意味着相声微博的密度是平均水平的 5 倍多。朝阳区总量最多，达到了 80 个，约占总数的 33%。此外，海淀区也有一些相声机构和个人，总量和密度都相对较低。可见，东城、西城和朝阳这 3 个区是北京相声表演的主要集聚地。究其原因可能有以下几点：

首先，相声机构和个人倾向于交通便利的城市中心地区（东城区和西城区）布局。相声作为北京城市文化的一大特色，发源于天桥地区。这里不仅有曲艺活动的传统，还有富于历史特色的建筑以及喜欢以相声为代表的曲艺活动的人民群众。从微博数据中，我们印证了这一点。东城区、西城区是交通非常便利的中心城区，也是历史文化保护区，用户总数和区位商都很高。

其次，朝阳区是传统上文化产业高度发达的区，具有文化产业的集聚效应。除了一些相声演员外，更多的是演艺类的经纪公司及其员工常常喜欢在这里办公或者居住。比如，子夕山海（北京）文化艺术有限公司项目部前项目总监“木吉他 1999”、北京八零猴子文化工作室相声演员“佟楠”、综艺博主“辉腾哈斯”等。

（七）本章小结

近年来，与表演市场的欣欣向荣形成鲜明对比，政府部门与学术研究群体对相声的发展持置身事外的态度。① 作为起源于北京的表演艺术，相声对于一个城市的文化建设有其独特的贡献。在城市文化日益同质化的今天，理应引起社会各界高度的重视。

本章我们依据新浪微博数据分析了北京相声表演产业的特征。

第一，我们以新浪微博数据为基础，分析了互联网上北京相声微博的特征。从采集的微博数据来看，受关注最高的相声微博包括以下 3 类：①播放相声的传播媒介受关注度高。“春晚”“中国喜剧星”“第六届 CCTV 相声大赛”“完美娱乐在线”等相声传播的媒介或者综合了多种喜剧形式，或者借助了中央电视台这类强势媒体，吸引了数量最多的粉丝。②知名相声团体和演员受关注度高。“嘻哈包袱铺”“星夜相声会馆”“北京相声第二班”几个知名相声团体以及郭德纲、岳云鹏、贾玲等一众知名相声演员的微博是粉丝数排名最高的微博。③德云社相对于其他团体具有压倒性的优势。在粉丝数排名前 10 位的个人微博中包括了郭德纲、岳云鹏、于谦、郭麒麟 4 位德云社演员以及曹云金、徐德亮两位德云社前演员，德云社在微博的影响力远超其他相声团体。

第二，我们分析了北京相声微博在国内的省市中主要联系的地区，除了北京本地，还包括广东、上海等经济发达、经济总量大的省市，还包括天津这一相声行业同样高度发达的城市。

第三，我们分析了北京相声微博社会网络。发现其密度为 0.061，平均点度为 43.22。网络密度较高，平均点度很高。可见，北京相声微博彼此之间的联系是很紧密的。在点度中心性方面，点入度最大的是郭德纲（点入度为 189)，之后是于谦、曹云金、岳云鹏和高晓攀（点入度分别为 146、117、105

---

① 耿波．相声艺术的产业化之路与日常生活再生产[J]．民族艺术，2009（3）：74-83.

和102)。可见德云社成员以及嘻哈包袱铺班主高晓攀是北京相声微博社会网络中颇具威望、地位颇高的微博用户。与点入度相反，点出度表示某用户关注其他用户的程度。点出度最大的主要是一些从事相声行业的新人，包括乐活卉吴迪（点出度为115）、李涵-Juan卷er（点出度为105）和相声演员如意（点出度为100）。

第四，我们基于新浪微博数据分析了北京相声的空间布局。东城区、西城区是交通非常便利的中心城区，也是历史文化保护区，以及传统的曲艺演出所在地，相声微博区位商最高。

第五，我们以访谈、问卷和网络社交平台（新浪微博）的数据为基础，从社会网络方面分析了北京相声产业的繁荣发展的原因。我们主张于北京本地3个层次的社会网络是保持北京相声发展的关键，而“互联网+”对于这3种网络的影响是很微弱的。首先，来自相声界内部的师承关系，存在着大量的“强关系”，师傅和同事在北京发展，使得优秀的相声演员难以离开北京这块相声的沃土。其次，与北京其他演出团体的交流（既包括其他相声团体，也包括戏曲、话剧、脱口秀等其他类型的说唱艺术）。和相声界内部一样，这些交流同样以面对面的方式为主，仅有少数相声演员偶尔在与以前的同事、朋友交流时使用互联网。最后，与传统电视媒体的合作形成的社会网络。北京相声界有利用电视媒体进行传播的传统，与电视媒体彼此之间更为融合，形成了一种微妙的共赢关系。一大批演员借助位于北京的电视媒体，提升了自身的知名度。相反，网络媒体对相声的影响相对有限，尽管出现了一些相声网站以及在一些网络综艺中出现了相声表演，但总体数量和影响力方面都相对较弱。

第五章　北京设计产业研究

（一）设计产业的内涵及其与"互联网+"的关系

设计产业是一个非常流行的词汇。但是，有关其定义却往往是描述性的，鲜有精确的论述。其中的原因很可能是因为设计产业覆盖的范畴较广，平面设计、工业设计、建筑设计，甚至芯片设计等均可以涵盖在内。一般而言，设计产业可以看作是以工业产品、建筑与环境、视觉传达等有形或无形的产品为主要对象，以提升产品价值、改善用户体验为目的，将创意转化为解决方案的新兴产业。[①]北京市 2015 年发布的《设计产业分类（试行）》将设计产业分为产品设计、建筑与环境设计、视觉传达设计以及其他设计 4 个大类（见表 5-1）。不过，在关于设计产业的论述中，集成电路的设计、电脑动漫的设计等行业常常划归到科技产业之中。建筑设计、工程设计、规划设计往往被看作建筑业的范畴。

表 5-1　设计产业分类

大类	细分类型
产品设计	工业设计
	集成电路设计
	服装设计
	时尚设计
	工艺美术设计
建筑与环境设计	建筑设计
	工程设计
	规划设计

① 王军．设计产业，首都创新发展新引擎［N］．中国信息报，2015-09-21，第 007 版.

续表

大类	细分类型
视觉传达设计	平面设计
	电脑动漫设计
	展示设计
其他设计	其他未列明的设计

设计产业需要与相关产业的联动和配合才能实现自身的价值。特别是要以知识产权交易促进创意要素向传统制造业和文化产业的其他门类衍生渗透，提升附加值。[①] 这就决定了设计产业往往倾向于在那些制造业和其他文化产业较为发达的城市发展。

在"互联网+"的浪潮下，传统的文化产业门类出现了很多新的变化，设计产业也同样如此，其主要影响可以概括为以下几个方面：

首先，互联网使得部分设计产业可以和制造业在空间上分离。比如，互联网可以实时地将产品设计的图片、视频传递到千里之外，北京的一些服装鞋帽的设计公司设计出的产品在广东生产，彼此之间关于产品设计和制造的一些细节可以通过互联网进行及时沟通和交流。

其次，互联网为设计人才提供了更多的交流平台。在互联网产生之前，设计师想寻找设计思路只能通过查找纸质的资料，或者亲自到展览馆等地方参观等方式。在互联网时代，设计师可以轻易地在网络查找大量的资料、图片、联系人、电话等讯息，为设计师拓展思路、寻找灵感提供了广阔的空间。

再次，互联网使得用户向设计师反馈信息更为便利。互联网时代，用户可以充分利用各种网络社区，及时评价所购买产品的形态、性价比、体验感等内容。这使得设计师有了了解用户体验的最好渠道，显著提升了设计师收集用户体验反馈的效率。

最后，新兴的电子商务平台促进了设计产品的网上交易。以"猪八戒"为代表的灵活用工平台，实现了网络交易设计服务。其中 LOGO 设计、UI 设计、装修设计、工业设计等设计服务有较多的成功案例。

（二）北京设计产业的特征及其在全国的地位

北京是我国智力资源最密集的城市，拥有中央工艺美术学院、北京服装学

① 王佳．设计产业与城市发展的耦合关系研究［D］．山东工艺美术学院，2012.

院等大量设计类专业院校，也是各类设计产业覆盖面最全、水平最高的城市之一。北京在设计领域的主要门类都具有一定的竞争力。

首先，在产品设计方面，北京先后建设了 DRC 工业设计创意产业基地、751D · PARK 北京时尚设计广场等国内知名的设计园区，引入了一批知名设计企业。进入 21 世纪之后，随着北京经济结构的调整，设计越来越受到相关部门的重视。2005 年成立了 DRC 工业设计创意产业基地，以建设园区的方式推动设计资源协作，促进设计产业发展。园区兼有培育设计人才、搭建服务平台和设计企业孵化，提供用户体验实验、静态影像、3D、新材料等技术、设备资源，以及工商注册、企业年审、投融资、市场推广等服务。其模式与思路对全国而言都具有开创性意义。这些举措不仅提升了北京城市的设计品质，对全国工业设计的发展也发挥了很好的带头作用。

其次，在建筑设计方面，北京不仅有中国建筑设计研究院、北京建筑设计研究院等央企和国企，还吸引了英国 Atkins 建筑设计北京分公司和德国 GMP 建筑事务所等外企。

最后，在平面设计方面，形成了传统设计公司与新兴设计平台双轨发展的局面，满足了不同层次的客户需求。一方面，传统设计公司正邦、东道依靠良好的口碑和信誉承接了政府项目和世界五百强企业项目；另一方面，猪八戒、特赞等设计平台崛起后，使得一些自由设计师可以通过平台向中小企业灵活提供设计服务。2012 年，北京市被联合国教科文组织授予“设计之都”称号，设计从业者达到 25 万人，各领域设计企业数目达到 2 万多家。

(三) 基于新浪微博数据对北京设计产业的分析

1. 数据采集

在新浪微博搜索“找人”模块，在昵称中填入“设计”，选定北京为所在地进行搜索，采集后再剔除掉并非设计领域的机构和个人，最后剩余机构认证用户 1327 个以及个人认证用户 722 个。两者之和 2049 个用户是本书研究的样本。以此为基础，通过编制爬虫程序于 2016 年 9—10 月采集了北京设计微博用户以下信息：(1) 全部 2049 个北京设计微博用户的粉丝数、关注数、微博数、所在地、简介等。(2) 全部 2049 个北京设计微博用户关注的所有微博账户的信息。共采集到机构用户关注的微博账号 128 555 个，个人用户关注的微博账号 143 667 个。(3) 通过对步骤 (2) 中的微博关注信息的分析，提取出 2049

个北京设计微博用户相互关注的信息。

2. 北京设计微博用户的特征

（1）粉丝数量最多的设计机构

表 5-1 粉丝数排名前 10 位的设计机构

机构认证微博	粉丝	关注	微博	所在地
艺术与设计杂志	1 011 174	153	6792	北京西城区
设计人才养成计划	1 005 212	383	1729	北京
创意高端珠宝定制设计会所	459 904	1511	4682	北京
设计癖	407 650	160	24960	北京海淀区
洛可可设计集团	341 307	1375	6198	北京朝阳区
京大尚设计师集成空间	217 622	198	170	北京
芭莎设计型动	198 992	140	690	北京朝阳区
筑龙网室内设计师圈	193 424	1413	26 638	北京
睿悬设计	163 885	103	677	北京
瑞丽家居设计	162 951	258	2864	北京东城区

“艺术与设计杂志”是《艺术与设计》杂志的官方微博，这一杂志是全球发行量最大的创意类杂志，由证券日报社于 2003 年创办，是中华人民共和国新闻出版总署主管的国家重点学术期刊，中国国家图书馆、中央美术学院、哈佛大学、耶鲁大学等均是该刊的长期订户，刊物发行至海外 37 个国家和地区。“设计人才养成计划”是国内首个面向设计人才的综合服务项目，是北京国际设计周人才板块的重要内容。“创意高端珠宝定制设计会所”是一家从事私人首饰高级定制的会所。“设计癖”（shejipi. com）是一家设计媒体，致力于通过设计连接品牌和大众消费者，帮助企业改进产品设计、销售渠道和品牌形象。“洛可可设计集团”是国内领先的设计公司，服务范围囊括产品开发前期研究、工业设计、UI 设计等，独揽 4 项国际顶级设计大奖、得到中央电视台、凤凰卫视等重量级媒体报道。“京大尚设计师集成空间”是一家服装设计和销售企业。“芭莎设计型动”是高端时尚杂志《时尚芭莎》所主办的具有高度传播力与知名度的时尚设计先锋行动（类似于文化节），邀请了很多知名演员参与活动的推广和宣传。“筑龙网室内设计师圈”是北京筑龙伟业科技有限公司的官方微博。“睿悬设计”是联合睿悬旗下专业从事景观设计、建筑工程设计等相关咨询服务的全球设计机构。《瑞丽家居设计》是关于时尚家居装饰潮流的杂志，其内容丰富多样，涵盖 DIY 房饰装修、精美的家具装饰品展示等。

（2）粉丝量最多的设计类个人认证用户

表5-2 粉丝数排名前10位的个人用户

个人认证微博	粉丝	关注	微博	所在地	性别
设计师兰玉	3 289 463	815	8019	北京东城区	女
理想主义设计	1 063 949	267	5328	北京海淀区	男
服装设计师王浩	652 612	851	2571	北京朝阳区	男
李江涛-战略设计专家	609 478	1832	4023	北京海淀区	男
创意设计人-东旭	338 162	1689	1814	北京东城区	男
设计师俱乐部	306 213	1580	7416	北京海淀区	男
设计分享者	217 731	732	5073	北京朝阳区	男
整体家装设计师	203 942	41	4162	北京朝阳区	女
潮流时尚家居设计师	200 622	637	1568	北京东城区	女
设计师彭晶	194 534	1809	4884	北京	女

“设计师兰玉”是知名时装设计师，尤其擅长婚纱礼服高级定制。“理想主义设计”是微博知名设计美学博主、微博签约自媒体。“服装设计师王浩”是PLITZS中国时装周创始人。“李江涛-战略设计专家”是清华大学政治经济学研究中心高级研究员、立心国际管理研究院首席专家。“创意设计人-东旭”是创知园公司设计师。“设计师俱乐部”是北京科普兰德公司（《家饰》杂志）设计师俱乐部主管认证微博。设计师俱乐部自称为国内最大最专业的设计师交流平台，拥有近20万设计师会员。“设计分享者”是一个平面设计师的认证微博。“整体家装设计师”是知名家居博主、微博签约自媒体。“潮流时尚家居设计师”是上海莱可室内设计装饰有限公司的设计师（微博注册地为北京市东城区）。“设计师彭晶”是微博设计美学博主、中国十佳服装设计师、头条文章作者。

（3）北京设计微博受关注度的主要特征

综观北京设计微博粉丝数排名，我们不难发现以下特征：

①设计相关媒体受关注度高

在我们抓取的数据中，传统的纸质的设计媒体《艺术与设计》杂志、“芭莎设计型动”，网站“设计癖”，微博知名设计美学博主、微博签约自媒体“理想主义设计”和“整体家装设计师”是北京设计微博粉丝数量最多的机构类型之一。这些设计媒体传播有关设计的知识，对于普通群众的生活有直接影响，是设计微博最受大众关注的类型。

②时尚、家居等涉及普通群众日常生活的设计类型受关注度高

设计产业涵盖的类型非常多样。单纯从网络受关注度来看，时尚、家居等涉及普通群众日常生活的设计类型远高于建筑、集成电路等设计类型。我们在粉丝数前 10 位的设计机构微博和个人微博中，都没有发现建筑设计、集成电路设计等设计部类。“UED 城市环境设计”算是建筑微博里面粉丝数较多的仅有 9 万多，距离粉丝数排名第 10 的机构粉丝数 16 万还有较大的距离。建筑、集成电路这类设计面向的客户主要是企业而非个人，在互联网上受到大众关注的程度较低，整个行业受到互联网的影响也相对较小。相反，“创意高端珠宝定制设计会所”和“设计师兰玉”等时尚类的设计微博与公众日常生活相关，受关注度很高。

3. 北京设计微博的联系方向

在北京设计微博的 1327 个机构认证用户中，一共关注了 128 555 个微博账户；在 722 个个人认证用户中，一共关注了 143 667 微博账户。我们统计了二者之和，也就是北京设计认证微博（包括机构认证和个人认证）关注的所有微博用户（272 222 个）的所在地（如图 5-1 和图 5-2 所示）。当我们累加所有认证用户关注的用户的所在地之后，我们就可以得到北京设计产业认证用户（包括机构认证用户和个人认证用户）所联系的方向（地方）。

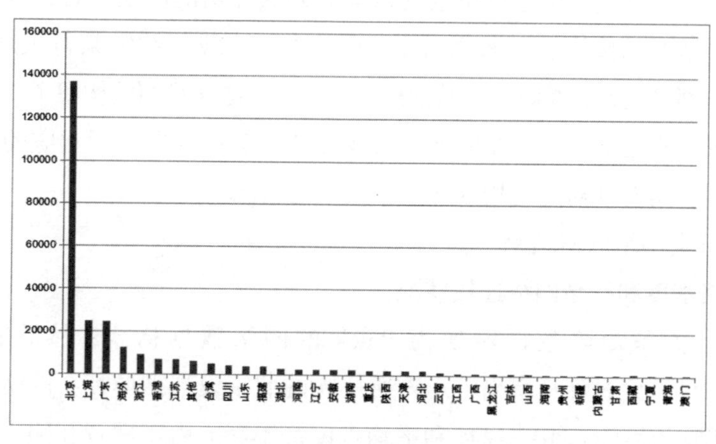

图 5-1　北京设计微博联系的省市

在所有微博中，北京本地的微博最受北京设计微博的关注。在国内其他省市，上海（24 809 次）、广东（24 534 次）、浙江（9102 次）、香港（6970 次）等经济发达、设计产业发育较为充分的地区受到北京设计微博的关注次数远高于河北（1830 次）、天津（1834 次）等地理上与北京接近的地区。在海外，美国（3378 次）、英国（1141 次）、法国（826 次）等设计产业最发达的国家是

北京设计微博联系最多的国家。

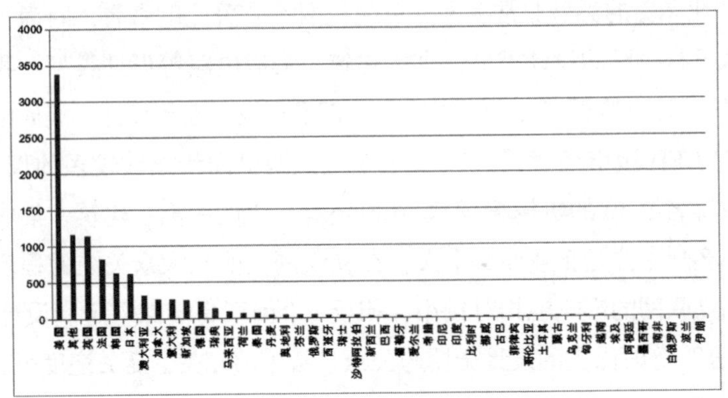

图 5-2　北京设计微博联系的国家

4. 北京设计微博用户的社会网络特征

（1）设计微博的社会网络

微博用户相互关注，从而构成微博社会网络。以相互关注数据进行分析是关于微博的社会网络分析中比较普遍的做法。本书以全部 2049 个北京设计机构/个人微博认证用户作为行和列，在矩阵中心填写行与列的关注情况，即构成了社会关系矩阵。其中，行位置的行动者是关注情况的发送者，列位置的行动者是关注情况的接受者（被关注）。在本书中，我们约定某行关注了某列，则在该行与列的交汇处标注 1，其他地方均为 0。这样我们就构建了一个“2049 行×2049 列”的北京艺术产业微博的关系矩阵。其中，所有行对应的都是该行关注的情况，所有列对应的均为该列被关注的情况。

（2）社会网络分析结果

①网络密度和社会网络连接状况

将社会关系矩阵数据转换为 Pajek 的网络数据格式，然后将其导入 Pajek2. 0 软件。经过计算得出，矩阵所反映的北京设计微博社会网络的密度为 0. 0015，平均点度为 6. 10。密度和平均点度都不高。由于后者和网络中顶点数量无关，更能说明网络顶点之间的连接状况。可见，北京设计类微博彼此之间的联系较少。

②点出度和点入度

如表 5-3 中的结果所示，点入度最大的是设计师俱乐部官方微博（点入度为 230），之后是筑龙网室内设计师圈、北京国际设计周和设计师兰玉（点入度分别为 184、148 和 142）。可见这些微博是北京设计类微博社会网络中颇具威

望，地位颇高的微博账号。

与点入度相反，点出度表示某用户关注其他用户的程度。点出度最大的是居然顶层设计中心（点出度为98），之后是疯狂的设计（点出度为72）和天诺广告-灯光与设计（点出度为67）。居然顶层设计中心点出度最高，点入度为30，说明它在网络中主动关注了很多从业机构和个人，但是，关注它的人却没有很多。相反，设计师俱乐部关注社会网络中的其他人和机构只有27个，却被230个设计微博用户关注。进一步表明，设计师俱乐部在北京设计产业的社会网络中的地位非常高，而且其地位不是靠着主动联系其他人，通过双方互相关注而得到的。

表5-3　社会网络中点出度和点入度排名前10位的微博用户

点入度排名前10位微博用户	点入度	点出度	点出度排名前10位微博用户	点入度	点出度
设计师俱乐部	230	27	居然顶层设计中心	30	98
筑龙网室内设计师圈	184	15	疯狂的设计	63	72
北京国际设计周	148	39	天诺广告—灯光与设计	11	67
设计师兰玉	142	0	中国设计红星奖	57	60
内存再设计的力量	132	14	明日视界国际设计有限公司	11	60
肖勇设计	122	14	金树杉—非常设计	69	58
艺术与设计杂志	105	9	设计师-Jerry	30	55
设计癖	96	6	俺爱设计	79	53
UED 城市环境设计	93	11	彦风_交互设计	51	52
洛可可设计集团	92	18	暖通设计师王志军	1	52

③凝聚子群

2049个中仅有1246个微博与其他时装微博有联系。通过寻找弱组元，组元内最小数目设定为2个，在1246个顶点中可以发现22个子群；最小数目设定为3个，在1212个定点中可以发现5个子群。

以“1207—设计师俱乐部”“514—筑龙网室内设计师圈”“1—北京国际设计周”为中心形成了一个非常庞大的子群，内部涵盖服装设计、建筑设计、市内装修设计、设计媒体等各种设计类型。它们是北京设计微博的主流，彼此间有错综复杂的关注或被关注关系。

“686—创意设计师 Chenchen”“989—左颜右色设计师_彦强”“1103—知名设计师-洛凡”三者都是左颜右色美发中心的发型设计师。

“1035—周莹发型设计”“918—曼都发型设计师-贺宇青”“924—业之峰装

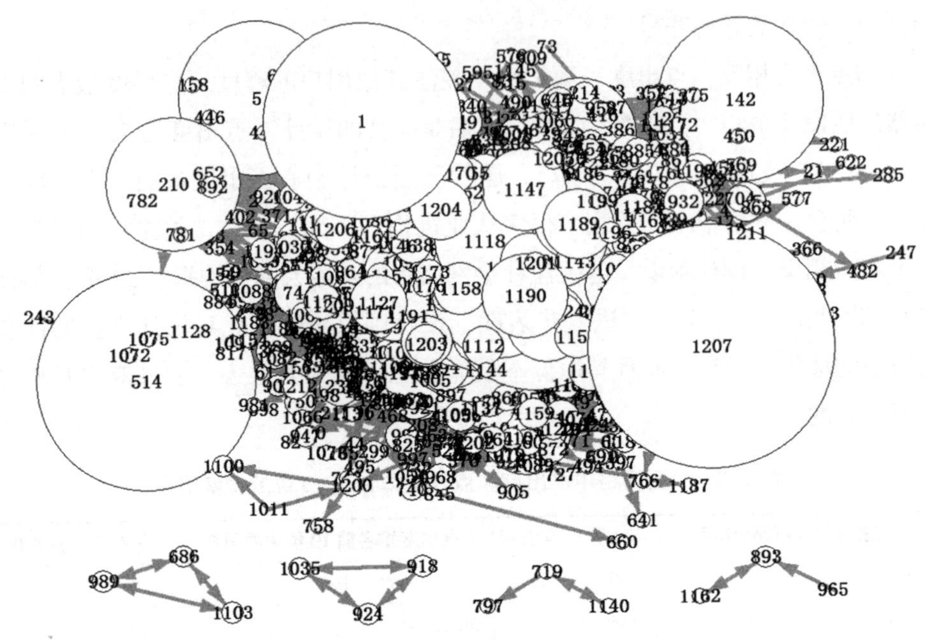

图 5-3　北京设计微博社会网络的子群

注：1207—设计师俱乐部；1—北京国际设计周；514—筑龙网室内设计师圈；142—艺术与设计杂志；5—UED 城市环境设计；686—创意设计师 Chenchen；989—左颜右色设计师_彦强；1103—知名设计师-洛凡；918—曼都发型设计师-贺宇青；924—业之峰装修设计王晓虎；1035—周莹发型设计；719—生活家-设计师张延昭；797—室内设计师-郑健；1140—吕剑超设计；893—五官美学设计专家马晓飞；965—整形美学设计师-朱丽娜；1162—塑形抗衰设计专家刘志华。

修设计王晓虎”组成了一个由发型设计师和装修设计师组成的跨界的子群。

“719—生活家-设计师张延昭”“797—室内设计师-郑健”“1140—吕剑超设计”三者组成了一个室内生活装饰设计的子群。

“893—五官美学设计专家马晓飞”　“965—整形美学设计师-朱丽娜”“1162—塑形抗衰设计专家刘志华”组成了一个整容美学设计的子群。

（四）北京设计微博空间分布

我们从表 5-4 中不难看出，东城区、朝阳区是北京设计微博最为发达的区，它们的区位商都超过了 1。其中东城区区位商最高，数值接近 8，意味着设计微博的密度是平均水平近 8 倍。朝阳区总量最多，为 632 个，约占总数的 41%。可见，设计微博高度集中于东城、朝阳两个区。尤其是东城区，总量和朝阳差距不大，密度是朝阳区的数倍，是设计微博分布最集中的区。

表 5-4　北京设计微博的空间分布情况

所在区	机构	个人	用户总数	区位商
东城	391	112	503	7.92
西城	45	30	75	0.82
朝阳	385	247	632	2.27
海淀	146	54	200	0.77
丰台	40	18	58	0.36
石景山	8	3	11	0.24
昌平	16	8	24	0.17
顺义	5	3	8	0.10
通州	17	12	29	0.28
大兴	16	3	19	0.16
密云	0	1	1	0.03
怀柔	3	1	4	0.14
延庆	0	0	0	0.00
门头沟	1	0	1	0.04
房山	3	2	5	0.06
平谷	1	0	1	0.03
总计	1077	494	1571	1.00

（五）本章小结

本章中我们对于北京的设计机构/个人的新浪微博进行了统计分析，试图通过这个侧面来窥探“互联网+”影响下北京设计产业的发展特征及其发展趋势。研究发现以下几个特点：

（1）设计相关媒体受关注度高

在我们抓取的数据中，传统的纸质的设计媒体《艺术与设计》杂志、“芭莎设计型动”，网站“设计癖”，微博知名设计美学博主、微博签约自媒体“理想主义设计”和“整体家装设计师”是北京设计微博粉丝数量最多的机构类型之一。这些设计媒体传播有关设计的知识，对于普通群众的生活有直接影响，是设计微博最受大众关注的类型。

（2）时尚、家居等涉及普通群众日常生活的设计类型受关注度高

设计产业涵盖的类型非常多样。单纯从网络受关注度来看，时尚、家居等涉及普通群众日常生活的设计类型远高于建筑、集成电路等设计类型。我们在

粉丝数前10位的设计机构微博和个人微博中，都没有发现建筑设计、集成电路设计等设计部类。“UED城市环境设计”算是建筑微博里面粉丝数较多的仅有9万多，距离粉丝数排名第10的机构粉丝数16万还有较大的距离。建筑、集成电路这类设计面向的客户主要是企业而非个人，在互联网上受到大众关注的程度较低，整个行业受到互联网的影响也相对较小。相反，“创意高端珠宝定制设计会所”和“设计师兰玉”等时尚类的设计微博与公众日常生活相关，受关注度很高。

（3）北京设计微博主要关注的微博是来自中国上海、广东，以及美国、英国等国内外经济、文化最为发达的地方

在所有微博中，北京本地的微博最受北京设计微博的关注。在国内其他省市，上海（24 809次）、广东（24 534次）、浙江（9102次）、香港（6970次）等经济发达、设计产业发育较为充分的地区受到北京设计微博的关注次数远高于河北（1830次）、天津（1834次）等地理上与北京接近的地区。在海外，美国（3378次）、英国（1141次）、法国（826次）等设计产业最发达的国家是北京设计微博联系最多的国家。

（4）北京设计类微博社会网络较为松散

北京设计微博社会网络的密度为0.0015，平均点度为6.10。密度和平均点度都不高。由于后者和网络中顶点数量无关，更能说明网络顶点之间的连接状况。可见，北京设计类微博彼此之间的联系较少。

（5）北京设计微博高度集中于东城、朝阳两个区

东城区、朝阳区是传统上文化产业高度发达的区，具有文化产业的集聚效应。与艺术产业、动画产业类似，设计产业微博用户总数排在第一位的是朝阳区，区位商排在第一位的是东城区。这两个区是北京设计产业最繁荣的区。

第六章　北京时装产业研究

（一）时装产业的内涵及其与“互联网+”的关系

时装和时尚（对应的英文词汇都是 fashion）是一对意义相近但又有所区别的概念。所谓时尚是指在一定时期和特定社会文化背景下，流传较广的一种生活习惯、行为模式及文化理念。① 时装则是这种生活习惯、行为模式和文化理念的最重要的承载者，是涵盖设计研发、生产制造、传播流通等环节的完整产业链。其中，设计研发环节是产业链条的核心。因此，本章这里论述的时装产业一定程度上与时装设计是类似的。设计产业涵盖了工业设计、服装设计、平面设计等众多不同的领域。本章可以看作对上一章北京设计中的一个分支而进行的细化研究。

“互联网+”减少了信息屏障，促进了用户与企业的交流，容易影响那些直接面向客户的产业类型。时装设计正是这样的一个文化产业门类。其影响至少包括以下 3 个方面：

首先，改变了时装的销售模式。随着淘宝等电商的崛起，原本仅在线下特定场合存在的时装模特开始了“互联网化”，新兴起了“麻豆”这一职业。通过在网络上拍摄和展示穿有特定服装的图片向顾客推销时装产品。在减少了信息沟通成本的同时，也增加了顾客购买时装的体验。

其次，个人订制化的时装有了更广阔的市场。在“互联网+”背景下，为顾客向商家和设计师提出多样化的需求提供了便利。很多顾客开始在网络上提出对某些时装在细节上进行少量的修改。因此，个人定制化的时装的顾客群从少数精英群体开始逐步向大众群体扩散。

---

① 时尚产业研究中心“中国时尚产业蓝皮书”课题组. 中国时尚产业蓝皮书2008——时尚产业升级之道［R］. 中欧商业评论，2008.

最后，便利了时装周等活动的开展。“互联网+”使得文化活动的宣传推广、订票购票、组织保障等能够通过网络媒体、网络平台而进行，简化了时装周等活动开展中的一些烦琐的程序，间接减少了线下时装文化活动的沟通信息成本。

（二）北京时装产业的特征及在全国的地位

北京拥有全国最优质的时装产业资源。一方面，这里有唯一以服装命名，以时装艺术为核心的高校——北京服装学院，以及其他院校培养的大批时装设计、展示、组织、制作人才；另一方面，北京拥有“铜牛”“爱慕”和“依文”三家全国知名的时装品牌，在品牌建设方面取得了令人瞩目的成就。特别是，爱慕公司召开“爱慕·敦煌”大型主题内衣发布会，引发全新的时尚品牌文化新概念，在全国掀起“内衣艺术视觉体验”。依文集团打造了高级服装定制品牌，在男装领域引领了风尚。

近年来，随着非首都功能的疏解，部分服装企业的制造环节迁出了首都。但是，在设计领域却迎来了新的发展机遇。这就是国内公众对于国产品牌的日益重视。北京时装业界有机会充分发挥北京作为国际活动聚集之都的特色，汇集新创意、新理念、新思潮，学习国际时装的发展动态的同时，发扬中国传统审美文化，建设富于时代感、引领国人穿衣风尚的时装品牌。

（三）基于新浪微博数据对北京时装产业的分析

1. 数据采集

在新浪微博搜索“找人”模块，在昵称中填入“时装”，选定北京为所在地进行搜索，采集后再剔除掉并非时装领域的机构和个人，最后剩余机构认证用户 66 个以及个人认证用户 12 个。两者之和 78 个用户是本章研究的样本。以此为基础，通过编制爬虫程序于 2016 年 9—10 月采集了北京时装微博用户以下信息：（1）全部 78 个北京时装微博用户的粉丝数、关注数、微博数、所在地、简介等。（2）全部 78 个北京时装微博用户关注的所有微博账户的信息。共采集到机构用户关注的微博账号 5030 个，个人用户关注的微博账号 1928 个。（3）通过对步骤（2）中的微博关注信息的分析，提取出 78 个北京时装微博用户相互关注的信息。

2. 北京时装微博用户的特征

（1）粉丝数量最多的时装机构

表 6-1　粉丝数排名前 10 位的时装机构

机构认证微博	粉丝	关注	微博	所在地
时装 LOFFICIEL 杂志	1 885 620	229	5765	北京
时装男士杂志	1 161 913	200	3011	北京
玛汐时装	279 082	1078	2804	北京朝阳区
进道时装团购	167 588	1601	1219	北京
梅赛德斯-奔驰中国国际时装周	54 006	391	3532	北京
吉姆时装定制官微	37 773	78	61	北京东城区
ABEST 巴西时装设计师协会	20 021	316	3854	北京朝阳区
秀场汇 PLITZS 时装周	18 057	258	270	北京朝阳区
一家一时装	11 678	467	64	北京东城区
迅奢时装	9651	250	3321	北京

“时装 LOFFICIEL”是《时装 LOFFICIEL》杂志官方微博，由《时装》传媒集团强力打造，此杂志融合了法国顶尖时尚杂志 L'OFFICIEL 与中国首本时装杂志《时装》。“时装男士杂志”是《时装》的男士版，是一本全球荣誉至尊的男装月刊。“玛汐时装”是上海嘉祈商务咨询有限公司北京分公司的官方微博。“进道时装团购”是宁波进道时装有限公司的官方微博（注册地为北京）。“梅赛德斯-奔驰中国国际时装周”是中国国际时装周的官方微博。“中国时装周”创立于 1997 年，分春夏和秋冬两季在北京举办，现已成为中外知名时装、成衣及配饰品牌展示、形象推广、商品交易、专业评价的国际化综合服务平台。“吉姆时装定制官微”是北京吉姆时尚服装有限公司的官方微博。“ABEST 巴西时装设计师协会”是巴西政府支持下的非营利组织机构，旨在向全球推广巴西本土设计师和服装品牌。目前，已有大量成员品牌参展伦敦时装周、巴黎时装周、圣保罗时装周等大型国际型时装活动。“秀场汇 PLITZS 时装周”是北京恒新知裕时尚网络科技有限责任公司的官方微博。“一家一时装”是淘宝一家一彩色服饰网店的官方微博。“迅奢时装”是迅奢服装（北京）有限公司官方微博，公司经营服装服饰等产品的销售，主打平价奢侈时装品牌。

（2）粉丝量最多的时装类个人认证用户

表 6-2　粉丝数排名前 10 位的个人用户

个人认证微博	粉丝	关注	微博	性别
可儿复古时装	9233	341	1256	女
时装设计师 kevinice 李冰	4881	286	288	男
时装买手李坤	2743	1813	2460	女
喻东方-时装饰品供应商	1503	279	4	男
英圣时装学院亦木老师	1220	55	180	男
潮流时装搭配师-Happysa	581	144	161	女
时装王	313	486	489	男
孙明磊时装设计师	199	190	48	男
Happysa—潮流时装搭配师	165	1378	128	女
时装摄影—孙强	133	203	292	男

“可儿复古时装”是淘女郎认证微博。“时装设计师 kevinice 李冰”是品牌 ICE&IDA 的独立设计师，毕业于新加坡拉萨尔艺术学院。“时装买手李坤”是《乐享迪拜》作者、原时尚集团资深编辑。“喻东方—时装饰品供应商”是高端定制时装饰品、面辅料供应商，还从事钉珠、绣珠、刺绣等面料再造加工。“英圣时装学院亦木老师”是北京英圣国际文化艺术中心英圣时装学院副院长的认证微博。“潮流时装搭配师-Happysa”是北京蔓欧雅服装贸易有限公司时装搭配师的认证微博。“时装王”是北京时代霓裳服装公司总监，中国服装设计师协会技术委员会会员。“孙明磊时装设计师”是明三时品牌主理人。“Happysa—潮流时装搭配师”也是北京蔓欧雅服装贸易有限公司时装搭配师的认证微博。“时装摄影—孙强”是北京海原德贸信息技术有限公司的摄影师。

（3）北京时装微博受关注度的主要特征

综观北京时装微博粉丝数排名，我们不难发现以下特征：

①时装相关媒体受关注度高

在我们抓取的数据中，传统的纸质的时装媒体“时装 LOFFICIEL”“时装男士杂志”是北京时装微博粉丝数量最多的机构。这些时装媒体传播有关时装的知识，对于普通群众的生活有直接影响，是时装微博中最受大众关注的类型。

②“时装周”等文化活动受关注度高

“梅赛德斯-奔驰中国国际时装周”“秀场汇 PLITZS 时装周”等时装周活动是为了时装品牌宣传推广而举办的。时装样式、模特走秀等因素都会吸引大

量的粉丝。

③时装电商受关注度高

“进道时装团购”“一家一时装”等电商网店是大众购买品牌服装的重要渠道，受到了较多的关注。

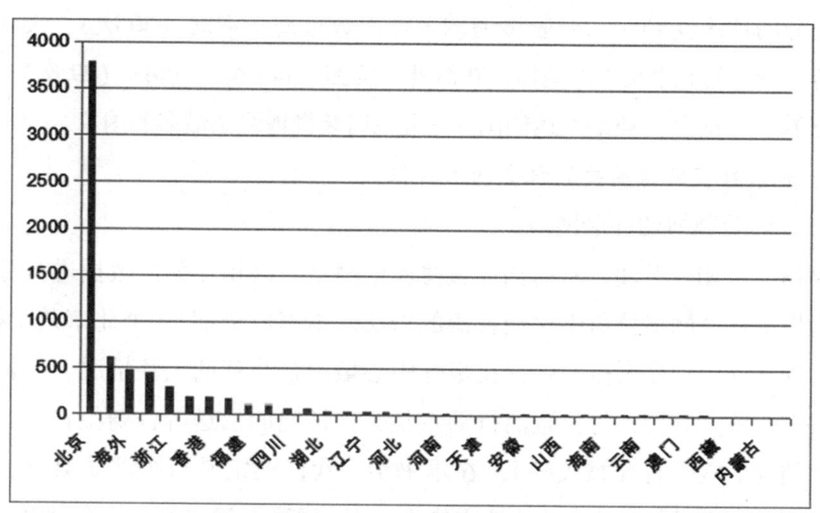

图 6-1　北京时装微博联系的省市

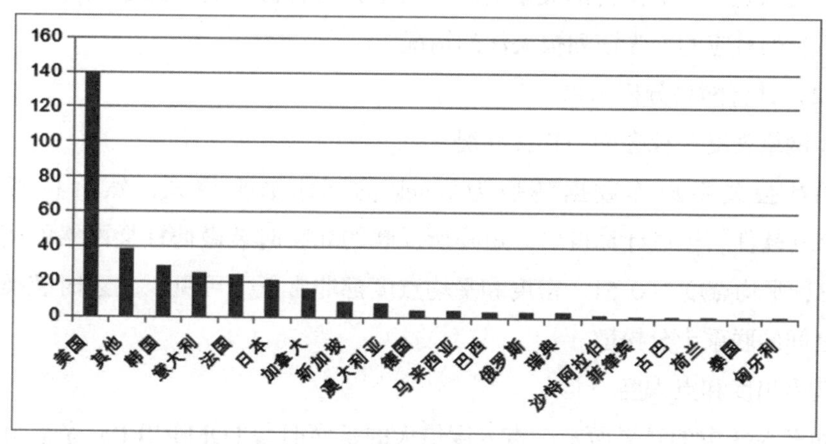

图 6-2　北京时装微博联系的国家

3. 北京时装微博的联系方向

在北京时装微博的 66 个机构认证用户中，一共关注了 5030 个微博账户；在 12 个个人认证用户中，一共关注了 1928 微博账户。我们统计了二者之和，也就是北京时装认证微博（包括机构认证和个人认证）关注的所有微博账户（6958 个）的所在地（如图 6-1 和图 6-2 所示）。当我们累加所有认证用户关注的用户的所在地之后，我们就可以得到北京时装产业认证用户（包括机构认证用户和个人认证用户）所联系的方向（地方）。

在所有微博中，北京本地的微博最受北京时装微博的关注。在国内其他省市，上海（621次）、广东（444次）、浙江（296次）等经济发达、时装产业发育较为充分的地区受到北京时装微博的关注次数远高于河北（30次）、天津（19次）等地理上与北京接近的地区。在海外，美国（140次）、韩国（29次）、意大利（25次）等时装产业最发达的国家是北京时装微博联系最多的国家。

4. 北京时装微博用户的社会网络特征

（1）时装微博的社会网络

微博用户相互关注，从而构成微博社会网络。以相互关注数据进行分析是关于微博的社会网络分析中比较普遍的做法。本书以全部78个北京艺术机构/个人微博认证用户作为行和列，在矩阵中心填写行与列的关注情况，即构成了社会关系矩阵。其中，行位置的行动者是关注情况的发送者，列位置的行动者是关注情况的接受者（被关注）。在本书中，我们约定某行关注了某列，则在该行与列的交汇处标注1，其他地方均为0。这样我们就构建了一个“78行×78列”的北京艺术产业微博的关系矩阵。其中，所有行对应的都是该行关注的情况，所有列对应的均为该列被关注的情况。

（2）社会网络分析结果

①网络密度和社会网络连接状况

将社会关系矩阵数据转换为Pajek的网络数据格式，然后将其导入Pajek2.0软件。经过计算得出，矩阵所反映的北京时装微博社会网络的密度为0.0033，平均点度为0.51。密度和平均点度都非常低。可见，北京时装类微博彼此之间的联系十分松散。

②点出度和点入度

如表6-3中的结果所示，点入度最大的是《时装LOFFICIEL》杂志（点入度为8），之后是《时装男士》杂志、梅赛德斯-奔驰中国国际时装周和中国国际大学生时装周（点入度分别为4、2和2）。可见，这些微博是北京时装类微博社会网络中颇具威望，地位颇高的微博用户。

与点入度相反，点出度表示某用户关注其他用户的程度。点出度最大的是梅赛德斯-奔驰中国国际时装周（点出度为3），之后是中国国际大学生时装周（点出度为2）和时装设计师kevinice李冰（点出度为2）。

表 6-3　社会网络中点出度和点入度排名前 10 位的微博用户

点入度排名前 10 位微博用户	点入度	点出度	点出度排名前 10 位微博用户	点入度	点出度
时装 LOFFICIEL 杂志	8	0	梅赛德斯-奔驰中国国际时装周	2	3
时装男士杂志	4	1	中国国际大学生时装周	2	2
梅赛德斯-奔驰中国国际时装周	2	3	时装设计师 kevinice 李冰	1	2
中国国际大学生时装周	2	2	LOFFICIEL 时装网	0	2
时装设计师 kevinice 李冰	1	2	纽约时装品牌 KIKIWILL	0	2
ICE_IDA 高级时装	1	1	ABEST 巴西时装设计师协会	0	2
碧琦时装	1	0	尚盟重庆时装产业园	0	2
孙明磊时装设计师	1	0	时装男士杂志	4	1
LOFFICIEL 时装网	0	2	ICE_IDA 高级时装	1	1
纽约时装品牌 KIKIWILL	0	2	明三时时装高级定制	0	1

③凝聚子群

78 个中仅有 15 个微博与其他时装微博有联系。通过寻找弱组元的办法，可以发现 3 个子群。

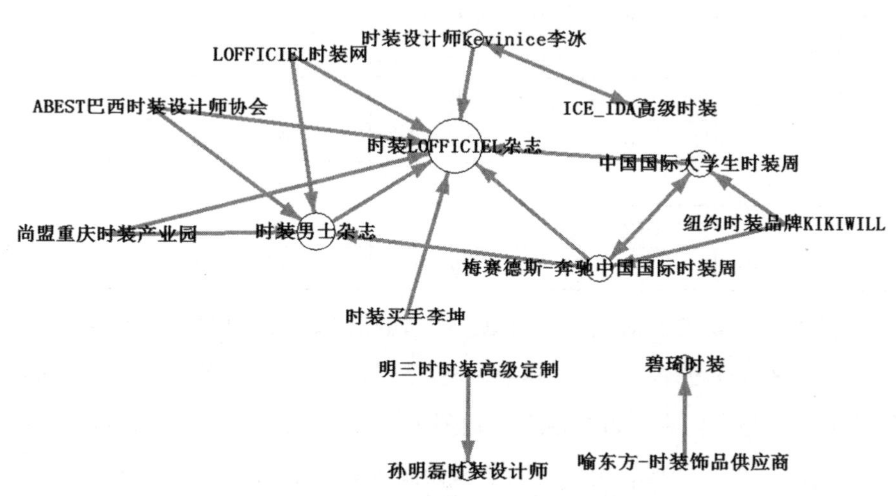

图 6-3 北京时装微博社会网络的凝聚子群

其中，以“时装 LOFFICIEL 杂志”“时装男士杂志”“中国国际大学生时装周”为核心组成了一个大的子群，这一群体中的成员积极参与微博网络关系，与时装类主流保持了联系。

“明三时时装高级定制”关注了“孙明磊时装设计师”组成了一个小的群体，二者分别是北京明三时文化发展有限公司官方微博和员工个人微博。

“喻东方-时装饰品供应商”关注了“碧琦时装”组成了一个小群体。

（四）北京时装微博空间分布

表 6-4 北京时装微博空间分布情况

所在区	机构	个人	用户总数	区位商
东城	20	3	23	9.49
西城	1	0	1	0.29
朝阳	21	4	25	2.35
海淀	2	1	3	0.30
丰台	5	1	6	0.96
石景山	0	0	0	0
昌平	0	0	0	0
顺义	0	0	0	0
通州	1	0	1	0.25
大兴	1	0	1	0.21
密云	0	0	0	0
怀柔	0	0	0	0
延庆	0	0	0	0
门头沟	0	0	0	0
房山	0	0	0	0
平谷	0	0	0	0
总计	51	9	60	1.00

我们从表 6-4 中不难看出，东城区、朝阳区是北京时装微博最为发达的区，它们的区位商都超过了 1。其中东城区区位商最高，数值超过 9，意味着时装微博的密度是平均水平近 9 倍多。朝阳区总量最多，为 25 个（仅比东城区多 2 个），约占总数的 41%。可见，时装微博高度集中于东城、朝阳两个区。尤其是东城区，是时装类微博密度最大的区，远超其他任何一个区。

（五）本章小结

本章中我们对北京的时装机构/个人的新浪微博进行了统计分析，试图通过这个侧面来窥探“互联网+”影响下北京时装产业的发展特征及其发展趋势。研究发现，可以看到以下几个特点：

（1）时装相关媒体受关注度高

在我们抓取的数据中，传统的纸质时装媒体“时装 LOFFICIEL”“时装男士杂志”微博是北京时装微博粉丝数量最多的机构微博。这些时装媒体传播有关时装的知识，对于普通群众的生活有直接影响，是时装微博中最受大众关注的类型。

（2）“时装周”等文化活动受关注度高

“梅赛德斯-奔驰中国国际时装周”“秀场汇 PLITZS 时装周”等时装周活动是为了时装品牌宣传推广而举办的。时装样式、模特走秀等因素都会吸引大量的粉丝。

（3）北京时装微博主要关注的微博是来自中国上海、广东，以及美国、韩国、意大利等国内外经济、文化最为发达的地方

在所有微博中，北京本地的微博最受北京时装微博的关注。在国内其他省市，上海（621 次）、广东（444 次）、浙江（296 次）等经济发达、时装产业发育较为充分的地区受到北京时装微博的关注次数远高于河北（30 次）、天津（19 次）等地理上与北京接近的地区。在海外，美国（140 次）、韩国（29 次）、意大利（25 次）等时装产业最发达的国家是北京动画微博联系最多的国家。

（4）北京时装类微博社会网络较为松散

北京时装微博社会网络的密度为 0. 0033，平均点度为 0. 51。密度和平均点度都非常低。可见，北京时装类微博彼此之间的联系十分松散。

（5）北京时装微博高度集中于东城区

东城区区位商最高，数值超过 9，意味着艺术微博的密度是平均水平近 9 倍多。同时，用户总量达到 23 各个，仅比朝阳区少 2 个，约占总数的 38%。可见，时装微博高度集中于东城区。

第七章　北京音乐产业研究

（一）音乐产业的特征及其受到“互联网+”的影响

音乐产业是依靠着音乐版权和演出而发展起来的产业，是中国文化产业的核心产业。[①] 其中，从市场规模来看，流行音乐占据了这一产业的绝大部分。传统上，音乐产业以唱片公司为核心，以为消费者提供实体音乐产品如 DVD、CD 为主，消费者在整体产业中处在消费链的末端。[②] 报纸、电视等传统媒体在传统音乐产业的媒介渠道中占据核心地位。典型的如 20 世纪 90 年代中央电视台的《音乐风云榜》，近年来浙江卫视的《中国好声音》等节目一度成为大众关注流行音乐的最重要渠道。

近年来，流行音乐产业出现了两个明显的变化，其一是综艺化的趋势。音乐开始与综艺深度融合，众多音乐主题的电视综艺成为人民群众了解和关注音乐的主要渠道。从 2004 年湖南卫视开始举办的《超级女声》到近年来浙江卫视举办的《中国好声音》，湖南卫视举办的《歌手》，音乐主题综艺长期霸屏，既推动了音乐的传播，更重要的是音乐娱乐化倾向明显。第二个明显的变化是音乐产业的网络化。在互联网时代，出现了一种新型的音乐业态——网络音乐，迅速打破了传统音乐的模式，甚至日益成为音乐产业的主流。所谓网络音乐，是指用数字化方式通过互联网、移动通信网、固定通信网等信息网络，以在线播放和网络下载等形式进行传播的音乐产品，包括歌曲、乐曲以及有画面

---

① 郑荔鲤．中国音乐与演艺产业发展报告（2018）［C］．两岸创意经济研究报告（2019），2019：84-98.

② 夏榕潞．国际音乐产业在移动互联网时代中的成长趋势研究[J]．黄河之声，2020，04：166.

作为音乐产品辅助手段的 MV 等①。相较于传统的音乐传播方式，网络音乐在商业模式、知识产权保护等方面都取得很大的进步。数据显示，网络音乐节目《明日之子》在 2017 年单期播放量达到了 4.3 亿。相比之下，传统音乐节目《中国好声音》单期最高播放量只有 7000 万。② 本书第十四章将对网络音乐产业进行专门的探讨。本章则是将其作为音乐产业中的一部分进行分析。

（二）北京音乐的概况及其在全国的地位

我国传统音乐产业有两个中心，即北方的北京和南方的广州。北京作为首都，集聚了众多国字号的音乐机构。1979 年，我国第一家录音制品生产单位——中国唱片总公司在北京成立，我国音像出版发行事业得以迅速发展。与此同时，随着改革开放在沿海地区的率先推进，毗邻香港的广东省在文化产业政策方面率先突破，开创了新中国第一家音像公司、出版发行新中国第一盒立体声录音带、在国内第一次采用“明星包装战术”、举办全国第一届原创流行歌曲大赛红棉杯新人新歌新风大赛、创立全国第一个原创流行歌曲排行榜、成立国内第一个流行音乐学会等十个“全国第一”。

1995 年前后，北京作为首都，集聚的中央电视台等国家垄断媒体对文化产业的发展产生了重要推动。随着音乐电视（MTV）的兴起，全国性电视媒体对亟需成名的歌手形成了强大的吸引力，北京重新成为流行音乐的中心。

21 世纪之后，随着网络音乐的兴起，各地流行音乐的发展又有一些微妙的变化。93.6%的用户在网络上常用的听歌软件是国内官方音乐 App（如网易云音乐、QQ 音乐、虾米音乐等）。③ 这些音乐平台不仅是用户的主要入口，还签约了大量的歌手，打造了完整的音乐产业链条。主要网络音乐平台分别位于北京、深圳、杭州等地，这些地方网络音乐产业都有较快发展。其中北京除了有网易这类音乐平台，在音乐人才方面还具有突出优势，占据国内流行音乐产业的“龙头”。

---

① 参见 2009 年文化部印发的《文化部关于加强和改进网络音乐内容审查工作的通知》.

② 佟军，杨静一．网络环境下音乐节目的新思考——网络音乐节目《明日之子》评析[J]．艺术教育，2019（3）：99-100.

③ 盛开．大学生网络音乐付费意愿调查报告——以南京市部分高校为例[J]．中国民族博览，2019，157（01）：55-58.

（三）基于新浪微博数据对北京音乐产业的分析

1. 数据采集

在新浪微博搜索“找人”模块，在昵称中填入“音乐”，选定北京为所在地进行搜索，采集后再剔除掉并非音乐领域的机构和个人，最后剩余机构认证用户 697 个以及个人认证用户 325 个。两者之和 1022 个用户是本章研究的样本。以此为基础，通过编制爬虫程序于 2016 年 9—10 月采集了北京音乐微博用户以下信息：（1）全部 1022 个北京音乐微博用户的粉丝数、关注数、微博数、所在地、简介等。（2）全部 1022 个北京音乐微博用户关注的所有微博账户的信息。最终共采集到机构用户关注的微博账号 94 963 个，个人用户关注的微博账号 65 562 个。（3）通过对步骤（2）中的微博关注信息的分析，提取出 1022 个北京音乐微博用户相互关注的信息。

2. 北京音乐微博用户的特征

（1）粉丝数量最多的音乐机构

表 7-1　粉丝数排名前 10 位的音乐机构

机构认证微博	粉丝	关注	微博	所在地
CCTV 音乐	11 766 224	248	24 527	北京海淀区
MusicRadio 音乐之声	5 278 604	12	34 915	北京西城区
网易云音乐	5 233 905	694	10 140	北京海淀区
微博音乐	4 355 404	1516	10 389	北京
新浪音乐	3 216 198	942	12 826	北京
微博音乐盒	2 631 526	355	10 609	北京海淀区
音乐风云榜	2 465 045	136	14 920	北京
全球中文音乐榜上榜	1 691 484	165	6179	北京海淀区
热门娱乐音乐官网	1 535 985	93	12 974	北京
环球音乐网	1 464 477	261	5888	北京朝阳区

“CCTV 音乐”是中央电视台音乐频道官方微博。“MusicRadio 音乐之声”是全球最专业的华语流行音乐电台，全面覆盖中国 64 座城市 3.9 亿人口。“网易云音乐”是一款专注于发现与分享的音乐产品，依托专业音乐人、DJ、好友推荐及社交功能，为用户打造全新的音乐生活。“微博音乐”是微博音乐官方微博。“新浪音乐”是新浪音乐频道官方微博。“微博音乐盒”也是新浪微博关于音乐的官方微博，现在已经改名叫“微博乐评团”，主要内容是关于音乐的

评论。“音乐风云榜”是光线传媒在中国主办的音乐类奖项的官方微博。“全球中文音乐榜上榜”是由中央电视台音乐频道主办，泛亚地区各大媒体协办的音乐打榜节目。“热门娱乐音乐官网”是音乐网（yizyumusic）官方微博。“环球音乐网”是环球音乐网的官方微博。

（2）粉丝量最多的音乐个人

表 7-2　粉丝数排名前 10 位的个人用户

个人认证微博	粉丝	关注	微博	所在地	性别
Steven_爱音乐	5 044 313	1165	6586	北京	男
音乐影视贩	2 315 429	666	6482	北京	女
音乐人黄征	1 213 722	148	952	北京	男
现场微音乐	880 839	86	2236	北京	男
音乐人孙伟	396 807	980	560	北京	男
莫名其妙原创音乐	393 468	335	4145	北京	男
影视电影音乐	355 353	62	2097	北京	女
爱音乐和汽车	337 907	37	1439	北京	女
音乐剧女王影子	308 660	1022	5424	北京	女
音乐微小说	298 281	436	2533	北京	女

“Steven_爱音乐”是知名音乐博主、音乐视频自媒体。“音乐影视贩”是乐评人、微博签约自媒体。“音乐人黄征”是知名歌手、音乐制作人。“现场微音乐”是微博知名音乐博主、音乐视频自媒体。“音乐人孙伟”是音乐人、四川鑫鑫演艺文化总经理。“莫名其妙原创音乐”是一家中国风音乐创作团队。“影视电影音乐”是时尚传媒集团全媒体影视部资深视频编辑视频组负责人的微博。“爱音乐和汽车”是 913 汽车音乐调频主持人的微博。“音乐剧女王影子”是世界经典音乐剧《妈妈咪呀!》中文版第一女主角的微博。“音乐微小说”是微博知名音乐博主、微博签约自媒体。

（3）北京音乐微博受关注度的主要特征

综观北京艺术类微博粉丝数排名，我们不难发现以下特征：

①大型音乐平台受关注度最高

传统的电视、广播平台如“CCTV 音乐”“MusicRadio 音乐之声”和新兴的网络音乐平台如“网易云音乐”都有 500 万以上的粉丝数，明显高于其他任何音乐类微博。

②微博签约自媒体受关注度高

微博官方的“微博音乐”“微博音乐盒”以及与微博签约的自媒体“Steven_爱音乐”“音乐影视贩”“音乐微小说”都有很高的关注度。这一方面与这些微博账号精心的运营有关，另一方面也可能与新浪微博积极向用户推荐这些账号有关。

③音乐奖项的微博受关注度高

“音乐风云榜”“全球中文音乐榜上榜”这类带有音乐奖项性质的微博受关注高。主要是因为在歌曲总量大爆发的时代，这些排行榜有助于大众解除选择困难症，吸引了大量的粉丝。

④知名音乐人的微博受关注度高

“音乐人黄征”“音乐剧女王影子”等知名音乐人的微博受关注度高。不过一些更有名的音乐人往往不会在微博昵称或者标签里标注“音乐”二字（比如汪峰、周杰伦等），这些微博我们并没有采集到。真实情况是，这些不标注“音乐”二字的知名音乐人是网络上的顶流，受关注度最高。

3. 北京音乐微博的联系方向

在北京音乐微博的697个机构认证用户中，一共关注了94 963个微博账户；在325个个人认证用户中，一共关注了65 562微博账户。我们统计了二者之和，也就是北京音乐认证微博（包括机构认证和个人认证）关注的所有微博账户（160 525个）的所在地（如图7-1和图7-2所示）。当我们累加所有认证用户关注的用户的所在地之后，我们就可以得到北京音乐认证用户（包括机构认证用户和个人认证用户）所联系的方向（地方）。

在所有微博中，北京本地的微博最受北京音乐微博的关注。在国内其他省市，上海（9047次）、广东（8438次）、台湾（6382次）、香港（4363次）等经济发达、音乐产业发育较为充分的地区受到北京音乐微博的关注次数远高于河北（1108次）、天津（1036次）等地理上与北京接近的地区。特别是台湾和香港地区，在其他文化产业部类中受关注度不是非常高。但是，在音乐方面，两地音乐有悠久的传统，对中国大陆的音乐产业的发展有深刻的影响。表现在微博联系方面明显多于上海、广东以外的其他省市。在海外，美国（2124次）、韩国（663次）、日本（409次）等时装产业最发达的国家是北京音乐微博联系最多的国家。

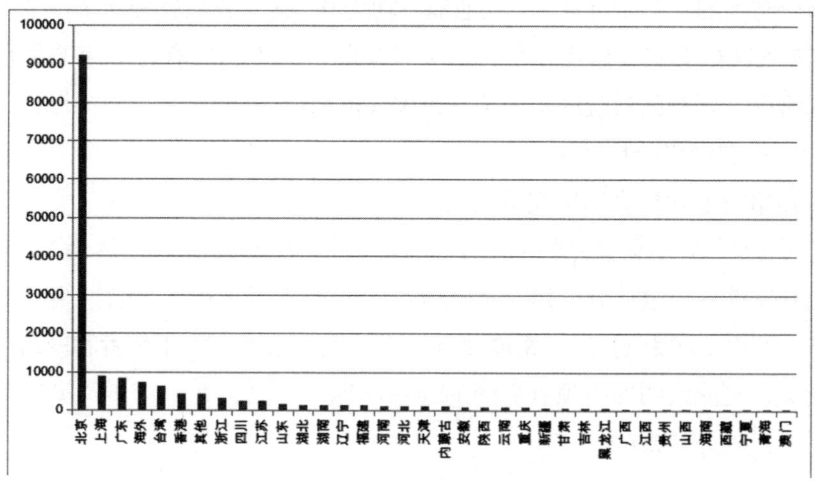

图 7-1　北京音乐微博联系的省市

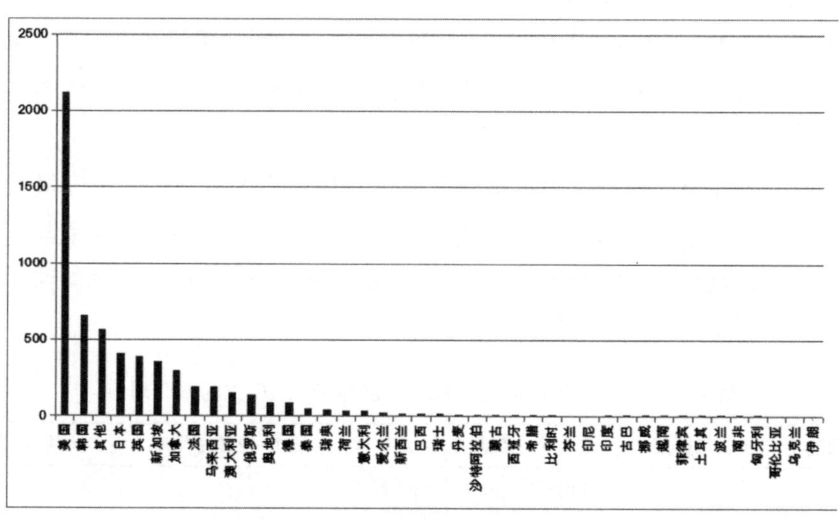

图 7-2　北京音乐微博联系的国家

4. 北京音乐微博用户的社会网络特征

(1) 音乐微博的社会网络

微博用户相互关注，从而构成微博社会网络。以相互关注数据进行分析是关于微博的社会网络分析中比较普遍的做法。本书以全部 1022 个北京音乐机构/个人微博认证用户作为行和列，在矩阵中心填写行与列的关注情况，即构成了社会关系矩阵。其中，行位置的行动者是关注情况的发送者，列位置的行动者是关注情况的接受者（被关注）。在本书中，我们约定某行关注了某列，则在该行与列的交汇处标注 1，其他地方均为 0。这样我们就构建了一个“1022 行×1022 列”的北京音乐产业微博的关系矩阵。其中，所有行对应的都是该行关注的情况，所有列对应的均为该列被关注的情况。

（2）社会网络分析结果

①网络密度和社会网络连接状况

将社会关系矩阵数据转换为 Pajek 的网络数据格式，然后将其导入 Pajek2.0 软件。经过计算得出，矩阵所反映的北京音乐微博社会网络的密度为 0.0055，平均点度为 11.21。密度较低，平均点度很高。由于后者和网络中顶点数量无关，更能说明网络顶点之间的连接状况。可见，北京音乐类微博彼此之间的联系是较为紧密的。

②点出度和点入度

如表 7-3 中的结果所示，点入度最大的是音乐人（点入度为 145），之后是网易云音乐、MusicRadio 音乐之声和新浪音乐（点入度分别为 141、105 和 103）。可见，这些微博是北京音乐类微博社会网络中颇具威望，地位颇高的微博用户。

与点入度相反，点出度表示某用户关注其他用户的程度。点出度最大的是飞行者音乐（点出度为 65），之后是北京现代音乐学院音乐剧系（点出度为 59）、音乐人攻略（点出度为 51）。这些微博主动关注了其他音乐类微博，在音乐圈建立社会关系的欲望比较强烈。

表 7-3 社会网络中点出度和点入度排名前 10 位的微博用户

点入度排名前 10 位微博用户	点入度	点出度	点出度排名前 10 位微博用户	点入度	点出度
音乐人	145	0	飞行者音乐	42	65
网易云音乐	141	24	北京现代音乐学院音乐剧系	26	59
MusicRadio 音乐之声	105	0	音乐人攻略	91	51
新浪音乐	103	18	搜狐音乐	48	47
微博音乐	100	37	夏唐音乐观察	0	47
音乐人攻略	91	51	一听音乐网	45	46
乐视音乐	88	1	时代嘉音—丝路长城国际音乐节	3	46
微博音乐盒	78	10	中国音乐节网	32	45
CCTV 音乐	76	1	大鱼音乐 kunmusic路上传媒	8	45
Steven_爱音乐	67	15	北京现代音乐学院	53	44

③凝聚子群

1022 个中有 784 个微博与其他时装微博有联系。通过寻找弱组元的办法，可以发现 3 个子群。其中围绕认证机构账号“1—CCTV 音乐”和认证个人认证账号“779—Steven_爱音乐”，形成了一个最庞大的子群，它们可以看作北京音乐微博的主流，是音乐一般意义上的粉丝群体。“72—和里奥一起听音乐”关注了“414—北京多能双语音乐培训”形成了关于音乐培训的小子群。“117—音乐睡眠仪”关注了“好时光音乐睡眠仪”，形成一个关于音乐睡眠的子群。

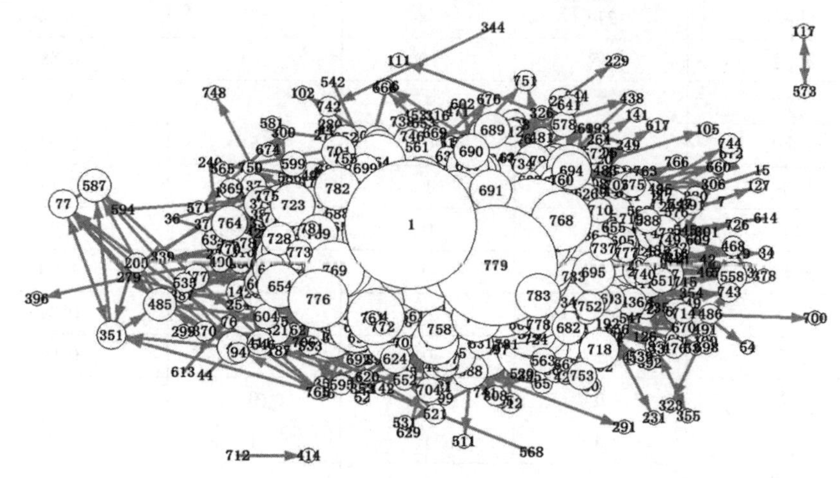

图 7-3 北京音乐微博子群

注：1—CCTV 音乐；779—Steven_爱音乐；117—音乐睡眠仪；573—好时光音乐睡眠仪；414—北京多能双语音乐培训；712—和里奥一起听音乐。

（四）北京音乐微博空间分布

我们从表 7-4 中不难看出，东城区、朝阳区和海淀区是北京音乐微博最为发达的区，它们的区位商都超过了 1。其中东城区区位商最高，数值超过了 5，意味着音乐微博的密度是平均水平的 5 倍多。朝阳区总量最多，达到了 320 个，约占总数的 45%。此外，海淀区也有为数不少的动画机构和个人，总量超过了 100 个。可见，东城、朝阳、海淀这 3 个区是北京音乐微博的主要集聚地。究其原因可能有以下两点：

首先，很多音乐微博实际上是音乐平台和媒体，而媒体资源主要布局在这几个区。东城区、朝阳区是传统上媒体资源高度发达的区，具有中央电视台、北京电视台等传统媒体资源。

其次，“互联网+”背景下，海淀区的互联网产业对发展音乐产业有带动作用。海淀区以互联网科技为企业核心竞争力的企业，开始通过互联网向音乐内容领域渗透。最典型的是网易公司建立的网易云音乐，注册地就是在海淀区。

表 7-4　北京音乐微博空间分布情况

所在区	机构	个人	用户总数	区位商
东城	110	44	154	5.33
西城	37	14	51	1.23
朝阳	214	106	320	2.52
海淀	85	19	104	0.88
丰台	7	4	11	0.15
石景山	5	0	5	0.24
昌平	8	1	9	0.14
顺义	2	0	2	0.06
通州	36	11	47	1.00
大兴	2	3	5	0.09
密云	1	0	1	0.06
怀柔	0	0	0	0.00
延庆	0	1	1	0.09
门头沟	0	0	0	0.00
房山	3	2	5	0.14
平谷	0	0	0	0.00
总计	510	205	715	1.00

（五）本章小结

本章中我们对于北京音乐机构/个人的新浪微博进行了统计分析，试图通过这个侧面来窥探“互联网+”影响下北京音乐产业的发展特征及其发展趋势。研究发现，可以看到以下几个特点：

（1）大型音乐平台和微博签约自媒体受关注度最高

传统的电视、广播平台如“CCTV 音乐”“MusicRadio 音乐之声”和新兴的网络音乐平台如“网易云音乐”都有 500 万以上的粉丝数，明显高于其他任何音乐类微博。微博官方的“微博音乐”“微博音乐盒”以及与微博签约的自媒体“Steven_爱音乐”“音乐影视贩”“音乐微小说”都有很高的关注度。这一方面与这些微博账号精心的运营有关，另一方面也可能与新浪微博积极向用

户推荐这些账号有关。

（2）知名音乐人的微博受关注度高

“音乐人黄征”“音乐剧女王影子”等知名音乐人的微博受关注度高。不过一些更有名的音乐人往往不会在微博昵称或者标签里标注“音乐”二字（比如汪峰、周杰伦等），这些微博我们并没有采集到。真实情况是，这些不标注“音乐”二字的知名音乐人是网络上的顶流，受关注度最高。

（3）北京音乐微博主要联系方向是中国上海、广东、台湾、香港，以及美国、韩国等国内外等经济发达、音乐产业发育较为充分的地方

上海（9047 次）、广东（8438 次）、台湾（6382 次）、香港（4363 次）等经济发达、音乐产业发育较为充分的地区受到北京音乐微博的关注次数远高于河北（1108 次）、天津（1036 次）等地理上与北京接近的地区。特别是台湾和香港地区，在其他文化产业部类中受关注度不是非常高。但是，在音乐方面，两地音乐有悠久的传统，对大陆的音乐产业的发展有深刻的影响，美国（2124 次）、韩国（663 次）音乐产业较为发达，在大陆音乐圈具有一定影响，是北京音乐微博联系最多的国家。

（4）北京音乐微博社会网络联系较为紧密

北京音乐微博社会网络的密度为 0. 0055，平均点度为 11. 21。密度很低，平均点度很高。由于后者和网络中顶点数量无关，更能说明网络顶点之间的连接状况。可见，北京音乐类微博彼此之间的联系是较为紧密的。

（5）东城区、朝阳区和海淀区是北京音乐微博最为发达的区

三个区音乐微博的区位商都超过了 1。其中东城区区位商最高，数值超过了 5，意味着音乐微博的密度是平均水平的 5 倍多。朝阳区总量最多，达到了 320 个，约占总数的 45%。此外，海淀区也有为数不少的动画机构和个人，总量超过了 100 个。可见，东城、朝阳、海淀这 3 个区是北京音乐微博的主要集聚地。

第八章　北京电影产业研究

（一）电影产业的特征及受到的“互联网+”的影响

电影是近代文化产业中受关注度高、产值较大的类型。改革开放以来，随着经济发展水平快速提高，导致人民群众有了更多的收入和休闲时间投入娱乐中来。同时，中国城市化进程带来的房地产业的迅猛发展，带动了城市电影院的扩张。[①] 两方面的共同作用下，带动了群众进入影院中观影。

电影的另一个传播渠道是电视。早在20世纪80年代，很多省市电视台经常播放一些电影。1996年1月1日，国家级专业电影频道中央电视台电影频道正式开播。进一步推动了电影在电视渠道的传播。不过，电视渠道以播放电影院下线的电影为主，挖掘的是院线电影的“剩余价值”，在整个电影产业中的作用更多地体现在宣传报道方面。著名电视综艺《影视风云榜》就是宣传电影的重要渠道。电影电视的融合正在通过综艺类节目的发展在不断深入推进。

“互联网+”对电影的影响，主要体现在网络电影方面。网络电影始于对院线电影的改编后制作的微电影。2005年12月恶搞电影《无极》改编制作为第一部具有微电影特征的《一个馒头引发的血案》。2013年优酷推出“大师微电影系列”，微电影形式曾经盛极一时。此后，数字电视广泛接入了网络影视播放端。同时，阿里、腾讯等企业向网络影视投入巨资，网络大电影开始成为网络电影的主流。根据中国网络视听节目服务协会发布的《2018中国网络视听发展研究报告》[②] 显示，2018年预计网络电影达到1373部，已经具备了相当的规模。

---

① 周子钧．中国电影产业高质量发展的内在逻辑探究［J］．山东社会科学，2020（5）：186-192.

② 周结．2018中国网络视听发展研究报告［EB/LO］．https：//baijiahao.baidu.com/s?id=1618428635208726832&wfr=spider&for=pc.

（二）北京电影业概况及在全国的地位

中华人民共和国成立前，一些大城市在电影产业方面相比其他省市具备先发优势。新中国成立后电影等文化事业在上海、长春等大城市布局了上海电影制片厂、长春电影制片厂等重要的国营单位①，文化事业的发展明显领先其他地区。

北京是传统电影业最发达的城市。首先，和其他大城市一样，布局了北京电影制片厂、八一电影制片厂等国内电影产业的“大厂”。其次，北京还有北京电影学院、中央戏剧学院、解放军艺术学院等国内顶尖的电影专业高校。最后，北京还是国家新闻出版广电总局等电影管理机构的所在地。三方面的优势共生共振，使得北京在传统电影产业中具有其他城市不可比拟的优势。

此外，北京还是互联网产业的中心，互联网和电影二者相互融合的背景下，自然也成了国内网络电影产业最发达的城市。爱奇艺、优酷、搜狐视频、腾讯视频等位于北京的视频平台近年来自制了大量的网络电影。它们常常与北京的中影集团、华谊兄弟、万达影业等大型制作公司合作，出品了大量的网络电影作品。

（三）基于新浪微博数据对北京影视产业的分析

1. 数据采集

在新浪微博搜索“找人”模块，在昵称中填入“电影”，选定北京为所在地进行搜索，采集后再剔除掉并非电影领域的机构和个人，最后剩余机构认证用户 1356 个以及个人认证用户 264 个。两者之和 1620 个用户是本章研究的样本。以此为基础，通过编制爬虫程序于 2016 年 9—10 月采集了北京电影微博用户以下信息：（1）全部 1620 个北京电影微博用户的粉丝数、关注数、微博数、所在地、简介等。（2）全部 1620 个北京电影微博用户关注的所有微博账户的信息。共采集到机构用户关注的微博账号 169 584 个，个人用户关注的微博账号 646 656 个。（3）通过对步骤（2）中的微博关注信息的分析，提取出 1620 个北京电影微博用户相互关注的信息。

---

① 中华人民共和国成立后，在其他地方布局的主要电影厂还有西安的西安电影制片厂（1956）、广州的珠江电影制片厂（1956）、成都的峨眉山电影制片厂（1958）等。

2. 北京电影微博用户的特征

(1) 粉丝数量最多的电影机构

表 8-1 粉丝数排名前 10 位的电影机构

机构认证微博	粉丝	关注	微博	所在地
新浪电影	6 620 814	941	19 111	北京
微博电影	5 980 574	2017	7793	北京
豆瓣电影	4 089 933	403	13 612	北京朝阳区
北京电影学院	2 189 829	1020	9186	北京海淀区
热电影	2 185 017	212	18 080	北京
DMG 电影	1 914 680	1287	6008	北京东城区
电影盗墓笔记	1 896 277	84	485	北京
电影迷	1 718 002	500	64 567	北京
电影爵迹 2016	1 571 600	173	3036	北京东城区
电影绝地逃亡官微	1 525 981	152	1045	北京东城区

“新浪电影”是新浪娱乐电影频道，关注国内外电影放映资讯及抢票活动，长期推出热映大片首映抢票、电影周边送好礼等各式线上与线下活动。“微博电影”是微博电影官方微博。“豆瓣电影”是知名网络社区豆瓣的电影评论方面的官方微博。“北京电影学院”是北京电影学院官方微博，北京电影学院是目前中国高等艺术教育中唯一的电影专业院校，也是亚洲最大、世界著名的电影艺术高等学府。“热电影”是新浪微博第三方应用热电影官方微博。“DMG 电影”是 DMG 娱乐传媒集团官方微博。“电影盗墓笔记”是电影《盗墓笔记》官方微博。“电影迷”电影迷网站的官方微博。“电影爵迹 2016”是郭敬明导演的电影作品《爵迹》的官方微博。“电影绝地逃亡官微”是成龙、范冰冰主演的电影《绝地逃亡》的官方微博。

(2) 粉丝量最多电影个人

“电影 Mr”是知名电影博主。“烦烦电影”是知名影评人，2016、2017 微博十大影响力电影博主，知名电影博主微博签约自媒体。“方君荐电影”是微博签约自媒体。“电影味道-”是影评人、微博 vlog 博主微博签约自媒体。“热门电影君”是电影达人、微博签约自媒体。“第十电影”是影视评论人、微博签约自媒体。“电影热搜令”是知名电影博主、电影视频博主。“热门电影特搜菌”是知名电影博主。“电影蜀黍”是电影博主知名影视博主。“电影费洛蒙”是知名电影博主。

表 8-2 粉丝数排名前 10 位的个人用户

个人认证微博	粉丝	关注	微博	所在地	性别
电影 Mr	7 140 815	236	20 085	北京东城区	男
烦烦电影	6 341 519	439	8139	北京海淀区	男
方君荐电影	5 915 342	642	4889	北京朝阳区	男
电影味道-	5 786 516	204	10 978	北京	男
热门电影君	4 280 451	35	2260	北京	男
第十电影	3 594 336	494	4206	北京	男
电影热搜令	2 934 609	87	3145	北京东城区	女
热门电影特搜菌	2 899 553	97	2123	北京	女
电影蜀黍	2 748 117	48	47 891	北京东城区	男
电影费洛蒙	2 681 192	153	2095	北京	男

（3）北京电影微博受关注度的主要特征

综观北京电影微博粉丝数排名，我们不难发现以下特征：

①关于电影的媒体受关注度最高

“新浪电影”“豆瓣电影”“微博电影”“热电影”等基于微博和豆瓣网络平台的机构认证用户以及“电影 Mr”“烦烦电影”等所有知名电影博主（个人用户）都属于关于电影的自媒体。这些媒体需要吸引观众，获得了大量的关注。

②做网络营销的电影受关注度高

“电影盗墓笔记”“电影爵迹 2016”“电影绝地逃亡官微”等为了吸引票房在微博进行营销，吸引了很多粉丝。

3. 北京电影微博的联系方向

在北京电影微博的 1356 个机构认证用户中，一共关注了 169 584 个微博账户；在 264 个个人认证用户中，一共关注了 64 656 微博账户。我们统计了二者之和，也就是北京电影认证微博（包括机构认证和个人认证）关注的所有微博账户（234 240 个）的所在地（如图 8-1 和图 8-2 所示）。当我们累加所有认证用户关注的用户的所在地之后，我们就可以得到北京电影微博认证用户（包括机构认证用户和个人认证用户）所联系的方向（地方）。

在所有微博中，北京本地的微博最受北京电影微博的关注。在国内其他省市，广东（19 360 次）、上海（13 536 次）、香港（7437 次）、浙江（6934 次）等经济发达、电影产业发育较为充分的地区受到北京电影微博的关注次数远高于河北（1897 次）、天津（1789 次）等地理上与北京接近的地区。特别是香港地区，

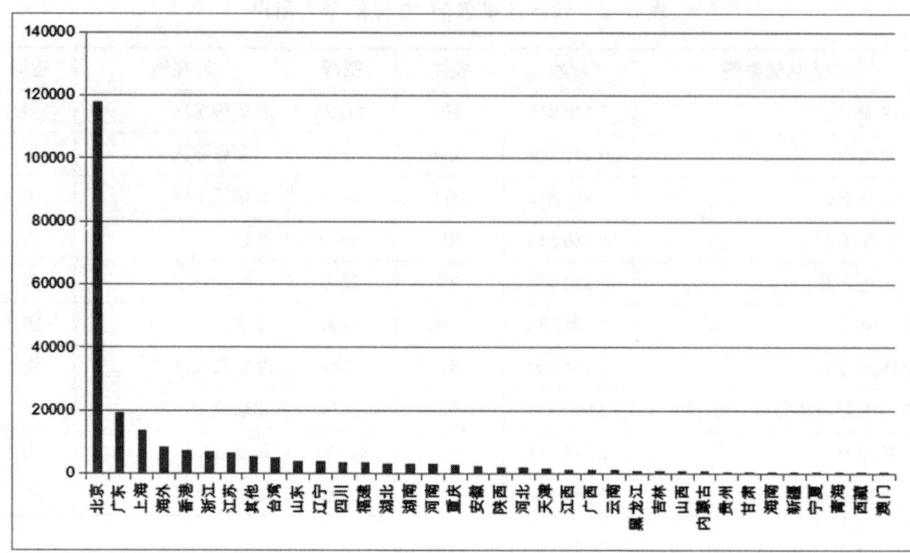

图 8-1　北京电影微博联系的省市

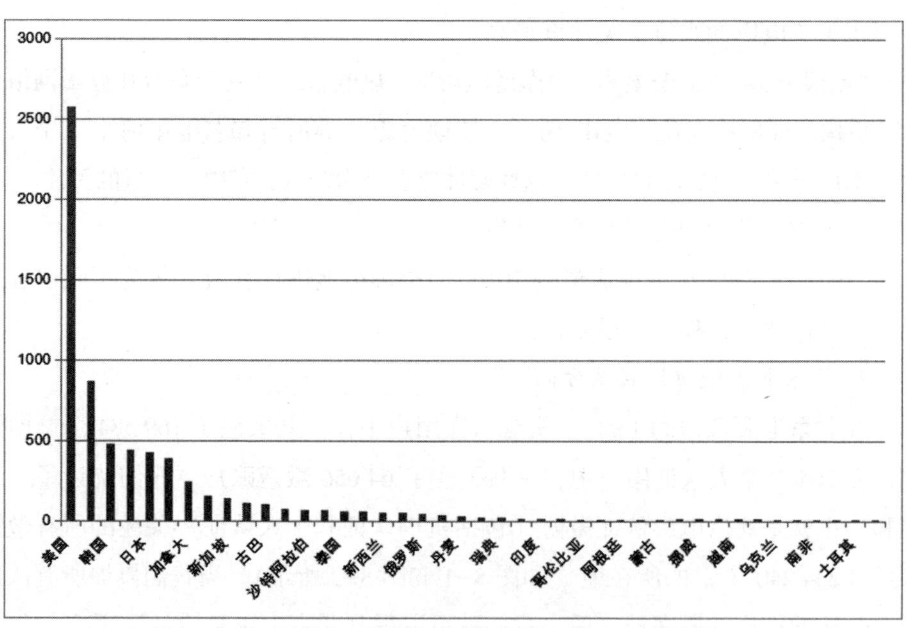

图 8-2　北京电影微博联系的国家

在其他文化产业门类中受关注度不是非常高。但是，在电影方面，香港对大陆的电影产业的发展有深刻的影响，表现在微博联系方面显著多于上海、广东以外的其他省市。在海外，美国（2578 次）、韩国（476 次）、法国（442 次）、日本（409 次）等电影产业最发达的国家是北京电影微博联系最多的国家。

4. 北京电影微博用户的社会网络特征

（1）电影微博的社会网络

微博用户相互关注，从而构成微博社会网络。以相互关注数据进行分析是关于微博的社会网络分析中比较普遍的做法。本书以全部 1620 个北京艺术机构或个人微博认证用户作为行和列，在矩阵中心填写行与列的关注情况，即构成了社会关系矩阵。其中，行位置的行动者是关注情况的发送者，列位置的行动者是关注情况的接受者（被关注）。在本书中，我们约定某行关注了某列，则在该行与列的交汇处标注 1，其他地方均为 0。这样我们就构建了一个“1620 行×1620 列”的北京电影产业微博的关系矩阵。其中，所有行对应的都是该行关注的情况，所有列对应的均为该列被关注的情况。

（2）社会网络分析结果

①网络密度和社会网络连接状况

将社会关系矩阵数据转换为 Pajek 的网络数据格式，然后将其导入 Pajek2. 0 软件。经过计算得出，矩阵所反映的北京电影微博社会网络的密度为 0. 0041，平均点度为 13. 4。密度很低，平均点度很高。由于后者和网络中顶点数量无关，更能说明网络顶点之间的连接状况。可见，北京电影微博彼此之间的联系是较为紧密的。

②点出度和点入度

表 8-3　社会网络中点出度和点入度排名前 10 位的微博用户

点入度排名前 10 位微博用户	点入度	点出度	点出度排名前 10 位微博用户	点入度	点出度
豆瓣电影	354	96	大地电影院线	124	141
新浪电影	335	50	伯乐电影观察	6	102
微博电影	307	78	中国电影报道	166	98
电影票房	291	7	大麦电影	57	98
万达电影生活	232	3	豆瓣电影	354	96
中国电影导演协会	213	43	世界电影之旅	40	86
桃桃淘电影	175	15	广安门电影院	2	79
中国电影报道	166	98	微博电影	307	78
1905 电影网官博	164	17	电影宣传品制作-何学朋	4	71
电影味道-	161	9	电影近距离击杀	4	66

如表 8-3 中的结果所示，点入度最大的是豆瓣电影（点入度为 354），之后是新浪电影、微博电影和电影票房（点入度分别为 335、307 和 291）。可见，

这些微博是北京电影类微博社会网络中颇具威望、地位颇高的微博用户。

与点入度相反，点出度表示某用户关注其他用户的程度。点出度最大的是大地电影院线（点出度为141），之后是伯乐电影观察（点出度为102）、中国电影报道（点出度为98）。这些微博主动关注了其他音乐类微博，在音乐圈建立社会关系的欲望比较强烈。其中，中国电影报道的点出度（98）很高，但是仍然低于自身的点入度（166），说明它在电影微博圈中地位较高，关注其他微博可能是对于其他微博关注自身的回应。

（3）凝聚子群

1620个中仅有1405个微博与其他时装微博有联系。通过寻找弱组元的办法，可以发现3个子群。围绕着“1149—新浪电影”“422—豆瓣电影”“715—微博电影”“394—中影星美电影院线”形成了最大的一个子群。它们可以看作北京电影微博的主流，是音乐一般意义上的粉丝群体。“311—电影夏天的诱惑”“174—电影卧龙岗”“1047—电影艳局”三者都是雪村导演的电影作品，组成了一个独立的子群。“769—电影桃色交易”关注了“1225—电影人Kingtin”，未能看出二者有任何特殊的联系。

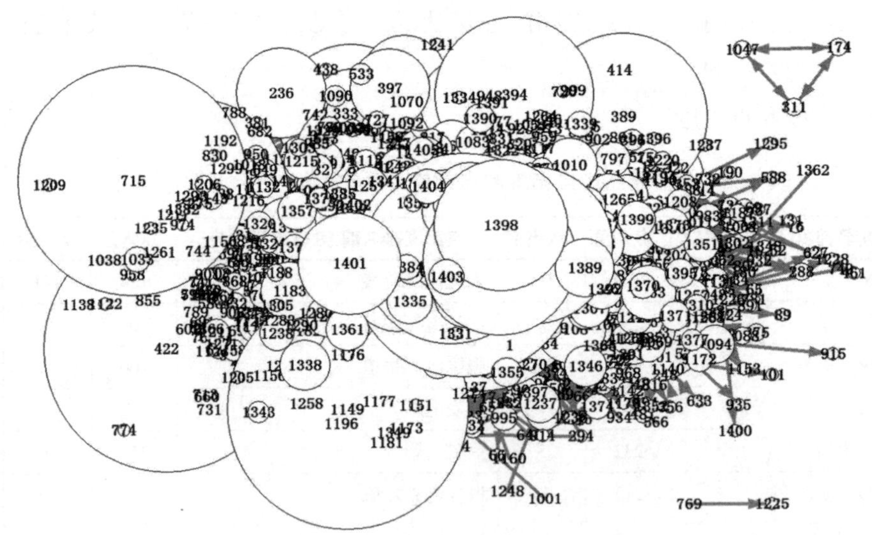

图8-3 北京电影微博社会网络的凝聚子群

1149—新浪电影；422—豆瓣电影；715—微博电影；394—中影星美电影院线；311—电影夏天的诱惑；174—电影卧龙岗；1047—电影艳局；769—电影桃色交易；1225—电影人Kingtin

(四) 北京电影微博空间分布

我们从表 8-4 中不难看出，东城区和朝阳区是北京电影微博最为发达的区，它们是仅有的区位商超过 1 的两个区。其中东城区区位商最高，数值接近 8，意味着艺术微博的密度是平均水平的近 8 倍。朝阳区总量最多，达到了 622 个，约占总数的 50%。可见，东城、朝阳这两个区是北京电影微博的主要集聚地。这两个区文化产业整体发展水平最高，尤其是集中了很多自媒体。同时，这两个区也是最关注电影的年轻北漂人最喜欢居住的区。可能是因为这两个原因产生的集聚效应，使得北京电影微博高度集中于这两个区。

表 8-4 电影微博的空间分布情况

所在区	机构	个人	用户总数	区位商
东城	360	35	395	7.91
西城	29	10	39	0.54
朝阳	529	93	622	2.84
海淀	101	28	129	0.63
丰台	9	3	12	0.09
石景山	5	2	7	0.19
昌平	4	3	7	0.06
顺义	5	0	5	0.08
通州	6	2	8	0.10
大兴	8	0	8	0.08
密云	0	0	0	0
怀柔	4	0	4	0.18
延庆	0	0	0	0
门头沟	0	0	0	0
房山	0	0	0	0
平谷	0	0	0	0
总计	1060	176	1236	1.00

(五) 本章小结

本章中我们对北京电影机构/个人的新浪微博进行了统计分析，试图通过这个侧面来窥探“互联网+”影响下北京电影产业的发展特征及其发展趋势。

研究发现，可以看到以下几个特点：

（1）关于电影的媒体受关注度最高

“新浪电影”“豆瓣电影”“微博电影”“热电影”等基于微博和豆瓣网络平台的机构认证用户以及“电影 Mr”“烦烦电影”等所有知名电影博主（个人用户）都属于关于电影的自媒体。这些媒体需要吸引观众，获得了最多的关注。

（2）做网络营销的电影受关注度高

“电影盗墓笔记”“电影爵迹 2016”“电影绝地逃亡官微”等为了吸引票房在微博进行营销，吸引了很多粉丝。

（3）北京音乐微博主要联系方向是中国广东、上海、香港，以及美国、韩国等国内外等经济发达、电影产业发育较为充分的国家

在所有微博中，北京本地的微博最受北京电影微博的关注。在国内其他省市，广东（19 360 次）、上海（13 536 次）、香港（7437 次）、浙江（6934 次）等经济发达、电影产业发育较为充分的地区受到北京电影微博的关注次数最多。特别是香港地区，在其他文化产业门类中受关注度不是非常高。但是，在电影方面，香港对大陆的电影产业的发展有深刻的影响。在海外，美国（2578 次）、韩国（476 次）、法国（442 次）、日本（409 次）等电影产业最发达的国家是北京电影微博联系最多的国家。

（4）北京电影微博社会网络联系较为紧密

北京电影微博社会网络的密度为 0.0041，平均点度为 13.4。密度很低，平均点度很高。由于后者和网络中顶点数量无关，更能说明网络顶点之间的连接状况。可见，北京电影微博彼此之间的联系是较为紧密的。

（5）东城区和朝阳区是北京电影微博最为发达的区

东城区区位商最高，数值接近 8，意味着艺术微博的密度是平均水平的近 8 倍。朝阳区总量最多，达到了 622 个，约占总数的 50%。这两个区是北京电影微博的主要集聚地。这两个区文化产业整体发展水平最高，尤其是集中了很多自媒体。同时，这两个区也是最关注电影的年轻北漂人最喜欢居住的区。可能是因为这两个原因产生的集聚效应，使得北京电影微博高度集中于这两个区。

新浪微博数据下的北京网络文化产业发展研究

下篇

第九章　北京网络媒体产业研究

（一）网络媒体的概念及特征

网络媒体是以互联网为渠道，以文字、声音、图像等形式来传播新闻信息的数字化的传播媒介。具体形式包括新闻网站、电子期刊、社交媒体等。网络媒体的本质特征是点对点的网状传播，以及由于可以点对点的传播带来的一系列新的变化：

首先，内容供给者空前丰富。网络媒体信息资源的提供者既包括传统媒体改进后的网络部门，也包括新媒体机构，比如，微信公众号的大号和微博的“大V”，甚至还包括每一位参与网络留言、网络购物、网络聊天、网络游戏的网民。

其次，传播渠道日益多样。传统媒体和网络媒体可以共存。网络媒体中新闻类媒体和社交类媒体共存。社交类媒体中，不同类型的媒体可以共存。比如同为社交媒体，微博更为偏重于媒体的角色，微信则更为偏重于满足社交的需求。

最后，内容接收者对信息的需求大幅增加。网络媒体吸引了公众浏览互联网的热情，推动了大众社会的形成，公众对于信息的需求空前增长。很多之前只关心自己周边小圈子的公众，通过丰富的媒介渠道，可以轻松地获得很多之前不了解的信息。在浏览网络的同时，又被网络推送的广告所吸引，进而激发出对网络信息更多的需求。

2019年2月28日，中国互联网络信息中心（CNNIC）在北京发布第43次《中国互联网络发展状况统计报告》，截至2018年12月，我国网络新闻用户规模达到6.75亿，占网民比例达到81.4%。其中移动端手机网络新闻用户规模高达6.53亿，占手机网民的79.9%。可见，以网络新闻为代表的网络媒体的快速发展，并日益占据主流的地位已经成为我国互联网发展中的重要趋势。作为我国网民比例最高的城市和媒体资源最丰富的城市，北京的网络媒体产业对于北京和全国的网络文化产业的发展具有不可替代的重要作用。

(二) 媒体城市——北京网络媒体的概况及其在全国的地位

斯科特·麦奎尔指出当代城市是媒体—建筑复合体，是激增的媒体平台和空间生产实践共同塑造的产物。[①] 北京在我国是经济、文化、信息的枢纽，是一个最像媒体的城市。如果说北京的这种传播中心的职能在传统媒体时代主要依赖于其政治地位；在网络媒体时代，则更多地依赖于其独特的汇聚各种信息的能力。

第一，北京是全国互联网普及率是最高的城市。根据 CNNIC 中国互联网络发展状况统计调查，截至 2016 年 12 月，北京网民人数达到 1690 万人，互联网普及率为全国第一，达到 77.8%。

第二，北京是新浪网、搜狐网、TOM、网易、中华网、雅虎中国、凤凰网、千龙网、新华网等绝大部分有影响力的新闻门户网站的总部所在地。同时，最热门的两款社交类媒体之一的新浪微博也是在北京。

第三，北京是全国聚集“泛网络媒体”最多的城市。网络媒体涵盖的类型多种多样，包括微博、多闪等社交类媒体，也包括新浪、搜狐等新闻网站，还包括爱奇艺、优酷等视频网站，以及各种传统媒体在网络上建立的数字化版本。我们仔细分析还会发现，很多搜索、电商和游戏的企业也都开辟了自己的新媒体功能（比如百度的百家号、京东的卖家头条等），向受众传输着各种各样的信息。因此，从最宽泛的意义上说，百度、奇虎、新浪、搜狐、优酷、爱奇艺、京东、当当、人人、搜房、汽车之家、易车、58 同城、去哪儿、马蜂窝、完美世界、智联招聘、豆瓣、知乎、美团、拉手、窝窝团等互联网公司都是媒介信息的传播者，并且依靠这些信息形成公司的核心竞争力，可以归为“泛网络媒体”的范畴。

第四，北京是传统媒体最多的城市。传统媒体和新兴媒体不是取代关系，而是迭代关系。[②] 新浪、搜狐等门户网站是传统报纸的迭代产品，优酷、爱奇

① ［澳］斯科特·麦奎尔．媒体城市［M］．邵文实译．南京：江苏教育出版社，2013：1.

② 习近平．加快推动媒体融合发展构建全媒体传播格局［J］．求是，2019（6）：1-5.

艺等视频网站可以看作传统电视台的衍生物，搜房、汽车之家、马蜂窝等垂直媒体是在传统杂志的基础上发展而来。百度则是信息入口，是传统媒体和各种新媒体的重构与整合。可见，网络媒体的发展与本地传统媒体的发展基础有重要关系。北京丰富的传统媒体资源，为北京网络媒体的发展提供了巨大的机遇。

（三）基于新浪微博数据对北京网络媒体产业的分析

1. 数据采集

由于网络媒体也常被称作“网络传媒”，我们于 2016 年 12 月底至 2017 年 1 月初在新浪微博“找人”模块，分别以这两个名称为关键词，选择搜索“全部”，地点限定在“北京”，用户选择“机构认证”和“个人认证”，搜索所有的用户。共搜索到 1120 个认证用户，其中含 583 个机构认证用户和 537 个个人认证用户。我们采集了全部 1120 个认证用户的属性信息，包括昵称、所在地、性别、粉丝数、关注数、发表微博数、简介等。

在采集满足上述搜索项的用户之后，我们又抓取了上述用户关注的用户。由于新浪微博的“反爬虫”限制，只能抓取关注列表的前面 200 个用户①。我们采集了搜索到的认证用户关注的前 200 个用户的属性信息，包括昵称、所在地、性别、粉丝数、关注数、发表微博数、简介等。

2. 北京网络媒体微博用户的特征

（1）粉丝数量最多的网络媒体

表 9-1 粉丝数排名前 10 位的网络媒体机构

用户名	粉丝数	关注数	微博数	所在地
YOKA 时尚网	6 106 328	698	33 936	北京朝阳区
爱卡汽车	2 882 135	273	39 881	北京海淀区
中彩网官方微博	1 012 967	374	15 832	北京
艾瑞网	1 010 267	698	20 017	北京朝阳区
CCTV 网络春晚	950 654	190	2944	北京东城区
北京乐居二手房	818 416	451	20 676	北京

① 在我们最初决定选择新浪微博为数据源时，还能够采集关注的全部用户信息。可惜，在我们正式采集数据之前，新浪加强了“反爬虫”限制。我们尝试了几种方法，最后也只能抓取最多前 200 个关注信息。对于多数普通微博而言，前 200 个已经包含了绝大部分关注信息。但是，对于那些关注其他微博数量很多的微博账号，这个量较少。但是，我们现有条件下只能做到这些。

续表

用户名	粉丝数	关注数	微博数	所在地
蜂鸟网	667 200	1751	20 057	北京海淀区
LOHASOPIESTUDIO	528 951	633	4274	北京朝阳区
鞭牛士	494 031	1566	15 033	北京朝阳区
栈桥网	374 242	298	1260	北京

表 9-2 粉丝数排名前 10 位的个人用户

用户名	粉丝数	关注数	微博数	所在地	性别
鼎盛军事飞豹	6 210 627	618	23 106	北京东城区	男
芙蓉姐姐	4 323 299	94	4332	北京朝阳区	女
全球微博热门排行榜	2 342 057	302	11 354	北京东城区	男
五岳散人	2 220 567	1837	30 185	北京	男
全球创意搜罗榜	2 099 884	53	5154	北京东城区	女
全球流行热点榜	2 068 610	45	5783	北京东城区	男
辣评娱乐圈	762 264	78	849	北京朝阳区	女
小海豚 1212	689 111	1345	922	北京海淀区	女
CIBN 刘峰	575 646	328	601	北京朝阳区	男
董江波	539 148	916	10 487	北京东城区	男

微博吸引粉丝的办法有很多种。除了微博自身吸引人之外，还有加入一些互相关注的群，以及花钱买粉丝等方式。但是，这些手段的影响往往是有限的。毕竟，除了一些明星外，一般的微博用户很少花钱买粉丝。粉丝数对于微博的受关注度还是有一定的代表性的。

在表 9-1 粉丝数排名前 10 位的网络媒体机构中，“YOKA 时尚网”成立于 2006 年 8 月，是一家定位于高端品牌消费和高品质时尚生活的垂直门户，是服务于高收入网民的专业时尚网站，是国际著名风险投资商 IDG 联手时尚传媒集团全力打造的时尚新传媒。“爱卡汽车”是中国汽车社会化网络互动媒体平台，拥有中国领先的汽车主题社区。“中彩网官方微博”是中国福利彩票发行管理中心指定网络信息发布媒体的微博。“艾瑞网”是一家专注于网络媒体、电子商务、网络游戏、无线增值等新经济领域，深入研究和了解消费者行为，并为网络行业及传统行业客户提供市场调查研究和战略咨询服务的专业市场调研机构。“CCTV 网络春晚”中央电视台于 2011 年开办的一档综艺性节目，已成功举办八届。“北京乐居二手房”是新浪网和中国房产信息集团及易居中国联手打造的二手房网络媒体及信息服务平台。“蜂鸟网”成立于 2000 年，2004 年并入国际知名网络媒体 CNET 集团，2008 年成为美国 CBSi 集团成员。作为 CBSi

（中国）集团唯一影像门户网。蜂鸟网的受众群覆盖整个中国大陆、港澳台及国外华人聚居区，主要由摄影爱好者、摄影发烧友、专业摄影师和大量影像行业及相关行业的从业者组成。“LOHASPIESTUDIO”的简介是乐活派播客自媒体平台，认证机构是浙江科华科技发展有限公司。“鞭牛士”是第一网络编辑社区门户。创办于2006年2月14日，先期由3位供职于国内门户网站的编辑发起创立，凭借独特的创意和坚持不懈的推广，在网络编辑中享有网络编辑第一论坛之称号。“栈桥网”的简介为知名影响力的网络媒体栈桥网官方微博。

在表9-2粉丝数排名前10位的网络媒体个人用户中，“鼎盛军事飞豹”是军事类的微博签约自媒体。“芙蓉姐姐”是知名的网络红人。“全球微博热门排行榜”是知名搞笑幽默博主、搞笑视频自媒体。“五岳散人”的真名是姚博，是著名自由撰稿人和时评家。“全球创意搜罗榜”是知名设计美学博主，专注搜罗新鲜新奇的设计发明、搞怪酷玩、创意摄影。“全球流行热点榜”是微博时尚账号。“辣评娱乐圈”是知名娱乐博主、娱评人、微博娱评团成员。“小海豚1212”是知名母婴育儿博主、OnlyStar签约达人、时尚达人、北京交通大学日语教师。“CIBN刘峰”是中广世融（北京）文化传媒有限公司董事长。“董江波”是网络作家，先后创办半壁江中文网、明月阁小说网和网络文学俱乐部。

综观北京网络媒体粉丝数排名，我们不难发现以下特征：

①专业类网络媒体受关注度最高

在我们抓取的数据中，专业类的网络媒体受关注度最高。比如，时尚类的YOKA时尚网、汽车类的爱卡汽车、博彩类的中彩网官方微博、咨询调查类的艾瑞网等。相比较而言，综合类的新闻网站知名度本身很高，不用依靠新浪微博进行宣传。并且新浪微博隶属于新浪网这一家门户网站，其他门户网站很少在这里开通微博进行宣传。

②网络红人受关注度高

芙蓉姐姐、五岳散人这些网络红人，在圈内外都有较高的知名度。作为网络红人，其言论常常通过微博等渠道发表出来，这些网络红人一定程度上就是自媒体。由此，我们想到很多在标签里没有写媒体的网络红人，实际上也起着自媒体的作用。这是我们研究的数据中没有得到体现的。

③与新浪网有联系的网络媒体受关注度高

微博作为新浪网的产业，自然可能会推广一些和自身有较多联系的网络媒体。在我们采集的数据中也印证了这种假设。比如，新浪网和中国房产信息集团及易居中国联手打造的二手房网络媒体“北京乐居二手房”以及新浪微博娱评团成员“辣评娱乐圈”受到了很多粉丝的关注。

（2）北京网络媒体微博的联系方向

我们在采集1120个网络媒体认证用户之后，又抓取了上述认证用户关注列表中前200个用户的基本信息（由于新浪微博的“反爬虫”限制，只能抓取关注列表的前面200个用户）。之后，我们对这些网络媒体认证用户关注的用户（共计162 081个用户，其中8644个是海外用户，海外用户中6866个用户标注了所在国家）所在地进行了统计。我们假定每1个认证用户关注某地方的用户，视为这个认证用户联系了某地方一次。当我们累加所有的1120个认证用户关注的用户的所在地之后，我们就可以得到北京网络媒体认证用户所联系的方向。

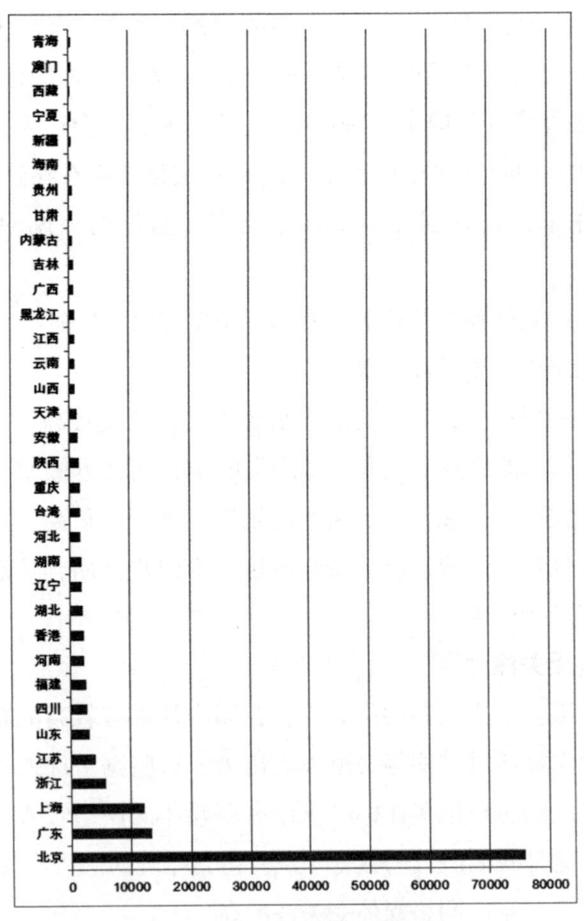

图 9–1　北京网络媒体联系的省市

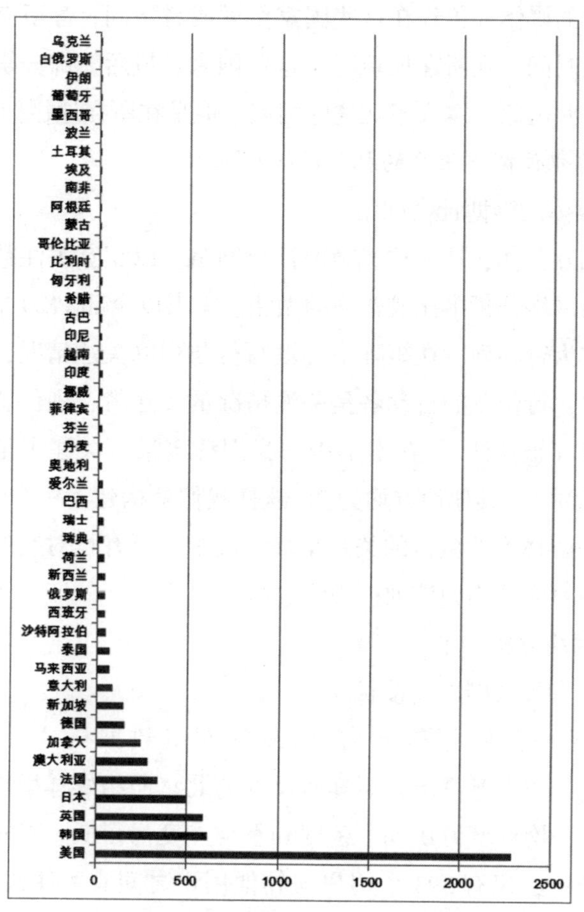

图 9-2　北京网络媒体联系的国家

如图 9-1 所示，在国内的省市中，可以看到北京、广东、上海、浙江、江苏、山东等经济发达、经济总量大的省市是北京网络媒体主要联系的省市。除了北京本地外，天津、河北等与北京距离近的省市很少被北京的网络媒体关注。

如图 9-2 所示，在海外的国家中，美国远高于其他国家，韩国位居第二位。一方面，美国文化非常流行，国内网络媒体对于来自美国的微博用户十分关注。比如，莱昂纳多_LeonardoDiCaprio、米兰达 victor、白巧克力威廉姆斯等的微博用户。另一方面，对这些标注位置为美国的用户进行分析后，发现很多用户并非定居在美国，可能是因为美国比较发达，成了用户喜欢填写的地方。标注位置为韩国的用户包括黄致列、宝蓝程等韩国艺人。近些年，韩国演艺明星在中国影响很大，受到网络媒体的关注是合理的现象。此外，英国和日本与美国、韩国的情况类似。首先，北京网络媒体较为关注这些国家的明星和机构。

其次，很多北京的媒体人曾经在这些国家留学或者访问，甚至有些人曾经在这些国家定居一段时间。在所在地填写了这些国家。最后，部分媒体人可能比较喜欢或者崇拜这些国家，本人不在这些国家，但是在所在地栏标注了这些国家。

3. 北京网络媒体微博用户的社会网络特征

（1）网络媒体的微博社会网络

微博用户相互关注，从而构成微博社会网络。以相互关注数据进行分析是关于微博的社会网络分析中比较普遍的做法。本书以全部1120个北京网络媒体微博认证用户作为行和列，在矩阵中心填写行与列的关注情况，即构成了社会关系矩阵。其中，行位置的行动者是关注情况的发送者，列位置的行动者是关注情况的接受者（被关注）。在本书中，我们约定某行关注了某列，则在该行与列的交汇处标注1，其他地方均为0。这样我们就构建了一个“1120行×1120列”的北京网络媒体产业微博的关系矩阵。其中，所有行对应的都是该行关注的情况，所有列对应的均为该列被关注的情况。

（2）社会网络分析结果

①网络密度和社会网络连接状况

将社会关系矩阵数据转换为Pajek的网络数据格式，然后将其导入Pajek2.0软件。经过计算得出，矩阵所反映的北京网络媒体微博社会网络的密度为0.00 033，平均点度为0.74。密度和平均点度都很低。事实上，1120个网络媒体微博用户中，仅有393个用户与其他用户之间有关注或被关注的联系，剩余的727个微博用户与网络中其他用户没有任何关注或被关注的联系。

②点度中心性

中心性是在社会网络中评价一个机构或个人重要与否以及其社会声望的常用指标。其中，点度中心性是最为常用、最容易测算的指标。点度中心性可以分为点入度和点出度两个方面。

点入度又称为明星度，是有向网络中某个顶点接收到的连线的数量，表示某用户被其他用户关注的程度，以此可以体现出这个顶点在整个网络中的威望。如表9-3中的结果所示，点入度最大的是艾瑞咨询（点入度为38），之后是艾瑞网、五岳散人和爱卡汽车（点入度分别为20、17和9）。可见，艾瑞咨询、艾瑞网、五岳散人和爱卡汽车等是北京网络媒体微博社会网络中颇具威望、地位颇高的微博用户。

表 9-3　社会网络中点出度和点入度排名前 10 位的微博用户

点入度排名前 10 位微博用户	点入度	点出度	点出度排名前 10 位微博用户	点入度	点出度
艾瑞咨询	38	3	TechTarget 中小企业	0	9
艾瑞网	20	2	时尚数字	0	6
五岳散人	17	0	万象 iSI 视频网站指数	1	5
爱卡汽车	9	0	首都互联网协会	4	4
芙蓉姐姐	9	0	田京超	4	4
北京乐居二手房	8	1	luo 京	3	4
鞭牛士	7	1	大腹腹黑大魔王	2	4
赛迪网官方微博	7	0	钎唸鲑鲑_畅	1	4
热源传媒赵然	6	3	速途小哥	1	4
金鼠标数字营销大赛	6	1	世纪国奥文化传播	0	4

与点入度相反，点出度表示某用户关注其他用户的程度。点出度最大的是TechTarget 中小企业（点出度为 9），之后是时尚数字（点出度为 6）和万象 iSI 视频网站指数（点出度为 5）。TechTarget 中小企业点出度最高的同时，点入度为 0，说明它在网络中主动关注了很多从业机构和个人，但是，没有被从业者关注。相反，艾瑞咨询关注社会网络中的其他人和机构只有 3 个，却被 38 个网络媒体博用户关注。进一步表明，艾瑞咨询在北京网络媒体的社会网络中的地位非常高，而且其地位不是靠着主动联系其他人，双方互相关注而得到的。

③凝聚子群

分析全部北京网络媒体（传媒）微博的相互关注状况可以判断有哪些网络媒体之间的联系更为紧密，甚至形成若干团体。我们运用社会网络分析中的凝聚子群分析方法来进行分析。在初始的 1120 个认证账号的网络中，发现 727 个微博与其他北京广告业微博没有联系，剩余的 393 个微博用户联系的网络中，通过弱组元分析，可以找到 69 个子群。199 个微博组成了一个大的网络，其他 194 个微博用户组成了 68 个小的子群。如果将弱组元的最小数目设定为 3，则可以得到 21 个子群。如果将弱组元的最小数目设定为 5，则可以得到 6 个子群（一共 248 个微博账户，如图 9-3 所示）。

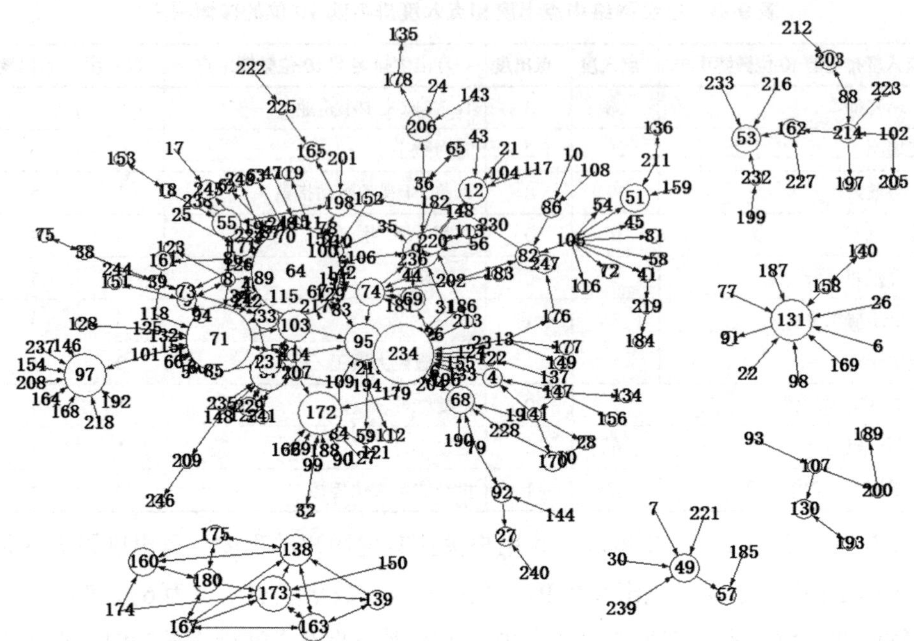

图 9-3 北京网络媒体（传媒）微博的子群

注：图中数字为顶点的序号。图中顶点越大，表明该微博的点入度越大，在网络中受关注度越高。

“64—艾瑞咨询”“234—五岳散人”“71—艾瑞网”“172—芙蓉姐姐”等199个微博用户紧密地联系在一起，构成了一个最大的子群。它们关注于各种社会热点，可以看作北京网络媒体中的主流。

围绕“53—天下秀自媒体平台”和“214—崔军”（中国经济网总编辑）形成了一个关注于新媒体的子群。其中，“53—天下秀自媒体平台”被几个自媒体从业者所关注，包括“232—Ben 旦旦”（网络漫画人、微博签约自媒体）、“233—贝壳里的珍珠儿”（北京思敏文化传播有限公司媒体网络运营副总何苗、头条文章作者）、“162—中视黎克传媒李克”（北京中视黎克影视文化传媒有限公司总经理）、“216—风小餮 tie”（知名读物博主、北京晋江原创网络科技有限公司签约作家）。“214—崔军”关注了“162—中视黎克传媒李克”“197—媒体人王付刚”“223—出山网 CEO 李康”（出山网是为打造书画交流平台而专门设立的书画网站）；同时被“88—投资者关系资讯”（美国企业新闻通信公司下属的投资者关系资讯）、“102—中国经济网服务频道”“227—卧龙丁”（玛撒网创始人，新媒体及社会化网络应用分析专家）关注。

围绕“131—北京乐居二手房”形成了一个子群，它是新浪网和中国房产

信息集团及易居中国联手打造的二手房网络媒体及信息服务平台。“6—创新擂台、22—铜川369网、26—聚商圈传媒、77—盟主世纪、98—中国网络社会组织、158—范er得小青年、169—鱿娱圈、187—王博IT”等关注了北京乐居二手房的网络媒体和北京乐居二手房关注的“91—搜狐焦点二手房北京站”，构成了一个小的子群。这个群体中的网络媒体或多或少对于二手房都有兴趣。

围绕“130—中国有色金属报”“107—中化新网”形成了一个子群。“130—中国有色金属报”被“107—中化新网”关注，同时和“193—中国钢铁新闻网谭裕民”互相关注。显而易见，这是一个倾向于关注自然资源的网络媒体子群。

围绕“49—北京鼎旌文化经纪有限公司”（著名双语财经主持人张会亭创办）和“57—央广购物”（中央人民广播电台倾力打造的专业居家购物公司）构成了一个财经类的网络媒体子群。其中，“49—北京鼎旌文化经纪有限公司”被“7—犇跑吧股市资讯平台”，以及网络科技公司“30—Hot匠传媒招聘”“221—6日啊”“239—胡晕晕”等关注；“57—央广购物”被“49—北京鼎旌文化经纪有限公司”和“185—M9NCom”（天啸融通科技有限公司总裁）关注。

围绕“173—热源传媒赵然”（北京热源网络文化传媒有限公司运营总监）形成了一个子群，核心成员包括“180—luo京”（北京热源网络文化传媒有限公司职员）、“163—田京超”（北京热源网络文化传媒有限公司市场部经理）以及“138—乐骨sunnie”（视频自媒体）等。显然，这是围绕热源网络文化公司的一个群体。

（四）北京网络媒体微博空间分布

从表9-4中，我们可以看到朝阳区、东城区和海淀区是网络媒体机构和个人用户分布最多的区。几个区的人口规模差异巨大，我们测算了北京网络媒体微博用户的区位商，来分析相对于人口规模北京网络媒体在各个区的分布状况。

区位商用来测算某个行业在某个地区相对于背景区域的分布状况。具体测算方法为一个子地区特定部门的人口在总人口中所占的比重与背景区域该部门人口在背景区域总人口中所占比重之间的比值。区位商大于1，可以认为该产业是地区的专业化部门；区位商越大，该子区域产业发展的专业化水平越高。

表 9-4　北京网络媒体的空间分布情况

所在区	机构	个人	用户总数	区位商
东城	134	85	219	6.75
西城	17	29	46	0.99
朝阳	156	166	322	2.26
海淀	73	83	156	1.18
丰台	17	13	30	0.36
石景山	8	8	16	0.69
昌平	3	3	6	0.08
顺义	2	2	4	0.09
通州	6	4	10	0.17
大兴	7	3	10	0.15
密云	1	3	4	0.21
怀柔	0	0	0	0.00
延庆	0	0	0	0.00
门头沟	0	2	2	0.16
房山	1	1	2	0.05
平谷	0	0	0	0.00
总计	425	402	827	1

注：部分微博用户只标注了所在地为北京，没有标注具体在哪个区。如表中所示，这样的网络媒体机构有 158 个，个人有 135 个，共计 293 个微博用户。为了保证计算区位商时背景区域（北京）的数值为 1，北京的微博用户总数是按照 1120 减去 293 个，即 827 个来测算的。

我们从表 9-4 中不难看出，东城区、朝阳区和海淀区是北京网络媒体最为发达的区，它们的区位商都超过了 1。这与北京知名媒体资源的分布（如表9-5）有近似之处，也有一些差异。

近似之处是知名媒体和网络媒体都是在朝阳区、东城区、海淀区分布最多；不同之处是，网络媒体在朝阳区分布最多，海淀区只排在第三位。但是，在知名的媒体资源中，海淀区的数量却很多。从表 9-5 中不难发现，海淀区的知名媒体资源有新浪、网易、搜狐和央视网等，这可能与海淀区在互联网产业上的规模和优势地位有密切关系。事实上，新浪在建外 SOHO 和中关村都有分部，只是总部设在海淀的中关村而已。

表 9-5　北京知名媒体资源的分布情况

媒体名称	媒体性质	所在地
新华网	中央级	西城区
人民网	中央级	朝阳区
中国网	中央级	海淀区
央视网	中央级	海淀区
新浪	民营	海淀区
网易	民营	海淀区
搜狐	民营	海淀区
千龙网	市级	东城区
中央电视台	中央级	朝阳区
北京电视台	中央级	朝阳区
人民日报	中央级	朝阳区
光明日报	中央级	东城区
环球时报	中央级	朝阳区
北京日报	市级	东城区

（五）本章小结

本章中我们对北京的网络媒体的新浪微博进行了统计分析，试图通过这个侧面来窥探北京网络媒体的发展特征及其发展趋势。研究发现，北京网络媒体的发展可以看到以下几个特点：

1. 北京网络媒体性质多元，彼此联系较为松散

北京的网络媒体性质非常多元，有传统媒体从业者在互联网建立的自媒体，有咨询公司建立的商业网站，也有近年借助新闻事件炒作而成的网络红人，还有网络作家、网络漫画家经营的自媒体平台等。可能是由于网络媒体来源差异很大，网络媒体彼此之间的联系不多。社会网络的平均点度（0.74）显著低于绝大部分网络文化产业部门。

2. 专业类网络媒体和网络红人受关注度高

从我们搜集的数据来看，时尚、汽车、军事、博彩等网络媒体以及芙蓉姐姐为代表的网络红人受关注度最高。传统媒体往往包罗万象，具有大而全的优势。网络媒体的讯息便于网络搜索，能够满足传统媒体不能满足的特定用户的需求。比如，很多关注时尚的男女青年，在传统媒体不能快速地找到很专业的讯息，网络媒体恰恰能满足这方面的需求。

3. 北京网络媒体主要联系的地区是经济、文化发达的地区

北京网络媒体主要关注的微博是来自中国广东、上海，以及美国、韩国等国内外经济、文化最为发达的地区。这可能与这些地区的网络文化同样很发达，并且具有很多高知名度的网络名人、机构有关。比如，美国、韩国的演艺明星，往往被北京的网络媒体大量关注。

4. 北京网络媒体主要分布在朝阳、东城、海淀几个媒体资源和互联网企业发达的区

网络媒体是媒体和互联网的结合。其中，媒体是内容生产机构，在网络媒体的发展中占据核心位置。从北京网络媒体的布局来看，它们主要分布的朝阳和东城是北京的传统媒体资源分布最多的两个区。特别是朝阳区有中央电视台、人民日报等核心媒体资源。可见，网络媒体和传统媒体的区位偏好是较为一致的。互联网技术在网络媒体的发展中也具有一定的影响，从北京市著名的几家新闻网站都布局在海淀区可以看出，海淀区的网络媒体相比传统媒体要发达。无论从绝对数量，还是从区位商来看，海淀区的网络媒体都高于北京城市核心的西城区。这可能就是海淀的互联网公司的聚集效应带来的结果。

必须承认，微博社会网络和真实世界中的社会网络是有区别的。这种区别因为所研究对象的差异会存在较大差别。我们这章所研究的网络媒体，无论是个人用户，还是机构用户，因为其所在的行业与互联网联系紧密，对于微博社交是相对关注的。这就为数据所揭示的特征提供了一定的可靠性。综合整理搜集的数据，结合国内外传媒产业发展的趋势，我们对北京网络媒体的发展有以下推测：

1. 北京网络媒体在全国将长期占据优势地位

北京是国内各种消费文化最发达的城市之一。时尚、汽车、博彩、军事各个专业细分领域，北京均居于前列。同时，北京是新浪、搜狐这类网络平台的总部所在地，也是各类文化名人和网络红人的所在地。再加上很多网络媒体的从业者很多从传统媒体转型而来。而北京又是国内传统媒体最发达的城市。如我们前文的数据所示，这些因素都能促成北京网络媒体吸引更多的粉丝，在全国传媒领域占据优势地位。

2. 北京网络媒体与传统媒体的发展将不断融合

很多北京的网络媒体关注了传统媒体的微博账号。比如，166 个网络媒体机构认证用户和 96 个网络媒体个人认证用户关注了央视新闻、央视财经、央视

广告人、央视网、央视主持岩松、央视综艺等中央电视台的微博账号。127 个网络媒体机构认证用户和 51 个网络媒体个人认证用户关注了人民日报的微博账号。截至，2019 年 4 月 14 日，央视新闻微博的粉丝有 8378 万，北京日报客户端微博的粉丝数有 421 万。这些传统媒体的粉丝数远高于我们采集的标签为“网络媒体”的微博。可见，传统媒体在网上的影响力同样不容小觑，并且正在不断与互联网彼此融合。

事实上，北京市主流媒体正日益加快与网络新媒体的融合进程。2016 年，中央级媒体人民日报打造了“中央厨房”，被称为媒体融合的“样板间”，设立总编调度中心，建立采编联动平台，统筹各方采访、编辑和技术力量，“报、网、端、微”一体联动，建立移动优先、PC 做全、纸媒做深、多次生成、多元传播的策采编发新流程。2018 年 8 月，北京广播电视台融媒体中心成立，构建以跨媒体兼容、多平台聚合、众部门会商、全平台发布的特色融媒中心。北京市属媒体也在多个领域形成具有一定影响力的融媒体产品，如北京日报社的长安街知事、北京广播电台“听听 FM” App、北京青年报的教育圆桌等。

第十章　北京网络动漫产业研究

（一）网络动漫的概念及特征

1. 网络动漫的概念

伴随互联网的迅猛发展，网络开始向各种文化产品领域渗透，网络动漫应运而生。所谓网络动漫，主体上就是前文所说的网络动画，只是涵盖的范畴更广，是指把动画和漫画作品按照网络受众需求喜好，借助于网络平台、经由网络终端设备呈现出来的视听作品。① 中国的网络动漫从诞生到发展尚不到15年，经过多年探索开始逐渐找到适应中国市场特色的产业发展道路。广告植入、衍生品开发、IP授权、会员费和“打赏”机制等盈利模式渐趋成熟。网络动漫的发展开始呈现欣欣向荣的景象。

2. 网络动漫的特征

网络动漫的发展与我国互联网业和传媒业的大环境有很大关系。随着数字化技术的飞速进步以及国内文化产业生态迭代更新，国产网络动漫的发展表现出一些新的特征。

（1）网络特色化倾向

对于网络动漫剧而言，吸引点击率是其能否生存和发展的关键。我国电视等传统媒体对于动漫类的作品基本上限定为神鬼妖狐等封建迷信之外的题材。这样，一些在传统的电视媒体上不能放映的题材就成了网络动漫选择的重要内容。其主要包括仙侠奇幻、恐怖惊悚、搞笑言情、悬疑推理四大类型。

（2）ACG（动画、漫画、游戏）② 一体化倾向

我国文化消费市场巨大，优秀的“ACG”作品转化为相关的其他作品后往

① 严万祺．我国网络动漫发展概观[J]．电影文学，2017（1）：108-110.

② ACG为英文Animation（动画）、Comic（漫画）、Game（漫画）的首字母.

往也能取得不俗的成绩，大大推进了我国 ACG 的一体化发展格局。网络动画《十万个冷笑话》原本是“有妖气”网站上的人气漫画。2012 年 7 月，有妖气网站将其打造为动画片，仅半年多时间连载了 5 集，累积播放量超过了一亿。① 同时，很多国产的网络动漫是作为网络游戏的宣传片而存在的。在网络动漫剧中，有着鲜明的游戏化倾向。这些动漫作品有的直接改编自游戏，有的以衍生游戏项目为创作目的，或以游戏世界中的典型人物、服饰、道具为创作对象，或以游戏情节作为故事的核心部分。② 比如，杭州玄机科技信息技术有限公司制作的网络动画《秦时明月》授权给上海的骏梦网络科技有限公司，并且由原创动漫团队全程监制，合作开发出一款同名的角色收集型手机游戏，100%再现动漫剧情，并且加入了原版动漫原声，荣膺 2014 年金翎奖“年度玩家最喜爱的移动网络游戏”。

（3）文学、影视、动漫联动化倾向

在融媒体时代，同一个 IP 资源正在不断地向各种艺术表现形式拓展，呈现出“影视和动漫”“文学和动漫”联动化倾向。很多网络文学作品被改编为网络动漫；同时很多网络动漫剧成为影视投资的热门领域，被改编为影视作品。比如，超人气网络小说天蚕土豆的成名之作《斗破苍穹》被改编成动漫之后，其网络播放量高达 12 亿，受到了广泛欢迎；网络动画《画江湖之不良人》在收获较高的市场认可后，被改编为同名的电视剧等。

（4）盈利模式多元化倾向

相较于传统的纸媒漫画和电视动画，国产网络动漫的发展表现出非常出色的竞争力。这与其在互联网中开发出的广告植入、衍生品开发、IP 授权、会员费和“打赏”机制等一系列盈利模式密切相关。特别是会员费和“打赏”机制在传统媒体根本无法完成。网络动漫正凭借着出色的商业模式，赢得了越来越多的收益和口碑。

（二）北京网络动漫的概况及其在全国的地位

北京作为国家文化中心和国家级媒体的主要所在地，必然是动漫产业发展的主力军。先后建立了中国动漫游戏城、中关村创意产业先导基地、北京三间房动漫产业园、国家新媒体产业基地、北京数字娱乐示范基地、中关村科技园

① 张书云．网络动漫迈开大步又何妨[J]．光明日报，2016-10-8，第 006 版．

② 王素芳．国产网络动漫剧的发展趋向[J]．艺术广角，2017（5）：25-30.

区雍和园等动漫游戏基地，形成了较为完整的产业链。在互联网兴起后，网络动漫日益成为主流。北京网络动漫产业出现了一批诸如有妖气漫画、快看漫画、若森数字等为代表的有核心IP资源的企业，成为国内网络动漫界的重要力量。

按照产业链划分，北京网络动漫企业可以划分为内容制作和平台发行两类企业，[①] 在国内均处于领先地位。内容制作类企业以制作网络动漫为主要业务，包括北京若森数字科技有限公司、北京克里丝动漫科技有限公司、北京妙音动漫艺术设计有限公司等多家企业。特别是若森科技在我国网络成人仙侠动漫领域处于领先地位，其制作的《画江湖》系列与杭州玄机科技制作的《秦时明月》系列并称为国内最优秀的仙侠动漫作品，有“北若森，南玄机”之称。平台发行类企业主要有爱奇艺、优酷、北京四月星空网络技术有限公司（有妖气原创漫画梦工厂）等。目前，视频网站也部分转向内容制作。比如，爱奇艺陆续推出《灵域》《神明之胄》等爆款动漫。优酷在2016年推出了意在培育国产动漫精品的“创计划”，支持了《少年锦衣卫》《侍灵演武：将星乱》等动漫精品。

北京是国内互联网产业最发达的城市，也是文化产业整体竞争力最强的城市。但是就网络动漫产业发展而言，也面临着很大的压力。特别是在国内很多省市大力扶持本地动漫的背景下，很多省市对于动画制作给予了大量的补贴，甚至出现了很多北京的动漫公司纷纷将注册地址改到其他省市的现象，比如，北京幸星国际在安徽建立新的动漫基地等。

（三）基于新浪微博数据对北京网络动漫产业的分析

1. 数据采集

我们于2016年12月底至2017年1月初在新浪微博“找人”模块，以“网络动漫”为关键词，选择搜索“全部”，地点限定在“北京”，用户选择“机构认证”和“个人认证”，搜索所有的用户。共搜索到37个认证用户，其中含19个机构认证用户和18个个人认证用户。这个数量是非常少的，不能反映北京网络动漫企业真实数量。主要原因是很多北京的动漫公司或者个人在昵称、标签和简介里面都没有出现网络动漫这样的词汇。考虑到研究精力的有限性和采集数据的便利性，我们于2019年5月5—10日增加采集了3个认证微博

---

① 张锐，许妍．首都网络动漫产业发展报告[J]．中国电影市场，2018（1）：25-30.

“AcFun 弹幕视频网”“画江湖之不良人”和“吴大卫_ROCEN”。AcFun 弹幕视频网是动漫迷经常浏览的动漫主题网站。北京最著名的网络动漫公司是北京若森数字科技股份有限公司,《画江湖之不良人》是这一公司最知名的动漫作品；“吴大卫_ROCEN”是若森数字股份副总裁、《画江湖》系列总制片。我们采集了全部 40 个（一开始采集到的 37 个，加上补充采集的 3 个，共 40 个）认证用户的属性信息，包括昵称、所在地、性别、粉丝数、关注数、发表微博数、简介等。

在采集满足上述搜索项的用户之后，我们又搜索了上述 40 个微博认证用户关注的用户。由于新浪微博的“反爬虫”限制，只能最多抓取关注列表前 200 个用户。我们采集了搜索到的认证用户关注的前 200 个用户的属性信息，包括昵称、所在地、性别、粉丝数、关注数、发表微博数、简介等。

2. 北京网络动漫微博用户的特征

（1）粉丝数量最多的网络动漫

表 10-1　粉丝数排名前 10 位的网络动漫机构

用户名	粉丝数	关注数	微博数	所在地
AcFun 弹幕视频网	1 510 432	636	1 510 104	北京朝阳区
画江湖之不良人	177 197	207	3904	北京海淀区
12318 文化市场热线	96 764	119	4	北京东城区
英雄别闹	20 025	115	938	北京朝阳区
大呈印象	17 245	166	515	北京
糖果游-mimo 动漫	14 408	89	60	北京丰台区
搜狐动漫	12 242	220	390	北京海淀区
dm123_动漫 FANS	11 173	59	9593	北京东城区
声创联盟	8927	263	1045	北京
漫淘客动漫商城	2078	1980	1132	北京朝阳区

在表 10-1 中，排名第一的“AcFun 弹幕视频网”（简称“A 站”），成立于 2007 年 6 月，取意于“AnimeComicFun”，是中国大陆第一家弹幕视频网站，网站的口号是“天下漫友是一家”。排名第二的“画江湖之不良人”是北京若森科技公司制作的大型三维武侠传奇动画巨制《画江湖》系列之《不良人》的微博账号。在网络动漫界有“南玄机，北若森”之称。分别指代浙江的玄机动画和北京的若森动画在网络动漫界的地位是最高的两家企业。排名第三的“12318 文化市场热线”是文化部文化市场司官方微博，发布涉及演出、娱乐、艺术品、网吧、网络游戏、网络音乐、动漫等文化市场及文化市场综合执法的

相关信息。排名第四的“英雄别闹”是一部由北京克里丝动漫科技有限公司倾力打造的网络动画。该剧融合了游戏和动漫，吸引了关注两者的大批粉丝。该剧的制作公司克里丝动漫正是游戏和动漫的跨界组合，由移动游戏开发商莉莉丝及动画公司青青树动漫共同打造。排名第五的“大呈印象”是北京大呈印象科技发展有限公司的官方微博。该公司始创于 2001 年。在动画游戏 CG 领域已有 10 年的丰富自主开发创新经验。排名第六的“糖果游-mimo 动漫”是北京糖果游网络科技有限公司的官方微博。排名第七的“搜狐动漫”是搜狐动漫的官方微博。排名第八的“dm123_动漫 FANS”是动漫 FANS 网（www. dm123. cn）的官方微博。排名第九的“声创联盟”是声创联盟中文配音社团的微博账号。声创联盟是由一群配音/动漫爱好者组成的网络配音社团。排名第十的“漫淘客动漫商城”是电子商务网站漫淘客商城的官方微博。

表 10-2　粉丝数排名前 10 位的个人用户

用户名	粉丝数	关注数	微博数	所在地	性别
庹祖海 TuoZuhai	1 642 590	330	6047	北京朝阳区	男
马史	125 453	1578	2093	北京朝阳区	男
快递侠	96 788	215	570	北京东城区	男
刘小鹰	33 496	1539	8352	北京朝阳区	男
许多年 s	15 813	280	2216	北京朝阳区	男
爱看动漫-林晨龙	3584	407	178	北京朝阳区	男
爱看动漫-武楠	2208	337	727	北京	男
高东旭 David	1271	966	2100	北京朝阳区	男
温翮	1183	234	1409	北京海淀区	男
屁颠的小咖儿	1014	542	1147	北京东城区	女

在表 10-2 中，“庹祖海 TuoZuhai”是中国动漫集团有限公司董事长和法定代表人庹祖海的微博账号。中国动漫集团于 2009 年成立，是由财政部代行出资人职责、文化部主管的动漫央企。其前身为文化部文化市场发展中心和中国演出管理中心。集团以“服务动漫产业、普及动漫文化”为使命，以平台型、公益型、品牌化、国际化为战略导向，构建包括研发孵化、投融资、知识产权交易、众创空间、会展服务、智库咨询、国际推广等在内的动漫游戏行业关键节点专业化服务平台。“马史”是毕业于北京电影学院的青年导演，曾经创作动漫形象“小镶人”和 3D 动画电影《热血雷锋侠之激情营救》。“快递侠”是北京咸蛋文化传媒有限公司市场总监。“刘小鹰”是老鹰基金创始合伙人、中国

长远控股有限公司主席兼 CEO，曾经投资“杰外动漫”等动画片公司。“许多年 s”的个人认证为电影博主，微博中有一些内容是关于动漫的。“爱看动漫-林晨龙”是万象娱通网络科技有限公司商务总监。“爱看动漫-武楠”是北京万象娱通网络科技有限公司总经理。“高东旭 David”是中娱智库、中娱创想创始人，同时是数字娱乐分析师。“温翩”是共青团中央网络影视中心动漫部副主任。“屁颠的小咖儿”是喵喵云市场总监李珊珊。

综观北京网络动漫粉丝数排名，我们不难发现以下特征：

①平台型网络动漫机构受关注度最高

在我们抓取的数据中，平台型网络机构 AcFun 弹幕视频网受关注度最高。一方面，这可能是因为“A 站”的内容虽然普遍融入了动漫元素，但是其网站覆盖的内容不仅仅包括动漫，还有影视、体育等方面的视频，扩大了受众覆盖面。另一方面，这类平台型的机构是所有动漫迷都喜欢看的。而不是像动画公司一样，局限于特定的喜欢它的产品的粉丝群体。

②具有官方背景的机构和个人受关注度高

排名第三的机构“12318 文化市场热线”是文化部文化市场司官方微博。排名第一的个人微博“庹祖海 TuoZuhai”是中国动漫集团有限公司董事长，而中国动漫集团是由财政部代行出资人职责、文化部主管的动漫央企。

③热点动漫 IP 相关机构和个人受关注度高

北京若森的《画江湖之不良人》是国内和杭州玄机的《秦时明月》相当的最受欢迎的网络动画片，拥有大量的粉丝。曾经创作动漫形象“小镶人”和 3D 动画电影《热血雷锋侠之激情营救》的导演马史的微博受关注度也非常高，排在个人粉丝数的第二位。

（2）北京网络动漫微博的联系方向

我们在采集 40 个网络动漫认证用户之后，又抓取了上述认证用户关注列表中的用户（由于新浪微博的“反爬虫”限制，关注人数超过 200 个的，只能抓取关注列表的前面 200 个用户）。之后，我们对这些网络动漫认证用户关注的用户（共计 5240 个用户，其中 345 个是海外用户，标注地点为其他的用户为 287 个。海外用户中 225 个用户标注了所在国家）所在地进行了统计。我们假定每 1 个认证用户关注某地方的用户，视为这个认证用户联系了某地方一次。当我们累加所有的 40 个网络动漫个认证用户关注的用户的所在地之后，我们就可以得到北京网络动漫认证用户所联系的方向（地方）。

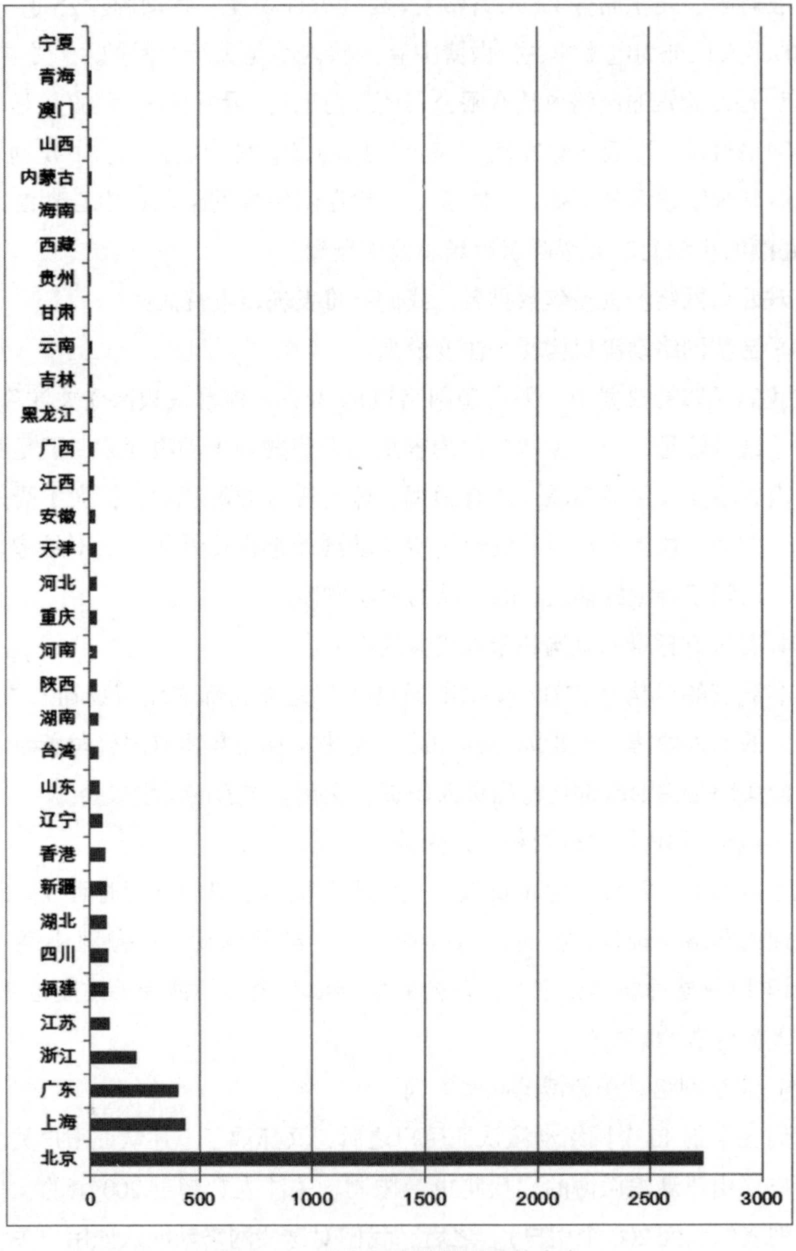

图 10-1 北京网络动漫联系的省市

在国内的省市中，可以看到北京、上海、广东、浙江、江苏等经济发达、经济总量大的省市是北京网络动漫主要联系的省市。除了北京本地外，天津、河北等与北京距离近的省市很少被北京的网络动漫关注。值得注意的是，和网络媒体不同，北京的网络动漫的联系方向，上海超过了广东，是北京对外联系

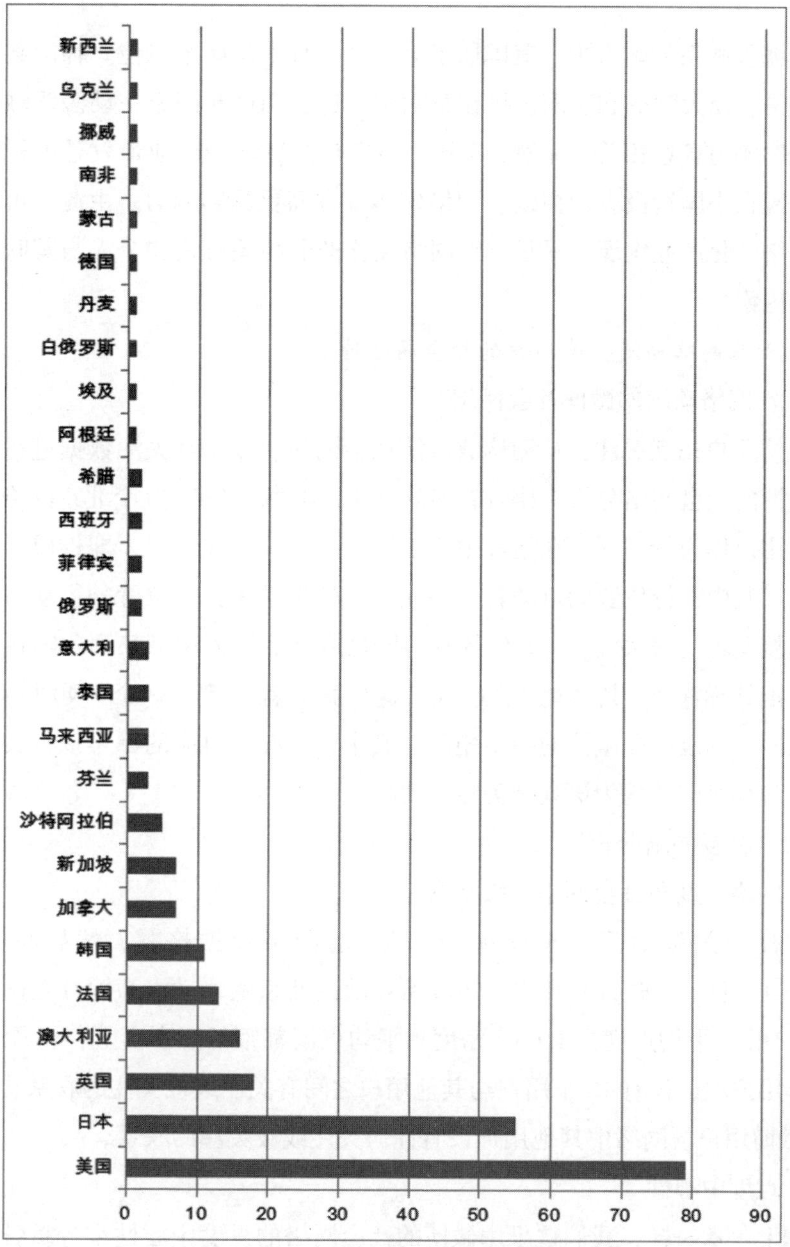

图 10-2　北京网络动漫联系的国家

最多的省市。事实上，上海的网络动漫及其周边的发展水平在国内一直居于前列，且和北京的动漫一直有比较多的互动。比如，动漫视频网站哔哩哔哩（简称“B 站”）号称具有最及时的动漫新番、最棒的 ACG 氛围，是当下最热门的动漫网站，是“A 站”的部分员工辞职，重新在上海打造起的另外一个二次元社区。

在海外联系的国家中，美国居于第一位，日本位居第二位。韩国甚至还落后于英国、澳大利亚和法国，排在第六位。这也和这些国家在动漫领域的发展水平、影响力息息相关。显然，美国、日本是全球动漫产业最发达的国家。韩国的动漫在中国远没有影视剧、网络媒体等方面更具影响力。由此，可以判断一国网络文化产业发展水平是北京网络文化产业相关机构和个人与其联系多少的关键因素。

3. 北京网络动漫微博用户的社会网络特征

（1）网络动漫的微博社会网络

微博用户相互关注，从而构成微博社会网络。以相互关注数据进行分析是关于微博的社会网络分析中比较普遍的做法。本书以全部 40 个北京网络动漫微博认证用户作为行和列，在矩阵中心填写行与列的关注情况，即构成了社会关系矩阵。其中，行位置的行动者是关注情况的发送者，列位置的行动者是关注情况的接受者（被关注）。在本书中，我们约定某行关注了某列，则在该行与列的交汇处标注 1，其他地方均为 0。这样我们就构建了一个“40 行×40 列”的北京网络动漫产业微博的关系矩阵。其中，所有行对应的都是该行关注的情况，所有列对应的均为该列被关注的情况。

（2）社会网络分析结果

①网络密度和社会网络连接状况

将社会关系矩阵数据转换为 Pajek 的网络数据格式，然后将其导入 Pajek2. 0 软件。经过计算得出，矩阵所反映的北京网络动漫微博社会网络的密度为 0. 013，平均点度为 1. 05。密度和平均点度都很低。事实上，40 个网络动漫微博用户中，仅有 18 个用户与其他用户之间有关注或被关注的联系，剩余的 22 个微博用户与网络中其他用户没有任何关注或被关注的联系。

②点度中心性

和上一章一样，我们这里用微博的社会网络的点度中心性来分析各个认证微博在社会网络中的影响力。如表 10-3 中的结果所示，点入度最大的是“AcFun 弹幕视频网”（点入度为 7），之后是“庹祖海 TuoZuhai”“爱看动漫-骏楠”“爱看动漫-林晨龙”和“网博会官方微博”（点入度分别为 3、2 和 2）。可见，“AcFun 弹幕视频网”“庹祖海 TuoZuhai”等是北京广告微博社会网络中颇具威望，地位颇高的微博用户。

表 10-3 社会网络中点出度和点入度排名前 10 位的微博用户

点入度排名前 10 位微博用户	点入度	点出度	点出度排名前 10 位微博用户	点入度	点出度
AcFun 弹幕视频网	7	0	爱看动漫-骏楠	2	3
庹祖海 TuoZuhai	3	1	爱看动漫-武楠	1	2
爱看动漫-骏楠	2	3	画江湖之不良人	1	2
网博会官方微博	2	1	军曹王承博	0	2
爱看动漫-林晨龙	2	1	高东旭 David	0	2
爱看动漫-武楠	1	2	庹祖海 TuoZuhai	3	1
画江湖之不良人	1	2	网博会官方微博	2	1
吴大卫_ROCEN	1	1	爱看动漫-林晨龙	2	1
爱看动漫-储锐	1	0	吴大卫_ROCEN	1	1
刘小鹰	1	0	dm123_动漫 FANS	0	1

与点入度相反，点出度表示某用户关注其他用户的程度。点出度最大的是“爱看动漫-骏楠”（点出度为 3），之后是“爱看动漫-武楠”“画江湖之不良人”“军曹王承博”“高东旭 David”。它们的点出度都是 2，说明它们在网络中主动关注了其他从业机构和个人。但是由于本章中对于网络动漫的采集数据量较小，这种点出度和点入度仅能在有限度的范围内说明一点问题，不能过分夸大其对整个北京网络动漫的代表性。比如，“AcFun 弹幕视频网”受关注度显著高于其他任何微博用户，显然是网络中的“明星”。但是，其他微博用户，比如，“爱看动漫-骏楠”等几个微博用户都是万象娱通网络科技有限公司的成员，它们的点度基本来自公司内部彼此关注的情况，很难说明其在北京网络动漫中的地位和作用。

③凝聚子群

分析全部北京网络动漫微博的相互关注状况可以判断有哪些网络动漫微博之间的联系更为紧密，甚至形成若干团体。我们运用社会网络分析中的凝聚子群分析方法来进行分析。在初始的 40 个认证账号的网络中，发现 22 个微博与其他北京广告业微博没有联系，剩余的 18 个微博用户联系的网络中，通过弱组元分析，可以找到 2 个子群。14 个微博围绕着“AcFun 弹幕视频网”和“庹祖海 TuoZuhai”组成了一个大的网络，其他 4 个微博，都是北京万象娱通网络科技有限公司（旗下产品以“爱看动漫”为主题词）的员工，它们组成了 1 个小的子群。

（四）北京网络动漫微博空间分布

表 10-4 中，我们可以看到朝阳区、东城区和海淀区是网络动漫机构和个人

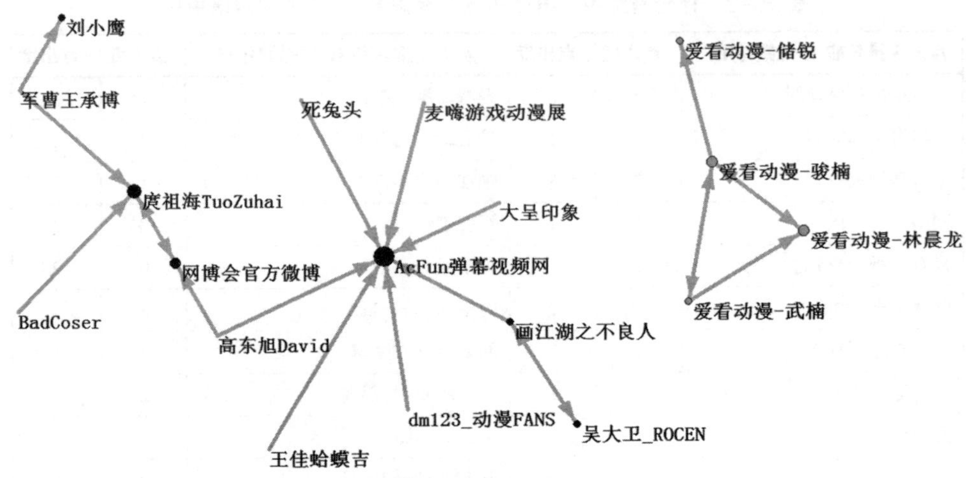

图 10-3　北京网络动漫微博社会网络的凝聚子群

注：图中顶点越大，表明该微博用户的点入度越大，在网络中受关注度越高。

用户分布最多的区。几个区的人口规模差异巨大，我们测算了北京网络动漫微博用户的区位商，来分析相对于人口规模北京网络动漫在各个区的分布状况。东城区、朝阳区和海淀区是北京网络动漫最为发达的区，它们的区位商都超过了 1。

东城区位于首都中心，距离一些政府部门较近。“12318 文化市场热线”这类有官方背景的机构倾向于布局在这里。朝阳区历来是北京最具时尚的区也是传统媒体最集中的区，很多关注动漫的年轻人喜欢在朝阳生活，很多动漫企业布局在这里从而更方便地与媒体机构建立广泛的联系。“AcFun 弹幕视频网”和中国动漫集团有限公司董事长和法定代表人“庹祖海”等粉丝非常多的机构和个人都是在朝阳区。海淀区是互联网产业的大本营，“搜狐动漫”这类网络动漫企业依托于互联网大型企业布局在这里可以与母公司以及其他互联网公司建立更紧密的联系。

表 10-4　北京网络动漫的空间分布情况

所在区	机构	个人	用户总数	区位商
东城	6	5	11	8.77
西城	0	0	0	0.00
朝阳	6	7	13	2.36
海淀	3	3	6	1.17
丰台	1	0	1	0.31
石景山	0	0	0	0.00

续表

所在区	机构	个人	用户总数	区位商
昌平	0	0	0	0.00
顺义	0	0	0	0.00
通州	0	0	0	0.00
大兴	0	1	1	0.39
密云	0	0	0	0.00
怀柔	0	0	0	0.00
延庆	0	0	0	0.00
门头沟	0	0	0	0.00
房山	0	0	0	0.00
平谷	0	0	0	0.00
总计	16	16	32	1.00

注：部分微博用户只标注了所在地为北京，没有标注具体在哪个区。表 10-4 中总计的数量未包括这些机构和个人。

（五）本章小结

本章中我们对于北京的网络动漫的新浪微博进行了统计分析，试图通过这个侧面来窥探北京网络动漫的发展特征及其发展趋势。研究发现，北京网络动漫的发展可以看到以下几个特点：

1. 北京网络动漫彼此联系较为松散

从我们测算的社会网络密度和平均点度（1.05）来看，北京网络动漫产业彼此之间的交流相对有限，与其他网络文化产业门类相比较低。事实上，著者曾经对一些动漫从业者进行过访谈，他们指出动漫从业者一般不需要和其他机构非常紧密的联系。

2. 平台型机构和具有官方背景的机构，以及具有热点 IP 资源的网络动漫受关注度高

从我们搜集的数据来看，平台型网络机构“AcFun 弹幕视频网”受关注度最高。第二是具有官方背景的机构和个人。比如，文化部文化市场司官方微博“12318 文化市场热线”以及中国动漫集团有限公司董事长“庹祖海 TuoZuhai”都是在这两个区。第三是北京若森的“画江湖之不良人”这类热点 IP 资源。

3. 北京网络动漫主要联系的地区是动漫产业发达的地区

北京网络动漫主要关注的微博是来自中国上海、广东、浙江，以及美国、

日本等国内外经济、文化最为发达的地方。与网络媒体相比较，在网络动漫领域，上海比广东与北京的联系更多；日本比韩国与北京的联系更多。这也是与各个国家和地区的网络动漫的发展水平成对应关系的，中国上海以及日本的网络动漫水平更高、从业者更多，吸引了北京的网络动漫从业者与其加强联系。

4. 北京网络动漫主要分布在朝阳、东城、海淀几个动漫产业资源和互联网企业发达的区

网络动漫是动漫和互联网的结合。其中，动漫是内容生产机构，在网络动漫的发展中占据核心位置。从北京网络动漫的布局来看，它们主要分布的朝阳和东城是北京的传统媒体资源分布最多的两个区，也是一些政府部门所在的地区（文化部在东城区)。“12318 文化市场热线”、中国动漫集团有限公司董事长和法定代表人“庹祖海”都是在这两个区。此外，互联网技术在网络动漫的发展中也具有一定的影响，从“搜狐动漫”这类依靠大型互联网公司而发展的网络动漫企业的布局中可以看出，互联网公司应该是吸引网络动漫布局海淀的重要原因。

必须承认，微博社会网络和真实世界中的社会网络是有区别的。这种区别因为所研究对象的差异会存在较大差别。我们这章所研究的网络动漫，无论是个人用户，还是机构用户，因为其所在的行业与互联网联系紧密，对于微博社交是相对关注的。这就为数据所揭示的特征提供了一定的可靠性。

综合整理搜集的数据，结合国内外传媒产业发展的趋势，我们推测北京网络动漫将长期与上海、杭州、深圳等城市展开激烈的竞争。北京是国内各种消费文化最发达的城市之一。但是，在网络动漫领域，北京面临着国内其他城市激烈的竞争。最典型的案例是最早的动漫弹幕视频网站 AcFun 弹幕视频网在北京成立，但是在上海的哔哩哔哩后来居上之后，一度面临倒闭的危机。在杭州等城市对动漫产业有大量的政策扶持和资金补助的背景下，北京网络动漫产业只有更充分地调动本地丰富的人力资源，优质的网络门户资源和传统媒体资源，给予网络动漫企业一定的扶持政策，才有可能继续保持其在网络动漫中现有的地位。

第十一章　北京网络视频产业研究

（一）网络视频的兴起及其特征

网络视频包含各类影视节目，包括电视剧、综艺、栏目剧、广告、新闻、动画、聊天、游戏视频等。① 在当今的互联网上存在大致 4 类网络视频平台，即网络视频综合播出平台、网络短视频分享平台、网络游戏的解说平台和网络互动直播平台。其中，网络视频综合播出平台是网络视频产业中最大的一个分支。网络短视频分享平台、网络游戏的解说平台和网络互动直播平台等细分领域与其发展规律不是非常相似。比如，短视频分享平台主要是用户生产的内容，网络游戏的解说平台是游戏爱好者等特定群体观看的网站。限于研究精力，我们这里所说的网络视频仅包含第一类网络综合播出平台及其展示的节目。

1996 年 12 月中央电视台建立的央视网（CCTV. com）是中国大陆最早发布的中文信息的视频网站。② 2006 年 10 月 10 日，Google 斥 16.5 亿美元巨资收购视频网站 YouTube，全球的互联网从业者发现了网络视频的巨大发展潜力。我国视频网站很快达到数百家规模。③ 不过，一段时间内网络视频存在大量的盗版、盗播现象，视频网站在低水准重复建设上徘徊。2009 年 12 月，中央外宣办等九部门联合发起打击网络盗版侵权的“剑网行动”，对视频网站内容的版

① 黄小琴．网络视频下中国传统文化的传播方式[J]．新闻前哨，2018，（12）：88-89.

② 王晓红，谢妍．中国网络视频产业：历史、现状及挑战[J]．现代传播（中国传媒大学学报），2016，38（6）：1-8.

③ 胡天状．近五年中国网络视频营销快速发展因素分析[J]．东南传播，2011（6）：56-57.

权规范起到了促进作用。主流视频网站纷纷投入巨资用于购买版权资源。[①] 除了购买版权，搜狐、新浪、乐视等视频网站也开始自行制作谈话类综艺节目或者新闻播报节目，知名的有《大鹏嘚吧嘚》《娱乐现场》等。

2014 年年初，网络自制美剧《纸牌屋》成为热门话题，国内的乐视、腾讯、搜狐、爱奇艺等多家视频网站相继宣布“网络自制剧元年”到来，将资金投向自制影视剧。[②] 之后，优酷、乐视、爱奇艺等国内视频平台相继拍摄了《老男孩之猛龙过江》《煎饼侠》《九层妖塔》等一大批网络大电影，并在大银幕和网络播放量上双双取得成功。2017 年优酷制作的网络电视剧《白夜追凶》豆瓣评分达到 9 分，成为首部被美国视频网站网飞（Netflix）购买海外发行权的国产网络电视剧。以《奇葩说》为代表的网制综艺不仅获得了超高的网络点击量，也为伊利等众多广告投放商带来了更为广泛的关注度。[③]

中国网络视听节目服务协会发布的《2018 年中国网络视听发展研究报告》显示，截至 2018 年 6 月，我国网络视频用户 6.09 亿，占网民总体的 76%，半年增长率为 5.2%。网络视频产业正日益超越电视和电影屏幕，成为视觉信息的最重要入口。艾瑞咨询发布的《2018 年中国网络视频行业经营状况研究报告》显示 2017 年中国网络视频广告收入占比 48.6%，远高于用户付费（24.8%）和版权分销（23.1%）。从广告市场份额占比来看，爱奇艺占 21.4%，腾讯视频占 21.2%，优酷土豆占 20.5%，瓜分了大部分广告市场份额。现有的广告市场格局下，乐视视频、搜狐视频、芒果 TV 在广告市场份额上则相对落后，其他网络视频平台存在进入壁垒，更难以成为支配地位，在网络视频产业中产生影响。[④] 可以说，国内网络视频产业初步形成了爱奇艺、腾讯和优酷土豆三分天下的局面。

---

① 高红波，陈成．中国网络视频栏目创新发展研究[J]．新闻爱好者，2018，487（07）：14-17.

② 王晓红，谢妍．中国网络视频产业：历史、现状及挑战[J]．现代传播（中国传媒大学学报），2016，38（6）：1-8.

③ 黄艳．网络视频内容生产中的 IP 价值链建构进路[J]．中国电视，2019（2）：51-55.

④ 陈积银，杨廉．中国网络视频产业的发展现状、趋势与思考[J]．现代传播（中国传媒大学学报），2017（11）：14-19.

（二）北京网络视频的概况及其在全国的地位

北京是爱奇艺、优酷土豆、搜狐视频、新浪视频等绝大多数国内领先视频网站所在地。虽然阿里巴巴集团总部不在北京，但是旗下的优酷土豆选择北京作为了总部所在地。这与北京几大资源密切相关。

首先，来自央企的牌照资源。按照国家新闻出版广电总局的相关规定，以电视机为接收终端的视听节目集成运营服务的《信息网络传播视听节目许可证》。比如，优酷与国广东方网络（北京）有限公司（CIBN）合作，在电视端改名为 CIBN 酷喵影视，凭此获得了电视端播放的许可。

其次，来自北京的风险投资。网络视频平台的竞争非常激烈，需要大量的资金支持。北京是国内风险投资最活跃的城市之一。几大视频平台也分别获得了百度、阿里巴巴、腾讯等互联网巨头的资金和持股。

再次，北京的人才资源。一方面是来自文化艺术领域的人才资源。大量的网络平台自制内容已经成为视频网站能否长期生存的关键，势必对本地的文化艺术人才有大量的需求。北京的艺术院校、演艺公司、影视公司等相关配套资源最为丰富。另一方面是来自网络科技的人才资源。北京是国内互联网人才最多的城市，这也是北京国内独一无二的优势。

最后，北京的新闻资源。北京是国内媒体最发达的城市。视频网站也是新媒体之一。在北京，可以方便地获得当下的时事热点信息。布局在北京，为视频网站占领信息高地提供了得天独厚的优势。

由于北京的上述资源长期存在，并且国内其他城市短期内无法超越。可以想象，北京的网络视频产业将长期居于国内领先的地位。

（三）基于新浪微博数据对北京网络视频产业的分析

1. 数据采集

我们于 2016 年 12 月底至 2017 年 1 月初在新浪微博“找人”模块，以“网络视频”为关键词，选择搜索“全部”，地点限定在“北京”，用户选择“机构认证”和“个人认证”，搜索所有的用户。共搜索到 320 个认证用户，其中含 215 个机构认证用户和 105 个个人认证用户。北京一些非常知名的视频网站在昵称、标签和简介里面直接采用的企业名称，因而没有出现“网络视频”这样的词汇。考虑到最著名的网络视频平台公司是北京视频产业的中流砥柱。从研究的正确性和采集的便利性出发，我们于2019年5月5—10日增加采集了6个机构认证微博“新浪视频”“搜狐视频”“土豆”“中国网络电视台”“爱奇艺”“优酷”。我们采集了全部326个（一开始采集到的320个，加上补充采集的6个，共326个）认证用户的属性信息，包括昵称、所在地、性别、粉丝数、关注数、发表微博数、简介等。

在采集满足上述搜索项的用户之后，我们又搜索了上述326个认证用户关注的用户。由于新浪微博的“反爬虫”限制，只能最多抓取关注列表的前面200个用户。我们采集了搜索到的认证用户关注的用户的属性信息，包括昵称、所在地、性别、粉丝数、关注数、发表微博数、简介等。

2. 北京网络视频微博用户的特征

(1) 粉丝数量最多的网络视频

在表11-1中，“微博iPhone客户端”是新浪微博iPhone客户端客服账号，微博客户端可以用来分享好玩的视频。需要注意的是，新浪微博经常会主动向用户推荐关注“微博客户端”这样的账号。这也是“微博客户端”这类账号粉丝数目多的重要原因。按照我们的搜索方案，归到了网络视频的机构认证微博。排在第二位的“优酷”和第七位的“土豆”都是阿里巴巴文化娱乐集团旗下的视频平台。优酷是全球首家在美独立上市的视频网站，主要播出专业化制作的视频节目，兼具版权、合制、自制、自频道、直播、VR等多种内容形态。“土豆”是阿里巴巴文化娱乐集团旗下短视频平台，以“只要时刻有趣着”为口号，吸引用户自制和上传短视频内容。“爱奇艺”是百度作为大股东的视频网站，也是近年内发展最好的视频网站之一，其自制的《中国有嘻哈》《奇葩说》等综艺节目一度成为娱乐最热点的话题。“新浪视频”是在新浪播客与新浪宽频的基础上成立的视频网站，也是新闻门户网站中第一个成立的视频频道。与“新浪视频”类似，“搜狐视频”是在搜狐播客与搜狐宽频基础上成立的视频网站。“中国网络电视台”由央视国际网络有限公司主办，是中央电视台旗下的国家网络广播电视播出机构，已覆盖全球190多个国家及地区的互联网用户。2018年5月30日中国网络电视台与央视网完成合并。“酷6网”是比较受欢迎的视频网站之一。2009年，酷6网被盛大集团收购，并成为全球首家在纳斯达克上市的视频网站。“微博Java客户端”是新浪微博Java客户端客服账号，和“微博iPhone客户端”一样，主要因为被网民用来分享视频，被归类到了网络视频的机构认证微博。“艾瑞网”是互联网数据资讯聚合平台，艾瑞集团曾经

发布《2018 年中国网络视频行业经营状况研究报告》等网络视频研究成果。

表 11-1　粉丝数排名前 10 位的网络视频机构

用户名	粉丝数	关注数	微博数	所在地
微博 iPhone 客户端	41 359 755	114	1159	北京海淀区
优酷	17 287 513	2854	56 096	北京
爱奇艺	13 255 979	1517	47 697	北京
新浪视频	13 254 853	1840	85 734	北京海淀区
搜狐视频	7 497 558	402	48 503	北京海淀区
中国网络电视台	4 727 609	343	29 329	北京
土豆	3 600 757	619	30 119	北京东城区
酷 6 网	2 135 407	459	9934	北京朝阳区
微博 Java 客户端	1 616 340	61	192	北京海淀区
艾瑞网	1 010 267	698	20 017	北京朝阳区

在表 11-2 中，“林熊猫”是著名游戏玩家，网络视频制片人，游戏测评人。“ChinaCache 王松”北京蓝汛通信技术有限公司创始人兼 CEO。“龚宇”是爱奇艺创始人、CEO。“顶尖图”的微博认证是摄影达人。“鹿昂纳多”是北京寰影文化传媒有限公司创意总监。“CRAZY262”是网络军事视频《军武次位面》创始人、总导演。“梁闻刚 stone”是中国新闻监督研究中心副秘书长、阳光企业集团高级副总裁。“长老视觉_BOHEMIA”是北京中视风行文化有限公司长老视觉综合网络频道创始人、总导演的微博。“孔中”是全球人工智能艺术大赛发起人、艺评创始人、酷米网创始人。“单晓蕾”是 PPTV 网络电视副总裁，多终端事业部总经理。

表 11-2　粉丝数排名前 10 位的个人用户

用户名	粉丝数	关注数	微博数	所在地	性别
林熊猫	816 817	1222	12 763	北京东城区	男
ChinaCache 王松	397 739	131	1552	北京	男
龚宇	381 818	413	915	北京海淀区	男
顶尖图	350 095	2774	47 668	北京海淀区	女
鹿昂纳多	225 561	288	50 511	北京东城区	女
CRAZY262	153 664	211	2935	北京朝阳区	男
梁闻刚 stone	124 967	271	776	北京东城区	男
长老视觉_BOHEMIA	109 906	92	1417	北京西城区	男

续表

用户名	粉丝数	关注数	微博数	所在地	性别
孔中	108 305	951	3648	北京海淀区	男
单晓蕾	104 729	587	2341	北京海淀区	男

综观北京网络视频粉丝数排名，我们不难发现以下特征：

①微博相关客户端受关注度最高

“微博 iPhone 客户端”和“微博 Java 客户端”分列机构认证用户的第一位和第九位。虽然也会发布网络视频，但是它们并非网络视频的主要从业机构。事实上，新浪微博经常会主动向用户推荐关注“微博客户端”这样的账号。这可能是“微博客户端”这类账号粉丝数目多的主要原因。

②优酷、爱奇艺等一线视频网站受关注度高

优酷、爱奇艺、新浪视频三家的粉丝数分别为 17 287 513、13 255 979、13 254 853，都超过了千万。远远超过了排在之后的搜狐视频的粉丝数 7 497 558。按照《2018 年中国网络视听发展研究报告》的数据，从广告市场份额占比来看，爱奇艺占 21.4%，腾讯视频占 21.2%，优酷土豆占 20.5%，瓜分了大部分广告市场份额。从这个侧面，也可以看出优酷和爱奇艺这类一线的视频网站是北京网络视频产业最受关注的机构。新浪视频的高粉丝数可能与新浪微博自身的营销有一定关系。

③网络视频公司的制片人、导演和总裁受关注度高

“林熊猫”“CRAZY262”“长老视觉_BOHEMIA”分别是游戏、军事、综合类视频的制片人和导演。“ChinaCache 王松”“龚宇”“梁闻刚 stone”“单晓蕾”等则是网络视频公司的总裁（或 CEO）。他们掌管着网络视频的选人、用人大权，吸引了大量的粉丝是可以理解的。

（2）北京网络视频微博的联系方向

我们在采集 326 个网络视频认证用户之后，又抓取了上述认证用户关注列表中前 200 个用户的属性信息（由于新浪微博的“反爬虫”限制，只能抓取关注列表的前面 200 个用户）。之后，我们对这些网络视频认证用户关注的用户（共计 44 895 个用户，其中 2349 个是海外用户，海外用户中 1615 个用户标注了所在国家）所在地进行了统计。我们假定每 1 个认证用户关注某地方的用户，视为这个认证用户联系了某地方一次。当我们累加所有的 326 个认证用户关注的用户的所在地之后，我们就可以得到北京网络视频认证用户所联系的方向（地方）。

在国内的省市中，可以看到北京、广东、上海、浙江、江苏、山东等经济

发达、经济总量大的省市是北京网络视频主要联系的省市。除了北京本地外，天津、河北等与北京距离近的省市很少被北京的网络视频关注。究其原因，网络视频机构和个人关注的通常也是从事文化产业的机构和个人。而文化产业最发达的地区是在广东、上海、浙江等经济发达的省市。

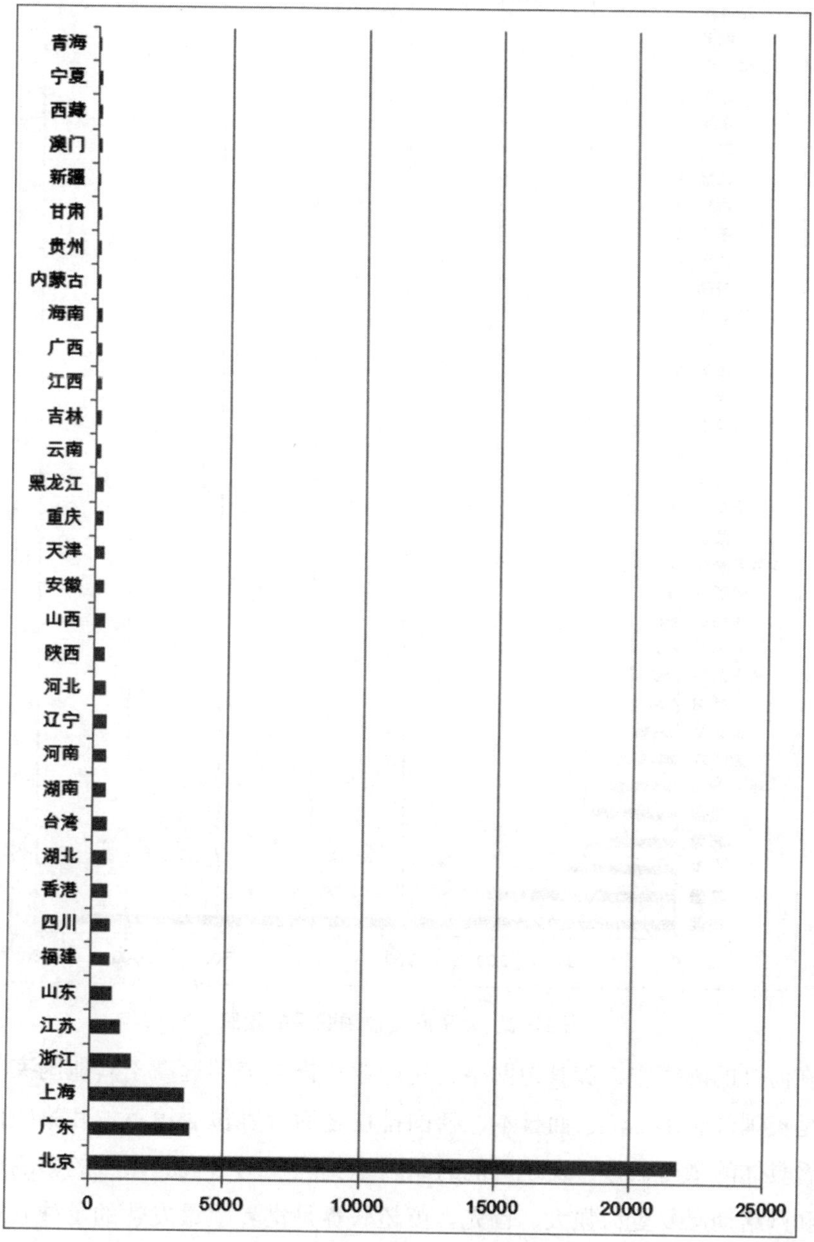

图 11-1　北京网络视频联系的省市

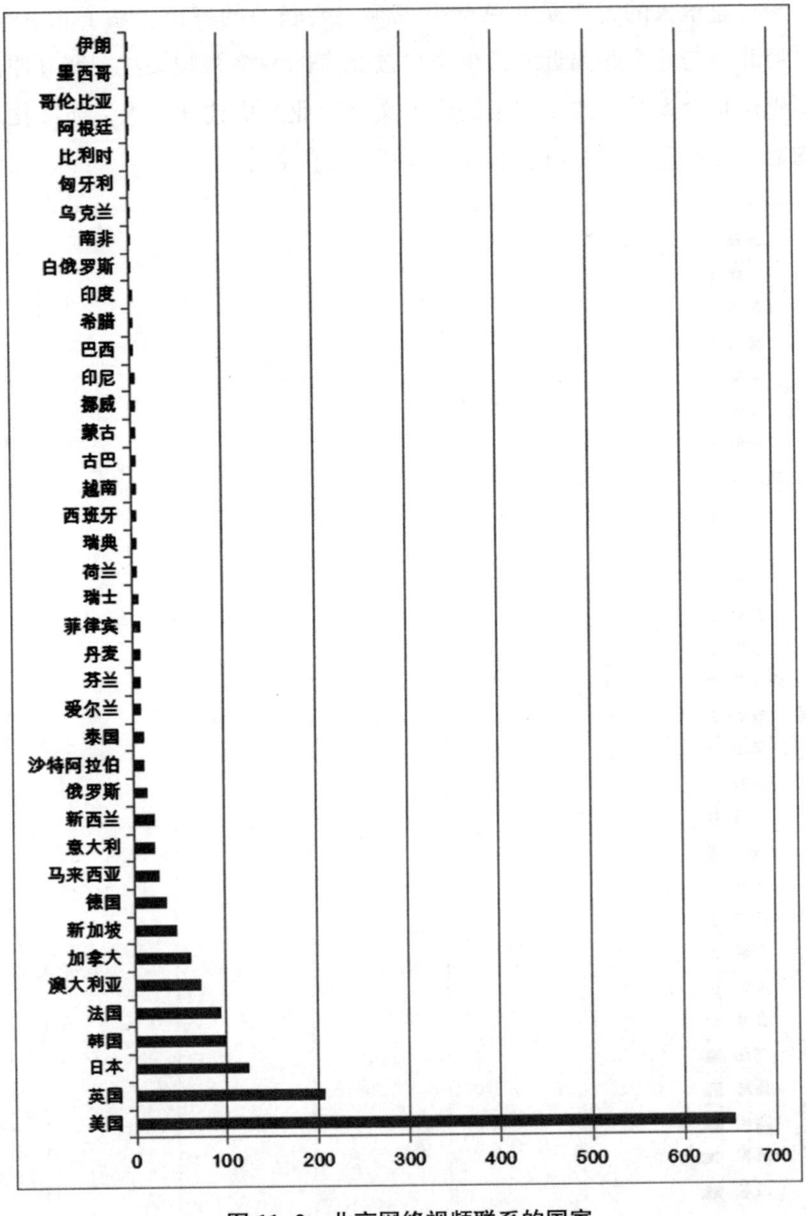

图 11-2　北京网络视频联系的国家

在海外的国家中，和其他网络文化产业一样，美国远高于其他国家。不同之处是英国位居第二位，而日本、韩国排在之后分别位居第三位和第四位。我们查看具体的微博账号，发现可能的原因是英国在网络视频领域的影响比网络媒体和网络动漫要更为强大。首先，英超联赛是世界上最发达的足球联赛。北京的一些网络视频经常播报相关的内容，自然关注来自英国的微博。比如，北

京的微博“上英超”关注了所在地为英国的英超利物浦队前锋“辛克莱尔 Jerome”“英超广播直播郑贵东”等。其次，英国伦敦的新闻、设计产业很发达，引起了北京视频产业从业者的关注。比如，“BBCWorld”和“MIE 伦敦工作室”被北京的视频机构关注。最后，英国也是一些国人留学或者短期工作过的地方。比如，被北京视频从业者关注的作家“祝小兔”曾经在英国留学和担任《时尚芭莎》伦敦驻站代表。虽然其已经回国，但仍然在微博地址填写了英国。

3. 北京网络视频微博用户的社会网络特征

(1) 矩阵的构建

在进行社会网络分析之前，要进行社会关系矩阵的构建。关于微博的社会网络分析中，一般选取微博用户的相互关注数据作为构建矩阵的来源。本书以全部 326 个北京网络视频微博认证用户作为行和列，在矩阵中心填写行与列的关注情况，即构成了社会关系矩阵。由于关注是有指向的，因而，构成的矩阵关系是非对称的。在有向关系网络中，人们常常约定矩阵行位置的行动者是某种特定关系的发送者，约定矩阵列位置的行动者是这种特定关系的接受者。在本书中，我们约定某行关注了某列，则在该行与列的交汇处标注 1，其他地方均为 0。这样我们就构建了一个“326 行×326 列”的北京网络视频微博的关系矩阵。其中，所有行对应的都是该行关注的情况，所有列对应的均为该列被关注的情况。

(2) 社会网络分析结果

①网络密度和社会网络连接状况

将社会关系矩阵数据导入 Pajek2.0 软件。经过计算得出，矩阵所反映的北京网络视频微博社会网络的密度为 0.0026，平均点度为 1.71。密度很低（与网络中顶点的数量有关），但是，相对于网络媒体和网络动漫，平均点度（与网络中顶点数量无关，比密度更能说明问题）较高。说明网络中的用户之间有一定的联系。

②点度中心性

和前面章节一样，我们这里用微博的社会网络的点度中心性来分析各个认证微博在社会网络中的影响力。例如，表 11-3 中的结果所示，点入度最大的是优酷（点入度为 31），之后是搜狐视频、爱奇艺（点入度分别为 31、30 和 22）。可见，这三者是北京网络视频微博社会网络中地位颇高的微博用户。

表 11-3　社会网络中点出度和点入度排名前 10 位的微博用户

点入度排名前 10 位微博用户	点入度	点出度	点出度排名前 10 位微博用户	点入度	点出度
优酷	31	0	万象网络营销资讯	2	14
搜狐视频	30	0	万象 iSI 视频网站指数	1	14
爱奇艺	22	0	歌华飞视官方微博	2	6
DCCI 互联网数据中心	18	0	多看电视	1	6
新浪视频	18	0	东方网信	0	6
微博 iPhone 客户端	17	2	ODMC 互动视觉	0	6
土豆	15	2	北京动力飞扬	0	6
艾瑞网	12	0	翰墨联合盛建刚	0	6
艾瑞咨询	10	1	北京万象传媒	2	5
龚宇	9	0	新媒体时代杂志	1	5

与点入度相反，点出度表示某用户关注其他用户的程度。点出度最大的是万象网络营销资讯和万象 iSI 视频网站指数（点出度均为 14），之后是歌华飞视官方微博、多看电视、东方网信、ODMC 互动视觉、北京动力飞扬、翰墨联合盛建刚（点出度均为 6）。值得注意的是，点出度前 10 位中有 3 家都是北京万象传媒广告有限公司的微博账号。通过微博广泛联系网络视频机构和个人可能是其企业的经营策略。

综合点入度和点出度，我们可以看到北京网络视频微博社会网络中，最具影响力的是优酷、搜狐视频、爱奇艺等视频网站。它们被很多网络视频机构或个人所关注。同时，它们并没有关注其他网络视频机构和个人（也可能是采集数据不充分造成的）。表明它们的受关注度不是通过与其他机构或者个人互相关注而取得的，因而它们在微博社会网络中的中心地位是非常强的。

③凝聚子群

326 个微博用户中 167 个用户和其他用户没有联系。剩余的 159 个微博用户组成了 9 个子群，其中 7 个子群是两辆成对的存在，1 个子群由 3 个微博账号组成，剩余的 142 个微博组成了一个大子群，如图 11-3 所示：

“155—搜狐视频”“159—优酷”“158—爱奇艺”“154—新浪视频”等 142 个微博用户紧密地联系在一起，构成了一个最大的子群。它们关注于各种社会热点，可以看作北京网络视频中的主流。

“6—华腾 HDCON 视频会议”“99—RADVISION 视频会议”“18—华诚佳信云服务网”组成了一个关于视频会议的子群。

剩余的 7 个子群内部仅有两个微博账号，这两个账号往往来自同一个公司。

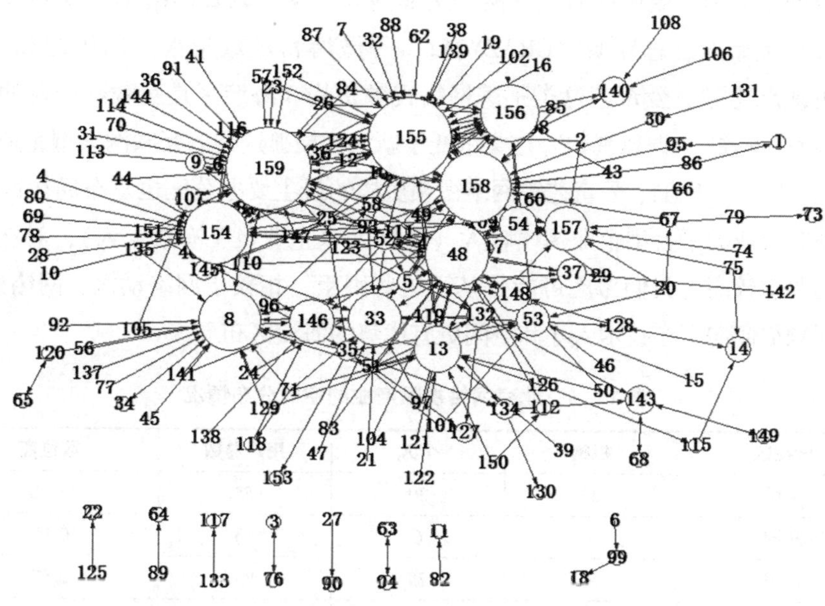

图 11-3　北京网络视频微博社会网络的凝聚子群

注：图中顶点越大，表明该微博用户的点入度越大，在网络中受关注度越高。

比如，“27—第一视频新媒体”和“90—第一视频爱分享”均来自第一视频（北京）网络技术有限公司；“3—融视通”和“76—熔点融合”均来自熔点网讯（北京）科技有限公司；“22—军武视频”和“125—CRAZY262”均来自军事纪录片《军武次位面》。

（四）北京网络视频微博空间分布

表 11-4 中，我们可以看到朝阳区、东城区和海淀区是网络视频机构和个人用户分布最多的区，西城区也有 13 个网络视频机构或个人。几个区的人口规模差异巨大，我们测算了北京网络视频微博用户的区位商，来分析相对于人口规模北京网络视频在各个区的分布状况。东城区、朝阳区和海淀区是北京网络视频最为发达的区，它们的区位商都超过了 1，西城区则接近 1，为 0.97。

东城和朝阳一直是北京时尚人群和文化产业最集中的区，在网络视频行业，它们依然有数量最多的机构和个人用户。其中，东城区是相对于人口规模而言，网络视频的区位商最高；朝阳区是绝对数量最多。东城区位于首都中心，地理位置优越同时地价非常昂贵。对于一些规模很大的视频企业造成了障碍。我们可以发现布局在这里的企业多是“北京远见天下”“博学堂视频”“文泽文化”等规模不大的网络视频机构，仅有一家规模较大的视频机构是人气已经严重下滑的土豆网。朝阳区有酷6网、艾瑞网等机构，以及网络军事视频《军武次位面》创始人、总导演“CRAZY262”等微博粉丝数量很多的机构和个人，但是也缺乏优酷、爱奇艺这类王牌网络视频机构。海淀区是互联网产业的大本营，“新浪视频”“搜狐视频”这类依托于新浪、搜狐这样的互联网大型企业布局在这里。同时，优酷、爱奇艺等网络视频机构的最主要办公区也是布局在这里①。网络视频行业的平台型企业规模较大（往往一家企业员工有数千人），对技术和人员的要求较高。我们考虑可能是基于这些因素，相较于网络动漫、网络媒体，网络视频更倾向于在技术人才和空间更有优势的海淀区布局。

表 11-4 北京网络视频产业的空间分布情况

所在区	机构	个人	用户总数	区位商
东城	33	20	53	5.68
西城	7	6	13	0.97
朝阳	60	25	85	2.07
海淀	54	16	70	1.83
丰台	2	5	7	0.29
石景山	2	1	3	0.45
昌平	1	3	4	0.18
顺义	0	0	0	0.00
通州	0	0	0	0.00
大兴	1	0	1	0.05
密云	0	1	1	0.19
怀柔	0	0	0	0.00
延庆	0	0	0	0.00
门头沟	0	0	0	0.00
房山	1	0	1	0.08
平谷	0	0	0	0.00
总计	161	77	238	1.00

（五）本章小结

本章中我们对北京的网络视频的新浪微博进行了统计分析，试图通过这个侧面来窥探北京网络视频的发展特征及其发展趋势。研究发现，北京网络视频

① 优酷和爱奇艺在新浪微博注册地址仅写了北京，没有具体写哪个区。

的发展可以看到以下几个特点：

1. 相较于网络媒体和网络动漫，北京网络视频彼此联系较多

从我们测算的社会网络密度和平均点度（1.71）来看，北京网络视频企业彼此之间存在一定的联系。这可能与网络视频行业有一些非常典型的领头羊企业有关。优酷、爱奇艺、搜狐视频等企业的微博都有较高的点入度。

2. 优酷、爱奇艺等一线视频网站，以及网络视频公司的制片人、导演和总裁受关注度高

优酷、爱奇艺、新浪视频 3 家的粉丝数分别为 17 287 513、13 255 979、13 254 853，都超过了千万。远远超过了排在之后的搜狐视频的粉丝数 7 497 558。按照《2018 年中国网络视听发展研究报告》的数据，从广告市场份额占比来看，爱奇艺占 21.4%，腾讯视频占 21.2%，优酷土豆占 20.5%，瓜分了大部分广告市场份额。从这个侧面，也可以看出优酷和爱奇艺这类一线的视频网站是北京网络视频产业最受关注的机构。新浪视频的高粉丝数可能与新浪微博自身的营销有一定关系。"林熊猫""CRAZY262""长老视觉_BOHEMIA"分别是游戏、军事、综合类视频的制片人和导演。"ChinaCache 王松""龚宇""梁闻刚stone""单晓蕾"等则是网络视频公司的总裁（或 CEO）。他们掌管着网络视频的选人、用人大权，吸引了大量的粉丝是可以理解的。

3. 北京网络视频主要联系的地区是视频产业发达的地区

北京网络视频主要关注的微博是来自中国上海、广东、浙江，以及美国、英国、日本等国内外经济、文化最为发达的地方。与网络媒体和网络动漫相比较，不同之处是英国位居北京所联系国家的第二位，超过了近邻日本、韩国。我们查看具体的微博账号，发现可能的原因是英国在网络视频领域的影响比网络媒体和网络动漫要更为强大。比如，英超联赛是世界上最发达的足球联赛。北京一些视频网站因为转播英国足球相关的内容，会关注与英超相关的微博。

4. 北京网络视频主要分布在朝阳、东城、海淀几个视频产业资源和互联网企业发达的区

网络视频是视频和互联网的结合。从北京网络视频的布局的数量来看，它们主要分布在朝阳和东城。朝阳是绝对数量最多的区，东城是区位商最高的区（相对于人口规模分布最集中的区）。但是，从最优秀的网络视频企业的布局来看，海淀区又有着明显的优势。爱奇艺、优酷、搜狐视频等最大的网络视频企业都在海淀布局。考虑到这些企业员工人数上千人，同时，又掌握着最先进的视频点播技术。我们估计海淀区的网络技术优势（相对于东城、朝阳）和空间

优势（相对于东城）可能是这些企业布局在海淀的原因。

必须承认，微博社会网络和真实世界中的社会网络是有区别的。这种区别因为所研究对象的差异会存在较大差别。我们这章所研究的网络视频，无论是个人用户，还是机构用户，因为其所在的行业与互联网联系紧密，对于微博社交是相对关注的。这就为数据所揭示的特征提供了一定的可靠性。综合整理搜集的数据，结合国内外传媒产业发展的趋势，我们有以下推测：

1. 北京网络视频将长期占据优势地位

网络视频产业的兴起是多种因素促成的。首先，互联网、移动互联网等新技术为网络视频这种新媒介形式提供了可能；其次，我国传统的电视媒体转型不够迅速，为新兴的网络视频的发展提供了生存空间；最后，风险投资的兴起，为网络视频产业筹得了资金。北京恰好这 3 种相关因素都占据地利。以中关村为核心，北京有最优秀的互联网技术人才；同时，北京也有最优秀的传媒、影视人才和产业基础。此外，北京还是风险投资汇聚之地。正是这样，北京的优酷、爱奇艺、搜狐视频等网络视频平台在广告市场上和受众覆盖上占得了领先位置。从我们采集的数据上看，获得了最多的微博粉丝数，是最受关注的网络视频实体。

北京既有发展网络视频所需要的一切资源，也已经形成了视频龙头企业。有充分的理由相信北京网络视频产业必将长期在国内居于优势地位。

2. 北京网络视频产业将长期处于激烈的竞争态势之中

与国内其他地方比较，北京的网络视频产业可谓一枝独秀①。但是，在北京的网络视频机构之间却竞争十分激烈。近年来，爱奇艺、优酷等平台获得了大量的融资，但是为了应对激烈的竞争，都花费了巨资用于购买版权和自制影视节目，甚至出现了普遍亏损的情况。以爱奇艺为例，其招股书披露其在 2015 年、2016 年、2017 年的净亏损分别为 25.75 亿元、30.74 亿元和 37.369 亿元，亏损率分别为-48%、-27%、-22%②。

《2018 年中国网络视频行业经营状况研究报告》显示 2017 年中国网络视频广告市场份额的分布是爱奇艺占 21.4%，腾讯视频占 21.2%，优酷土豆占 20.5%，呈现三足鼎立的局面。从我们采集的数据来看，几个平台的微博粉丝数以及微博社会网络的点入度也是较为相近的。因此，北京网络视频产业的激烈竞争可能还要持续很久。

---

① 和腾讯公司总部不同，腾讯视频也主要布局在北京。

② 视频网站行业亏损严重竞争激烈现在是比谁亏得少［EB/OL］. http：//www.ocn.com.cn/keji/201803/uklcv01100056.shtml.

第十二章　北京网络文学产业研究

（一）网络文学的兴起及其特征

1997 年年底，出于个人对于文学的爱好，美籍华人朱威廉创立了一个名为“榕树下”的个人主页，这是中国大陆第一个网络文学网站。1998 年，台湾人蔡智恒（痞子蔡）在网络论坛发帖上连载了一部名叫《第一次的亲密接触》的小说，这被很多人认为是中国网络小说的雏形。[①] 这一时期的网络文学没有形成产业，更多的是文学爱好者在网上表达和交往的一种方式。各个网络文学网站不断创立。

2003 年，起点中文网开启了收费模式，一股市场化、产业化的浪潮吸引了越来越多的文学爱好者投身到网络文学的创作中。同时，红袖添香、幻剑书盟、起点中文网、晋江文学城、17K 小说网、纵横中文网等一大批知名文学网站相继成立。2015 年，由腾讯文学与原盛大文学整合而成的阅文集团依靠雄厚的资本实力，以起点中文网创始团队为核心整合了起点中文网、红袖添香、榕树下、晋江文学城、潇湘书院等网站，成了网络文学网站的主导力量。

20 年来，网络文学的发展从最初的文学作品“上网化”，逐渐演变出一种富于自身特色的文学形式。首先，在作品内容上，言情、玄幻这些娱乐性更强的小说是其主流产品。当然，现实题材也有一定量的作品和不少读者。但是相对于玄幻、言情等小说差距非常明显。其次，网络文学改变了文学的生产和组织方式。全民都可以参与到网络写作中，赋予了每个文学爱好者写作和传播作品的机会和权力。在网络文学产生之前，作品能否向读者传播是掌握在极少数的杂志报纸出版社的编辑手里。网络文学彻底打破了这种规则，任何一个人都

① 邵燕君．网络文学时代中国“主流文学”的重建[J]．艺术评论，2014，（12）：68-74.

可以在不违法的前提下，将文学作品上传到网络上，这极大地拉低了文学从业的门槛。最后，网络文学有陷入类型化的趋势。为了获得更高的人气，越来越多的优秀写作人才涌向玄幻、言情等流行门类，撰写趣味偏甜俗，结构又有现成套路的类型文。①

(二) 北京网络文学的概况及其在全国的地位

北京是国内成立最早的文学网站榕树下的所在地。1997 年成立的榕树下曾经拥有全球最大的原创文学作品稿件库，并与国内多家出版社、影视公司、平面媒体、新闻机构建立了良好的合作关系。2000 年的时候，榕树下耗资近百万，向作者买下版权之后才把作品上网，并出版了一些小说。但是，受限于当时尚未有任何电子支付渠道，网站在吸引了巨大的流量的同时，却无法把这些受关注度转化为盈利模式。这样榕树下接连被转手，错过了发展的最佳时机。

与此同时，发端于上海的起点中文网凭借着言情、玄幻这些娱乐性更强的小说，获得了更高点击量以及更强的商业化潜力。2004 年后，上海阅文集团旗下的起点中文网成了一枝独秀的网络文学网站，远远将北京的网络文学网站丢在后面。阅文集团已经成长为中国网文行业的垄断巨头，由起点中文网开始的付费阅读也成为网文市场的主流商业模式。甚至在 2015 年，北京文学网站的代表榕树下也被阅文集团收购。目前，北京仍然有纵横中文网、晋江文学城等知名网络文学网站，以及五度蝉联网络作家富豪榜榜首的唐家三少等最知名的网络文学作家，是产业发展上仅次于上海的第二大城市。

(三) 基于新浪微博数据对北京网络文学产业的分析

1. 数据采集

我们于 2016 年 12 月底至 2017 年 1 月初在新浪微博“找人”模块，以“网络文学”为关键词，选择搜索“全部”，地点限定在“北京”，用户选择“机构认证”和“个人认证”，搜索所有的用户。共搜索到 94 个认证用户，其中含 46 个机构认证用户和 48 个个人认证用户。由于一些有代表性的网络文学机构和个人并没有在简介中提到“网络文学”，考虑到研究的科学性和采集数据的便利性，我们于 2019 年 5 月 5—10 日增加了“唐家三少”“榕树下”“晋江文

---

① 许苗苗．网络文学，得到的和失去的［N］．文汇报，2018-05-29. 第 010 版．

学城”3个微博账号。“唐家三少”是国内最知名的网络作家。“榕树下”“晋江文学城”是国内知名的文学网站。我们采集了全部97个（一开始采集到的94个，加上补充采集的3个，共97个）认证用户的属性信息，包括昵称、所在地、性别、粉丝数、关注数、发表微博数、简介等。

在采集满足上述搜索项的用户之后，又搜索了上述97个认证用户关注的用户。由于新浪微博的“反爬虫”限制，只能抓取关注列表的前面200个用户。我们采集了搜索到的认证用户关注的前200个用户的属性信息，包括昵称、所在地、性别、粉丝数、关注数、发表微博数、简介等。

2. 北京网络文学微博用户的特征

（1）粉丝数量最多的网络文学微博

表12-1　粉丝数排名前10位的网络文学机构

用户名	粉丝数	关注数	微博数	所在地
新浪读书	7 337 097	1250	23 877	北京海淀区
晋江文学城	749 254	79	8353	北京
小米小说平台	216 821	369	1178	北京
时阅文学	100 368	142	2030	北京朝阳区
麦麦阅读网	89 659	130	1822	北京东城区
红袖添香文学网站	85 916	1243	24 212	北京朝阳区
中文在线	82 883	917	3991	北京东城区
磨铁中文网	50 282	1437	11 815	北京东城区
香网言情小说	45 597	781	672	北京
言情小说吧	41 260	1179	8175	北京朝阳区

表12-1中，“新浪读书”是新浪阅读旗下品牌，新浪网开发的一款为读者提供小说、电子书、野史、揭秘、传奇、集萃等阅读的网站。“晋江文学城”是国内著名的女性文学网站，创立于2003年8月1日，以耽美、爱情等原创网络小说而著名。“小米小说平台”是小米科技旗下的网络原创文学平台，集合网络原创连载，中短篇杂志内容，精装全本电子书。“时阅文学”是北京时阅东方文化传媒有限公司旗下文学品牌，是集阅读、创作、出版、影视、全版权运营、无线增值、“书影游联动”于一体的全开放网络文学平台。“麦麦阅读网”是北京艾月乐美科技有限公司官方微博，该公司主要经营麦麦阅读网。“红袖添香文学网站”是北京红袖添香科技发展有限公司的微博。“中文在线”是北京中文在线数字出版股份有限公司的微博。“磨铁中文网”是北京磨铁数

盟信息技术有限公司官方微博。“香网言情小说”是香网（xiang5. com）官方微博，该网站是原创女频言情小说网站。“言情小说吧”是网站言情小说吧（www. xs8. cn）官方微博。

表 12-2　粉丝数排名前 10 位的个人用户

用户名	粉丝数	关注数	微博数	所在地
唐家三少	5 450 315	373	4823	北京西城区
龙啊龙啊龙啊龙	57 335	992	27 490	北京海淀区
血酬和他的朋友们	23 941	186	74	北京东城区
Ali 杨阿里	21 053	948	1607	北京东城区
闵家洋洋羊	13 461	570	156	北京朝阳区
鹤俊 Sky	9254	1561	728	北京通州区
作客血文	8916	922	2192	北京海淀区
HELLO 菜豆	8735	316	4441	北京西城区
低调王笑长	7776	148	232	北京海淀区
Weid	6809	346	2481	北京西城区

表 12-2 中，“唐家三少”是中国作协主席团委员、著名网络作家，著有《斗罗大陆》等作品。“龙啊龙啊龙啊龙”的微博认证是网络文学资深编辑以及写手。“血酬和他的朋友们”是 17K 小说网创始人刘英的微博账号。“Ali 杨阿里”是爱奇艺文学总编辑，曾先后就职于腾讯网的原创文学频道、盛大文学的起点中文网和榕树下、亚马逊中国的 Kindle 和爱奇艺文学事业部。“闵家洋洋羊”是前看书网版权主编闵旭阳。“鹤俊 Sky”是上海鼎甜科技有限公司内容部（位于北京通州区）的职员，该公司的主营业务是做一款探索小说的 App “探阅”——以甜悦读、巨匠文学、朵米文学等网站为基础，包罗网络原创、传统出版、影视等功能。“鹤俊 Sky”曾就职于中润恺兴（北京）有限公司、掌阅 ireader，专注于网络文学领域。“作客血文”是杭州悦蓝网络科技有限公司（作客文学网）内容中心总监，其注册地址填写的是北京海淀区。“HELLO 菜豆”是《北京文学》网络编辑张琳琳。“低调王笑长”是博雅未来能力教育副校长、《数字营销传播实务》作者。“Weid”是网络原创文学资深人士段伟的微博账号。

综观北京网络文学粉丝数排名，我们不难发现以下特征：

①依靠大企业背景的网络文学机构受关注度最高

“新浪读书”“小米小说平台”分别依靠新浪网和小米公司。它们并非居于

网络文学的最核心位置，但是这两个微博用户具有知名大企业背景，还是吸引了很多粉丝。

②创立最早的“榕树下”已经风光不再

“榕树下”曾经是北京乃至全国网络文学网站的代表。但是，现在在新浪微博的粉丝数只有 28 814 个，距离粉丝数排名第十的“言情小说吧”（41 260 个粉丝）还有很大的距离。

③言情类小说网站受关注度高

“红袖添香文学网站”“香网言情小说”“言情小说吧”等众多网站主打的题材均是言情小说。这和当下最受欢迎的文学网站——上海的“起点中文网”主打玄幻、武侠有明显区别。有可能是因为起点中文网在玄幻、武侠题材十分强势，北京文学网站特意差异化发展而做出的一种选择。

（2）北京网络文学微博的联系方向

我们在采集 40 个网络文学认证用户之后，又抓取了上述认证用户关注列表中的用户（由于新浪微博的“反爬虫”限制，关注人数超过 200 个的，只能抓取关注列表的前面 200 个用户）。之后，我们对这些网络文学认证用户关注的用户（共计 15 460 个用户，其中 752 个是海外用户，标注地点为其他的用户为 854 个。海外用户中 503 个用户标注了所在国家）所在地进行了统计。我们假定每 1 个认证用户关注某地方的用户，视为这个认证用户联系了某地方一次。当我们累加所有的 40 个网络文学认证用户关注的用户的所在地之后，我们就可以得到北京网络文学认证用户所联系的方向（地方）。

在国内的省市中，可以看到北京、广东、上海、浙江、江苏等经济发达、经济总量大的省市是北京网络文学主要联系的省市。除了北京本地外，天津、河北等与北京距离近的省市很少被北京的网络文学关注。网络文学机构和个人关注的主要是文学、传媒和影视领域的微博用户。广东、上海等地文学、传媒、影视比较发达，这可能是北京微博与之联系较多的原因。

在海外联系的国家中，美国居于第一位，韩国位居第二位。之后是澳大利亚和日本分列第三、四位。这既和这些国家的传媒、影视发展水平较高密切相关（比如豆瓣阅读作者“苗乌大人”关注了“韩剧情报社”、韩国演员“韩孝周”等韩国的影视机构和个人），也和北京与这些国家的机构和个人交往较为密切相关（比如《北京文学》网络编辑张琳琳关注了“SEOUL 民宿安娜家”，显然是为了旅游方便而关注了这个地址为韩国的微博账号）。

图 12-1　北京网络文学联系的省市

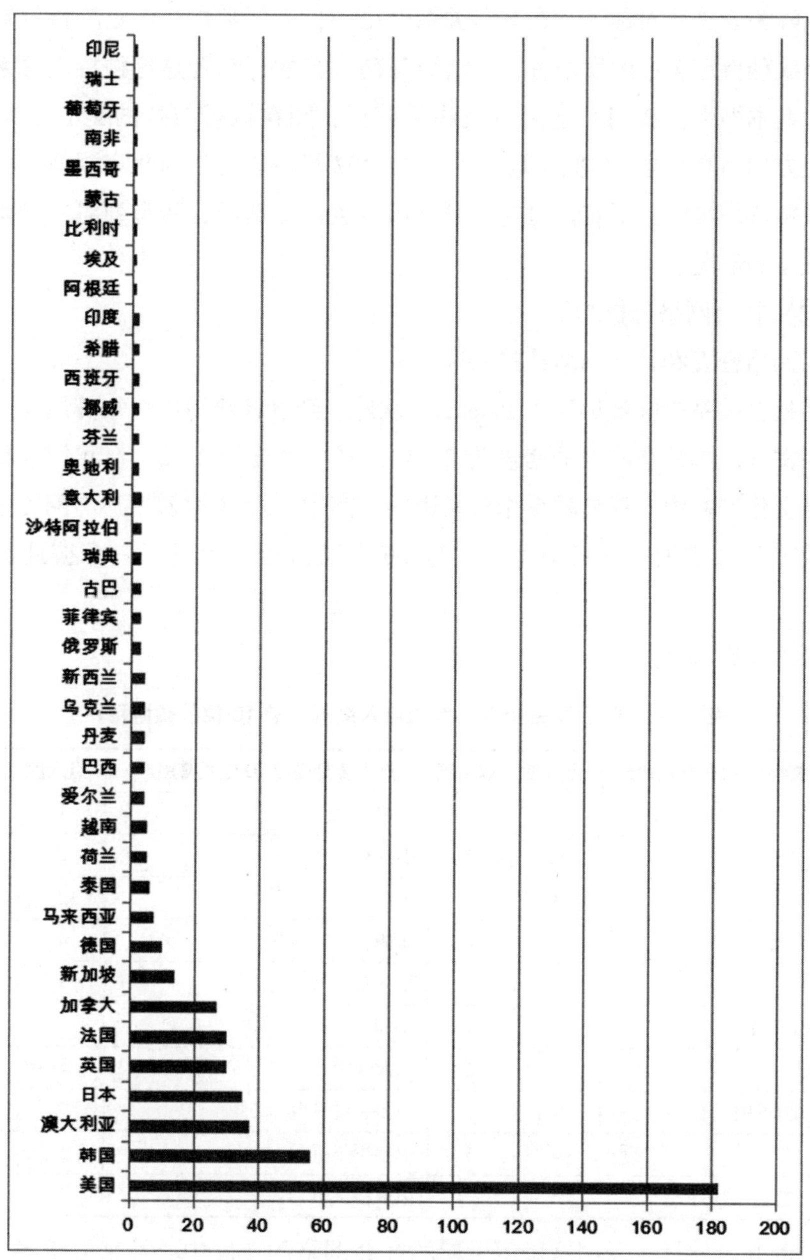

图 12-2　北京网络文学联系的国家

3. 北京网络文学微博用户的社会网络特征

（1）矩阵的构建

本书以全部 97 个北京网络文学微博认证用户作为行和列，在矩阵中心填写行与列的关注情况，即构成了社会关系矩阵。由于关注是有指向的，因而，构成的矩阵关系是非对称的。在有向关系网络中，人们常常约定矩阵行位置的行动者是某种特定关系的发送者，约定矩阵列位置的行动者是这种特定关系的接受者。在本书中，我们约定某行关注了某列，则在该行与列的交汇处标注 1，其他地方均为 0。这样我们就构建了一个“97 行×97 列”的北京网络文学微博的关系矩阵。其中，所有行对应的都是该行关注的情况，所有列对应的均为该列被关注的情况。

(2) 社会网络分析结果

①网络密度和社会网络连接状况

将社会关系矩阵数据导入 Pajek2.0 软件。经过计算得出，矩阵所反映的北京网络文学微博社会网络的密度为 0.015，平均点度为 2.82。在我们采集的北京网络文化产业中，算是联系相对紧密的。其中，31 个微博用户与网络中其他用户没有关注或被关注的联系，其余 66 个微博用户形成了一个彼此关联的群体。

②点度中心性

表 12-3 社会网络中点出度和点入度排名前 10 位的微博用户

点入度排名前 10 位微博用户	点入度	点出度	点出度排名前 10 位微博用户	点入度	点出度
唐家三少	18	0	幻侠小说网	1	10
新浪读书	10	0	小说阅读网	2	8
作客血文	8	1	洛龟	2	8
晋江文学城	6	1	血酬和他的朋友们	4	7
Weid	5	5	稳步新起点 ing	1	6
少年少年听雪	5	4	Weid	5	5
鹤俊 Sky	5	2	冯大和尚	4	5
血酬和他的朋友们	4	7	小米小说平台	2	5
冯大和尚	4	5	少年少年听雪	5	4
磨铁中文网	4	2	闵家洋洋羊	2	4

和前几章一样，我们这里用微博的社会网络的点度中心性来分析各个认证微博在社会网络中的影响力。如表 12-3 中的结果所示，点入度最大的是“唐家三少”（点入度为 18），之后是“新浪读书”（点入度为 10）。第三和第四是“作客血文”（作客文学网内容中心总监）、“晋江文学城”（点入度分别为 8 和 6）。点入度第五到第七的微博用户是“Weid”“少年少年听雪”“鹤俊 Sky”。它们的点入度都是 5，还有一个共同点，它们都是个人用户。可见，与网络媒

体、网络视频等比较，北京网络文学社会网络中个人认证用户的受关注度明显更高。这可能也是网络文学产业以个人为核心的生产方式所决定的。

与点入度相反，点出度表示某用户关注其他用户的程度。点出度最大的是“幻侠小说网”（点出度为10），之后是“小说阅读网”“洛龟”（北京金影科技有限公司）“血酬和他的朋友们”（17K小说网创始人刘英）“稳步新起点ing”（纵横中文网运营专员）。它们的点出度分别是8、8、7、6。这些机构和个人大多处于拓展业务的发展阶段，主动关注其他人，从而达到扩大社会网络圈子的目的。

③凝聚子群

在66个网络中和其他微博用户有链接的群体中，寻找弱组元不能区分出凝聚子群。我们通过寻找强组元，最小群内成员数设定为2，可以得到5个子群或者说6类群体。如图12-3所示：

第一个子群由“53—作客血文”“2—磨铁中文网”“6—17K手机小说网”“14—麦麦阅读网”“17—时阅文学”“19—北京百传读客_版权部”等26个微博账号组成。它们的共同点是彼此紧密地联系在一起①。

第二、三、四、五个子群分别由两个顶点彼此连接，同时，它们与网络中其他子群的微博联系相对较少。具体包括：“35—中文在线”和“43—马季”彼此关注了对方。还有如“34—晋江文学城客小服”和“66—晋江文学城”，“4—幻侠小说网”和“47—九白-幻侠小说网”，“5—半壁江中文论坛”和“22—明月阁小说网”都彼此关注了对方。

网络中其余32个微博账号，包括“65—唐家三少”“8—新浪读书”“58—网络作者海雯”“23—言情小说吧”“12—小说阅读网”等，它们的共同特点是被网络中其他网络文学微博所关注，但是没有关注其他网络文学微博。因而通过寻找强组元的办法，在社会网络分析中不能构成一个子群。这是说这些微博个体之间没有联系。但是，值得我们注意的是，这些微博账号中很多都是整个网络中点入度很高的账号，比如“65—唐家三少”“8—新浪读书”。

① 它们组成了“强连通网络”，指网络中每一对顶点之间都存在一条有方向的线路，在这条线路中一个顶点仅出现一次。第三、四、五类子群中的顶点不能和网络中其他子群的顶点形成强连通网络。

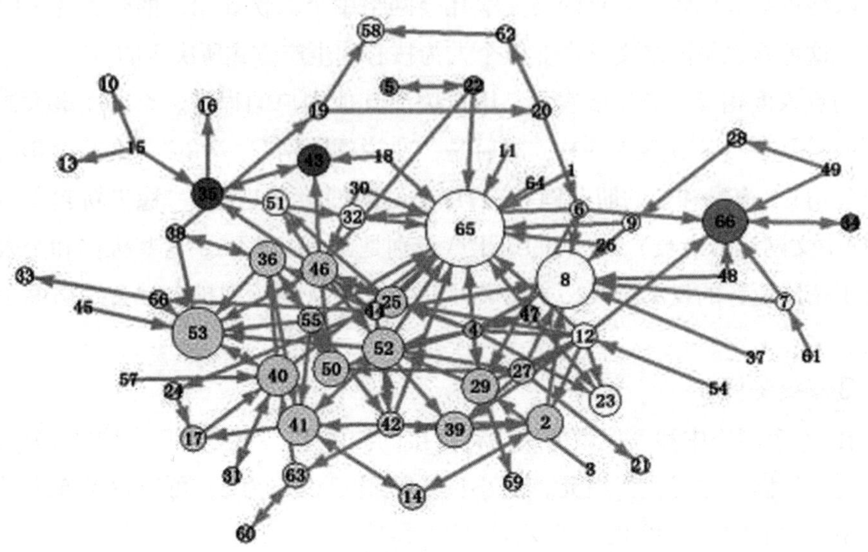

图 12-3 北京网络文学微博社会网络的凝聚子群

注：图中顶点越大，表明该微博用户的点入度越大，在网络中受关注度越高。同一色阶的点为同一子群。

（四）北京网络文学微博空间分布

表 12-4 中，我们可以看到朝阳区、东城区、海淀区和西城区是网络文学机构和个人用户分布最多的区。几个区的人口规模差异巨大，我们测算了北京网络文学微博用户的区位商，来分析相对于人口规模北京网络文学在各个区的分布状况。东城区、朝阳区、海淀区和西城区网络文学的区位商都超过了 1。可见北京网络文学的分布是非常不均衡的，东城、西城、朝阳、海淀几乎集中了所有的网络文学机构和个人（除了石景山和延庆各有 1 个）。这 4 个区在北京的相对中心的位置，并且是文化和经济较为发达的区。

与一般想象中不同，网络文学机构和个人都更加偏好北京的城市中心区而不是郊区。网络文学的作家和受众都以年轻人为主。年轻人更加喜欢在繁华的中心城区生活和居住。同时，与网络视频等行业不同，文学网站的员工人数有限且不需要非常大的办公场所。这些原因可能共同造成了北京网络文学倾向于布局在中心城区的局面。

表 12-4　北京网络文学的空间分布情况

所在区	机构	个人	用户总数	区位商
东城	11	12	23	7.82
西城	2	4	6	1.42
朝阳	14	12	26	2.01
海淀	6	7	13	1.08
丰台	0	0	0	0.00
石景山	0	1	1	0.47
昌平	0	0	0	0.00
顺义	0	2	2	0.51
通州	0	3	3	0.58
大兴	0	0	0	0.00
密云	0	0	0	0.00
怀柔	0	0	0	0.00
延庆	1	0	1	0.85
门头沟	0	0	0	0.00
房山	0	0	0	0.00
平谷	0	0	0	0.00
总计	34	41	75	1.00

注：部分微博用户只标注了所在地为北京，没有标注具体在哪个区。表中总计的数量未包括这些机构和个人。

（五）本章小结

本章中我们对于北京的网络文学的新浪微博进行了统计分析，试图通过这个侧面来窥探北京网络文学的发展特征及其发展趋势。研究发现，北京网络文学的发展可以看到以下几个特点：

1. 相较于其他网络文化产业，北京网络文学彼此联系较多

从我们测算的社会网络密度和平均点度（2.82）来看，北京网络文学产业彼此之间存在较多的联系。

2. 依靠大企业背景的网络文学机构和言情类小说网站受关注度最高

“新浪读书”“小米小说平台”分别依靠新浪网和小米公司。它们并非居于网络文学的最核心位置，但是，这两个微博用户具有知名大企业背景，还是吸引了很多粉丝。“红袖添香文学网站”“香网言情小说”“言情小说吧”等众多

网站主打的题材均是言情小说。这和当下最受欢迎的文学网站，上海的“起点中文网”主打玄幻、武侠有明显区别。有可能是因为起点中文网在玄幻、武侠题材十分强势，北京文学网站特意差异化发展而做出的一种选择。

3. 北京网络文学主要联系的地区是国内外经济发达的地区

网络文学机构和个人关注的主要是文学、传媒和影视领域的微博用户。广东、上海等地文学、传媒、影视比较发达，这可能是北京微博与之联系较多的原因。在海外联系的国家中，美国居于第一位，韩国位居第二位，之后是澳大利亚和日本。这些国家的传媒、影视发展水平较高，吸引了北京的网文机构和个人（比如，豆瓣阅读作者“苗乌大人”关注了“韩剧情报社”、韩国演员“韩孝周”等韩国的影视机构和个人）；也和北京与这些国家的机构和个人一般性交往较多有关（比如，《北京文学》网络编辑张琳琳关注了“SEOUL 民宿安娜家”，显然是为了方便去韩国旅游而关注了这个地址为韩国的微博账号）。

4. 北京网络文学主要分布在朝阳、东城、海淀、西城几个中心城区

除了石景山和延庆各有一个网络文学机构或者个人外，东城区、朝阳区、海淀区和西城区涵盖了所有采集到的网络文学机构和个人。从区位商来看，四个核心城区都超过了 1。网络文学的作家和受众都以年轻人为主。年轻人更加喜欢在繁华的中心城区生活和居住。同时，与网络视频等行业不同，文学网站的员工人数有限且不需要非常大的办公场所。这些原因可能共同造成了北京网络文学倾向于布局在中心城区的局面。

必须承认，微博社会网络和真实世界中的社会网络是有区别的。这种区别因为所研究对象的差异会存在较大差别。我们这章所研究的网络文学，无论是个人用户，还是机构用户，因为其所在的行业与互联网联系紧密，对于微博社交是相对关注的。这就为数据所揭示的特征提供了一定的可靠性。综合整理搜集的数据，结合国内外传媒产业发展的趋势，我们有以下推测：

1. 北京网络文学将长期处于和上海、深圳等城市的激烈竞争之中

北京是传统上的文学中心，是国内网络文化最发达的城市之一。但是，在网络文学领域，北京面临着国内其他城市激烈的竞争。最典型的案例是榕树下的兴起和衰落。作为最早的文学网站，榕树下带动了中国走入了网络文学的新发展阶段。但是，由于经营不善，特别是没有把握住年轻读者的偏好，被后来上海的起点中文网所超越。

2. 北京的网络文学平台之间也将长期处于激烈的竞争态势之中

榕树下落寞之后，北京没有一家真正意义上的文学网站“龙头”。从我们

采集的数据来看，“晋江文学城”粉丝数和点入度最高。但是，其主打品牌是国内著名的女性文学网站，以耽美、爱情等原创网络小说而著名，受众比较局限于特定群体。

北京拥有发展网络文学的一切资源，从作家队伍、城市环境、网络技术、风险资金等各个方面都是国内最优的，这就为新的文学网站的兴起提供了潜在的机会。我们有理由相信，北京随时都可能产生新的网络文学平台，北京城市内部的网络文学平台之间也将长期处于激烈的竞争态势之中。

第十三章　北京网络影视产业研究

（一）网络影视的兴起及特征

本书中界定的网络影视是指以网络作为传播渠道的网络电影、网络电视剧、网络综艺。在网络影视诞生的早期，网络电影常常以短片的形式呈现，网络电视剧还没有生产出来，网络综艺也大都是访谈类的短片，那时的网络影视也常常被理解为专为网络度身定制的影视短片。那时比较流行的网络电影形式是“微电影”。

从 2005 年 12 月恶搞电影《无极》改编制作的第一部具有微电影特征的《一个馒头引发的血案》，到 2013 年优酷推出“大师微电影系列”，微电影形式曾经盛极一时。此后，数字电视广泛接入了网络影视播放端。同时，阿里、腾讯等企业向网络影视投入巨资，网络影视开始与主流的影视节目相融合。网络大电影、网络电视剧取代微电影开始成为网络电影的主流。同时，一些以《奇葩说》为代表的网络综艺从制作资金到受关注度上都取得了长足的进步。2017 年起，网络综艺进入大制作时代，其品质和影响力已可以与卫视综艺比肩。[①]

根据中国网络视听节目服务协会发布的《2018 中国网络视听发展研究报告》[②] 显示，2018 年预计网络电影达到 1373 部，网络电视剧达到 280 部，网络综艺 157 部。已经具备了相当的规模。相较于传统的电视端，网络影视呈现出一些新的特征：

首先，娱乐性更强。网络对传统电影的题材进行了开拓。[③] 在网络电视剧

---

① 陈思，靳戈．2018 中国网络影视精品研究报告[J]．传媒，2018，No. 283（14）：14-17.

② 周结．2018 中国网络视听发展研究报告［EB/OL］．https：//baijiahao. baidu. com/s?id=1618428635208726832&wfr=spider&for=pc.

③ 陈吉．网络与传统电影艺术本体、价值革命［J］．艺术百家，2008（01）：10-13，50.

中，古装宫廷剧成了最大的偏好，战争剧、历史正剧、警匪剧、武侠剧紧随其后。很多网络电视剧从网络小说改编而来，而网络小说的题材往往以玄幻、惊悚、武侠等娱乐性很强的内容为主，直接导致网络影视剧比传统影视剧更为关注娱乐属性。

其次，观众以年轻人为主，参与影视评论程度高。所有与网络制造和消费相关的出品总是和年轻人有关。[①] 网络影视传播由于借助新技术的力量，打破了时空藩篱，使网络影视传播的受众更加年轻化。随着弹幕、影评网站等各种新型参与方式的出现，观众和影视剧制作者之间有着非常多样化的互动形式。

最后，可以满足不同观众的个性消费需求。首先，几乎所有的文学网站文学作品数量都成千上万，为满足用户多样化的需求提供了前提。其次，与传统的电视传播必须在特定时间观看特定的内容不同。基于文学网站的网络影视可以全天候地观看，并且在手机端、电视端、电脑端等各种方式均可观看，使内容细化、分类点播成为可能。观众能够依据自身兴趣、爱好及可支配时间随意选择网站的影视剧资源。[②]

（二）北京网络影视的概况及其在全国的地位

北京是国内传统影视产业的中心，也是互联网科技的中心。在两种力量的共同作用下，北京自然也成了国内网络影视产业最发达的城市。在前文中，我们已经介绍了主要的网络视频平台都布局在北京，依附于这些平台的影视剧制作方自然主要来自北京。

爱奇艺、优酷、搜狐视频、腾讯视频等位于北京的视频平台近年自制了大量的网络影视节目，是网络影视的主力军。它们常常与北京的中影集团、华谊兄弟、万达影业等大型制作公司合作，出品了大量的网络影视作品。比如，近年大火的网络电视剧《白夜追凶》的出品方包括优酷、公安部金盾文化影视中心北京凤仪传媒、五元文化传媒，全部是北京的企业。网络电影《匆匆那年》由北京小马奔腾影业有限公司出品。网络综艺《奇葩说》由爱奇艺出品，北京米未传媒有限公司制作。综合观察，相较于传统的影视产业，北京在网络影视方面的全国中心地位有增无减，是北京最具活力的网络文化产业之一。

---

① 肖文婷．网络影视受众的思维及审美探析［D］．江南大学，2011.

② 邢祥虎，赵晓春．传统影视传播与网络影视传播[J]．山东师范大学学报（自然科学版），2002，17（3）：37-40.

（三）基于新浪微博数据对北京网络影视产业的分析

1. 数据采集

我们于2016年12月底至2017年1月初在新浪微博“找人”模块，以“网络影视”为关键词，选择搜索“全部”，地点限定在“北京”，用户选择“机构认证”和“个人认证”，搜索所有的用户。共搜索到218个认证用户，其中含89个机构认证用户和129个个人认证用户。由于很多北京的影视公司或者个人在昵称、标签和简介里面都没有出现网络影视这样的词汇。考虑到研究精力的有限性和采集数据的便利性，我们于2019年5月5—10日增加采集了11个机构认证微博。包括“白夜追凶”“万万没想到官微”“暗黑者电视剧”“他来了请闭眼官微”“河神系列剧”“电视剧虎啸龙吟”“忽而今夏官微”“中国有嘻哈”“奇葩说官方微博”“电影匆匆那年”“乐视视频单身战争”共11个机构认证微博。它们都是近年来最受瞩目的网络电影、网络电视剧和网络综艺。我们采集了全部229个（一开始采集到的218个，加上补充采集的11个，共229个）认证用户的属性信息，包括昵称、所在地、性别、粉丝数、关注数、发表微博数、简介等。

在采集满足上述搜索项的用户之后，我们又抓取了上述229个微博认证用户关注的用户。由于新浪微博的“反爬虫”限制，只能最多抓取关注列表前200个用户。我们采集了搜索到的认证用户关注的前200个用户的属性信息，包括昵称、所在地、性别、粉丝数、关注数、发表微博数、简介等。

2. 北京网络影视微博用户的特征

（1）粉丝数量最多的网络影视微博

表13-1 粉丝数排名前10位的网络影视机构

用户名	粉丝数	关注数	微博数	所在地
奇葩说官方微博	1 547 882	727	8819	北京
暗黑者电视剧	1 515 967	107	3480	北京朝阳区
电视剧虎啸龙吟	1 176 178	66	1662	北京
中国有嘻哈	465 554	143	1898	北京
他来了请闭眼官微	346 385	77	656	北京海淀区
河神系列剧	288 294	47	872	北京东城区
万万没想到官微	287 711	165	3132	北京

续表

用户名	粉丝数	关注数	微博数	所在地
忽而今夏官微	272 699	68	601	北京
白夜追凶	253 137	41	1150	北京
骨朵网络影视	248 162	527	6244	北京

《奇葩说》是一档由爱奇艺出品，米未制作的融入辩论元素的节目。节目由马东主持，并邀请了蔡康永、金星、罗振宇、张泉灵等众多明星担任导师。“暗黑者电视剧”是网络电视剧《死亡通知单》的第一季，改编自周浩晖的畅销小说《死亡通知单》，并延续原著的“暗黑哥特风”。“电视剧虎啸龙吟”是大军师司马懿之《军师联盟》《虎啸龙吟》的官方微博。“中国有嘻哈”是爱奇艺自制的嘻哈音乐为主题的综艺节目《中国有嘻哈》的官方微博。《他来了请闭眼》是搜狐自制网络电视剧。《河神系列剧》是由爱奇艺、工夫影业联合出品的悬疑探案网络剧。《万万没想到》是 2015 年叫兽易小星（本名易振兴）执导，由黄建新监制，韩寒任艺术指导的奇幻喜剧电影。《忽而今夏》是企鹅影视、完美世界影视共同出品的网络电视剧，2019 年在第三届金骨朵网络影视盛典中获得年度十大精品网络剧奖。《白夜追凶》是优酷、公安部金盾文化影视中心北京凤仪传媒、五元文化传媒共同出品的悬疑推理剧。“骨朵网络影视”是北京金骨朵文化传播有限公司的微博账号。

表 13–2　粉丝数排名前 10 位的个人用户

用户名	粉丝数	关注数	微博数	所在地	性别
全球热门收集	3 497 507	1001	108 577	北京	男
最时尚生活小知识	312 707	148	2135	北京朝阳区	女
小蔺	38 658	1402	1850	北京东城区	女
大远蜀黍	35 736	1466	8501	北京	男
rainboll	21 947	1644	2790	北京朝阳区	女
小小围巾儿	19 005	3945	1011	北京东城区	男
冉阿让	17 444	905	3015	北京	男
广鑫的微博	16 518	1999	1868	北京东城区	男
迷魂 Johnny	15 751	3976	1516	北京	男
河东少君	15 482	3002	2615	北京	男

“全球热门收集”是知名搞笑幽默博主，自称是微博最受欢迎的热门集散地，收集分享搞笑、语录、影视、旅游、时尚等网络精彩热点。“最时尚生活

小知识”是认证娱乐博主，自称搜罗全球热点笑点，每日收集网络精彩语录、时尚导向、搞笑、欢乐、惊奇、星座、影视、旅游、关注互联网等资讯。“小蔺”是共青团中央网络影视中心党组成员、副主任。“大远蜀黍”是团中央网络影视中心未来网编委、啊喔鹅公益发起人。“rainboll”是北京东方视角影视文化传媒有限公司网络推广策划总监。“小小围巾儿”是共青团中央网络影视中心新媒体部记者、编辑。“冉阿让”是中青优易（北京）营销管理有限公司营销总监。“广鑫的微博”是资深媒体人，南京新华视点文化传媒有限公司执行董事、总裁缪广鑫。曾先后在新华社每日电讯、新华日报社、人民日报社江苏分社、共青团中央网络影视中心等单位工作。“迷魂 Johnny”是共青团中央网络影视中心未宝贝 BD 经理（业务拓展人）。“河东少君”是共青团中央网络影视中心职员。

综观北京网络影视粉丝数排名，我们不难发现以下特征：

①热点网络影视剧受关注度最高

我们增加采集的“白夜追凶”“万万没想到官微”“暗黑者电视剧”“他来了请闭眼官微”“河神系列剧”“电视剧虎啸龙吟”“忽而今夏官微”“中国有嘻哈”“奇葩说官方微博”等微博账号的粉丝数远远超过其他网络影视的微博账号。这些网络影视剧是大众关注的热点，拥有规模庞大的粉丝群体。

②受到新浪推介的热门博主受关注度高

“全球热门收集”“最时尚生活小知识”分别位列网络影视个人用户的前两位，前者自称是微博最受欢迎的热门集散地，后者自称搜罗全球热点笑点，因为在微博中分享影视剧信息被采集到网络影视个人用户列表中。它们和新浪微博有合作关系，受到了新浪官方的推介。

③具有官方背景的个人受关注度高

“小小围巾儿”“迷魂 Johnny”“河东少君”几个微博用户现在都就职于共青团中央网络影视中心。“广鑫的微博”也曾经就职于共青团中央网络影视中心。

（2）北京网络影视微博的联系方向

我们在采集 229 个网络影视认证用户之后，又抓取了上述认证用户关注列表中的用户（由于新浪微博的“反爬虫”限制，关注人数超过 200 个的，只能抓取关注列表的前面 200 个用户）。之后，我们对这些网络影视认证用户关注的用户（共计 36 052 个用户，其中 1888 个是海外用户，标注地点为其他的用户为

1625 个。海外用户中 1340 个用户标注了所在国家）所在地进行了统计。我们假定每 1 个认证用户关注某地方的用户，视为这个认证用户联系了某地方一次。当我们累加所有的 229 个网络影视个认证用户关注的用户的所在地之后，我们就可以得到北京网络影视认证用户所联系的方向（地方）。

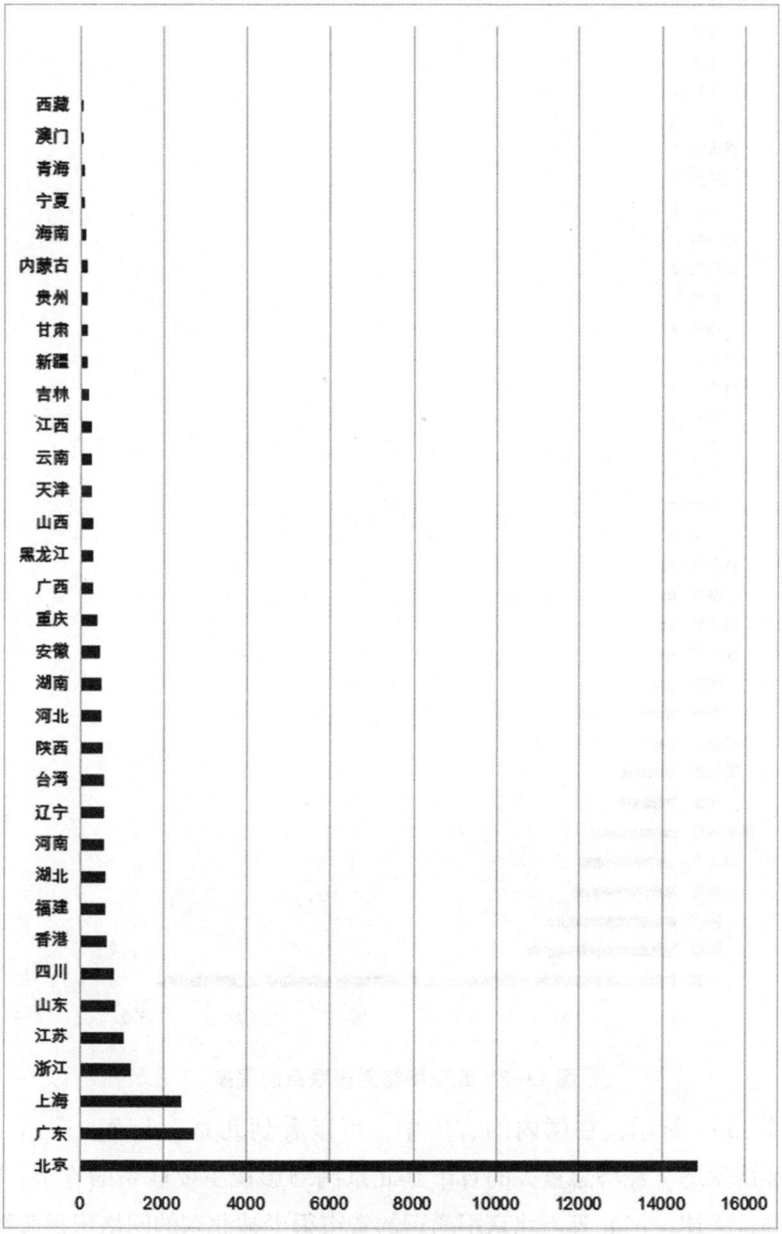

图 13–1　北京网络影视联系的省市

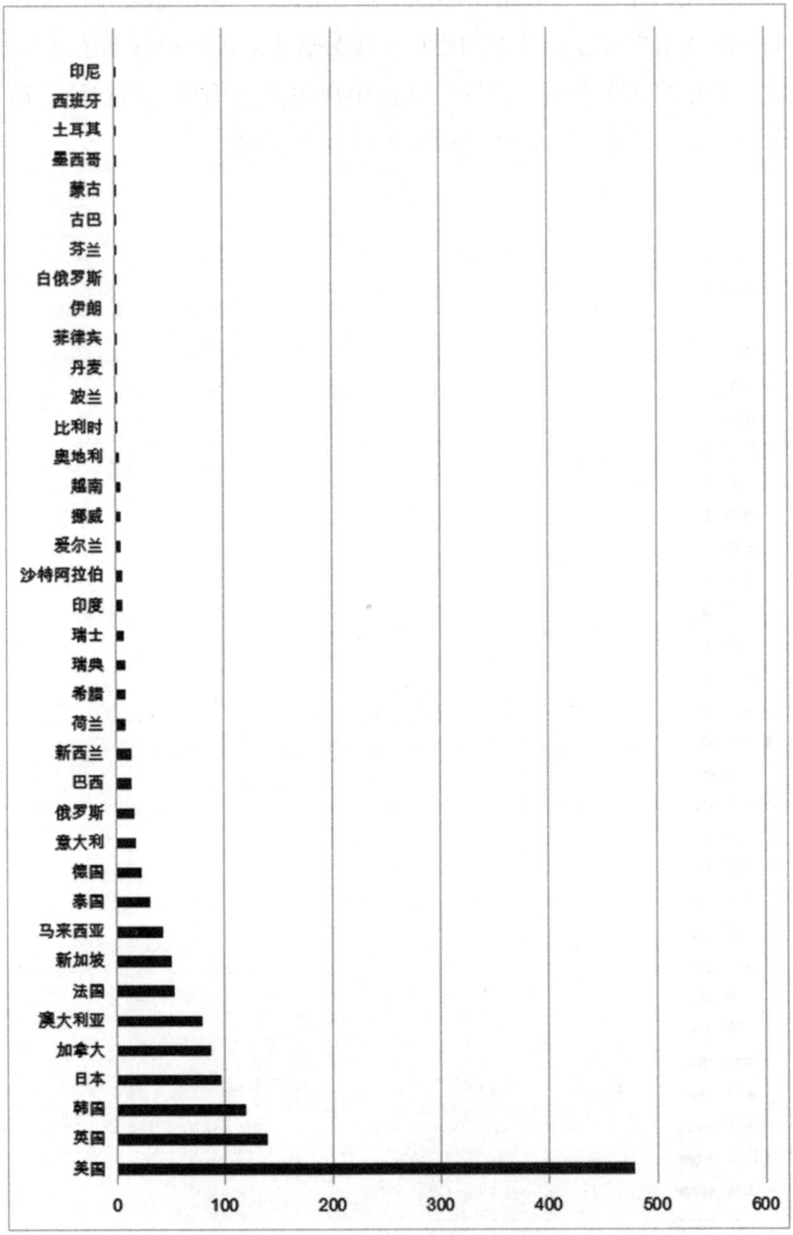

图 13-2　北京网络影视联系的国家

如图 13-1 所示，在国内的省市中，可以看到北京、上海、广东、浙江、江苏等经济发达、经济总量大的省市是北京网络影视主要联系的省市。除了北京本地外，天津、河北等与北京距离近的省市很少被北京的网络影视关注。

如图 13-2 所示，在海外联系的国家中，美国居于第一位，英国位居第二

位。韩国、日本位居第三、四位。美剧、韩剧和日剧在中国都有大量的受众，很容易理解它们被北京的网络影视机构和个人所关注。北京网络影视关注注册地为英国的微博可能是因为英国（特别是伦敦）是欧洲的门户，也是国人比较关注的国家。具体查看这些微博发现，有的注册地为英国的微博用户比较有影响力，被不止一个北京网络影视机构或个人所关注。比如微博“英国那些事儿”被北京的网络影视微博“中青视讯手机电视台”“首届网络影视节组委会”“八影合”“星空盛典影业”共同关注。注册地为英国的微博“凤凰卫视欧洲台”被北京的网络影视微博“智桥传媒”“华视影视-招聘”关注。

3. 北京网络影视微博用户的社会网络特征

（1）矩阵的构建

在进行社会网络分析之前，要进行社会关系矩阵的构建。关于微博的社会网络分析中，一般选取微博用户的相互关注数据作为构建矩阵的来源。本书以全部 229 个北京网络影视微博认证用户作为行和列，在矩阵中心填写行与列的关注情况，即构成了社会关系矩阵。由于关注是有指向的，因而，构成的矩阵关系是非对称的。在有向关系网络中，人们常常约定矩阵行位置的行动者是某种特定关系的发送者，约定矩阵列位置的行动者是这种特定关系的接受者。在本书中，我们约定某行关注了某列，则在该行与列的交汇处标注 1，其他地方均为 0。这样我们就构建了一个“229 行×229 列”的北京网络影视微博的关系矩阵。其中，所有行对应的都是该行关注的情况，所有列对应的均为该列被关注的情况。

（2）社会网络分析结果

①网络密度和社会网络连接状况

将社会关系矩阵数据导入 Pajek2. 0 软件。经过计算得出，矩阵所反映的北京网络影视微博社会网络的密度为 0. 0071，平均点度为 3. 26。与本章之前研究的几个网络文化产业门类比较平均点度很高。影视微博彼此之间联系相对密切。但是，229 个微博用户中 117 个微博用户与网络中其他用户没有任何关注或被关注的联系。说明剩余的 112 个微博用户之间联系尤为紧密。

②点度中心性

和前面几章一样，我们这里用微博社会网络的点度中心性来分析各个认证微博在社会网络中的影响力。如表 13-3 中的结果所示，点入度最大的是“妍姐霸气”（媒体人）和“小雅 Miracle”（点入度均为 10），之后是“岁月静好-

yes”（自由职业新媒体运营者）、“嚼不烂的麦芽糖”（点入度均为 8）。其中“小雅 Miracle”“嚼不烂的麦芽糖”是团中央网络影视中心的工作人员。

表 13-3 社会网络中点出度和点入度排名前 10 位的微博用户

点入度排名前 10 位微博用户	点入度	点出度	点出度排名前 10 位微博用户	点入度	点出度
妍姐霸气	10	1	刀刀刀刀刀刀刀子	0	54
小雅 Miracle	10	0	幸运平安夜	4	44
岁月静好-yes	8	2	1314 木子盈	6	42
嚼不烂的麦芽糖	8	1	四老板先森	3	41
朝内蜀黍	7	13	芷梓南	4	35
骨朵网络影视	7	2	博文_波喔呜嗯	4	18
未来网品牌	7	1	朝内蜀黍	7	13
大远蜀黍	7	1	杨君 Adobe	0	7
楚寒的一天	7	1	共青团中央网络影视中心团委	5	6
sunshine 的地球之旅	7	1	28 楼 Erick_杨	4	6

与点入度相反，点出度表示某用户关注其他用户的程度。点出度最大的是“刀刀刀刀刀刀刀子”（点出度为 54），之后是“幸运平安夜”（共青团网络影视中心未来网工作人员）、“1314 木子盈”（共青团网络影视中心未来网工作人员）、“四老板先森”（共青团中央网络影视中心编辑），点出度分别为 44、42、41，说明它们在网络中主动关注了很多网络影视从业机构和个人。

综合点入度和点出度，我们可以看到北京网络影视微博社会网络中，点入度最大的并非那些知名的网络电影、网络剧或者网络综艺，而是一些名不见经传的“小角色”。这可能有两个原因。其一是这些“小角色”采用人为涨粉的方法，收获了很多粉丝。比如，在粉丝数排名前 10 位的个人用户列表中，绝大部分用户关注的微博账号数量都超过了 1000，这在其他网络文化产业中是很少见到的现象。有可能是这些微博账号互相关注，人为涨粉。其二，可能与《奇葩说》等知名的 IP 关注的用户数量非常大，而我们采集的用户关注情况仅包括了前 200 个有些关系。比如，“奇葩说官方微博”关注了 727 个微博账号。因而，绝大部分的关注信息并没有被采集进来，可能错失很多点出度的信息。此外，在社会网络的点出度、点入度列表中，共青团网络影视中心的编辑和工作人员有几位都在其列。这可能是单位鼓励员工关注网络影视微博造成的结果。

③凝聚子群

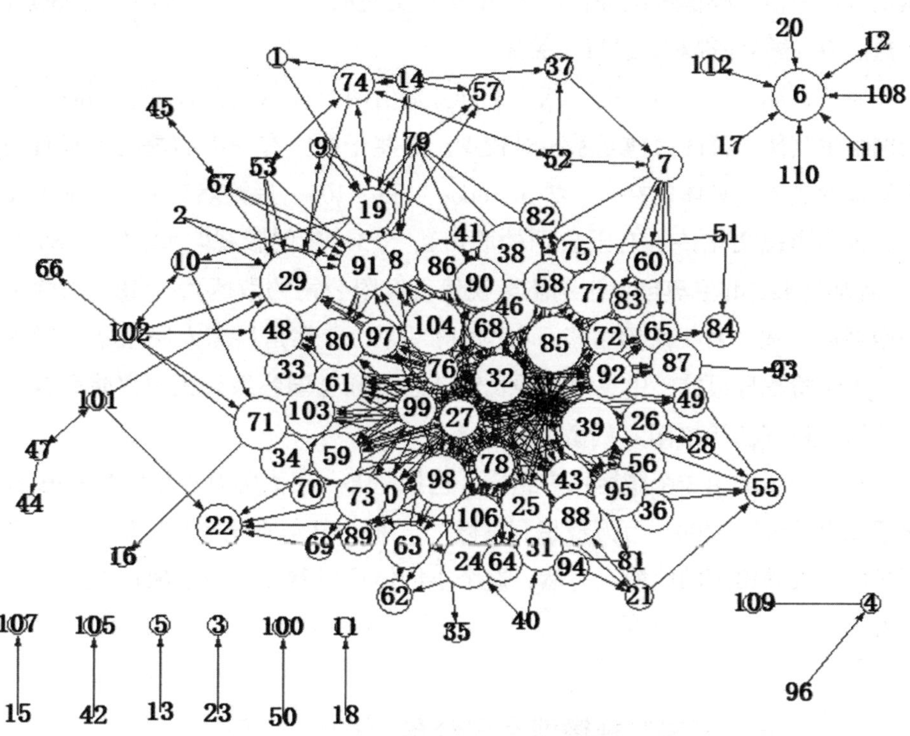

图 13-3　北京网络影视微博社会网络的凝聚子群

注：图中顶点越大，表明该微博用户的点入度越大，在网络中受关注度越高。

除去 117 个用户与网络中其他用户没有任何关注或被关注的联系微博账号，剩余的 112 个微博按照寻找若组元的办法可以找到 9 个子群。

第一个子群是微博社会网络中最大的群体，由 89 个微博用户组成。成员包括“104—元宝不是财迷”“98—sunshine 的地球之旅”“106—特伦苏 cool”“85—岁月静好-yes”等。和其他网络文化产业门类不同，这个最大的群体里面，并没有非常引人瞩目的机构或个人。除了一些来自共青团中央网络影视中心的职员的微博外（比如“98—sunshine 的地球之旅”是共青团中央网络影视中心未来网影视文化部副部长），其他大量的微博账号是网络影视的普通爱好者。

第二个子群主要由“6—骨朵网络影视”和关注它的一些微博用户组成。这包括“12—网剧 28 岁未成年”“20—沙僧日记网络剧”“17—风山渐 FunShow”“111—他来了请闭眼官微”“112—河神系列剧”“108—白夜追凶”“110—暗黑者电视剧”“6—骨朵网络影视”。“6—骨朵网络影视”是北京金骨朵文化传播有限公司的微博，专注于为网络电视剧提供垂直行业服务，包含数据挖掘与评估、媒体资讯提供和 B2B 互动交流服务。《白夜追凶》《暗黑者》等热点 IP 的微博都对其进行了关注。

第三、四、五、六、七、八个子群分别由两个顶点彼此连接，同时，它们与网络中其他子群的微博联系相对较少。这些子群中有一半的情况是来自同一家机构的成员。具体包括："42—rainboll" 和 "105—后艳然"（二人都是北京东方视角影视文化传媒有限公司的职员），"3—奥创影视" 和 "23—ShyaoJ"（二者都是来自北京奥创世纪网络影视发行有限公司的微博），"18—法治中国山西网视" 和 "11—法治中国-河北频道"（二者都是最高人民检察院影视中心、中国检察日报社、中央政法委长安杂志社和全国各级人民检察院联合主办的法治栏目《法治中国》的微博）。

第九个子群由 3 个微博用户组成。包括 "96—田大师有点忙" "4—中青视讯手机电视台" "109—万万没想到官微"。"96—田大师有点忙" 是北京电视台手机电视编导田雨的微博。显然，这个小群体可以看作围绕手机电视的一个小子群。

（四）北京网络影视微博空间分布

从表 13-4 中，我们可以看到朝阳区、东城区和海淀区是网络影视机构和个人用户分布最多的区。从绝对数量来看，朝阳区最多；从区位商来看，东城区密度最大。这与前面分析的网络媒体等的空间布局基本是一致的。

北京网络影视机构和个人呈现出向中心城区聚集的态势。即使在郊区偶有分布，也是在昌平、通州和大兴几个近年来城市化进程非常快速的区。在中心城区，西城区布局了大量的政府机构和金融机构，留给文化产业发展的空间有限。东城区是文化部所在地，有便利的交通等基础设施。朝阳区既有中央电视台等巨型影视传媒企业，也有传媒大学等影视艺术院校。在大望路、高碑店等街道集聚了几家创意园区，吸引了不少影视公司。海淀区则有爱奇艺等网络视频公司，它们是很多网络影视的制作和发行机构，也会吸引很多网络影视公司在这里布局。

表 13-4　北京网络影视的空间分布情况

所在区	机构	个人	用户总数	区位商
东城	17	23	40	5. 64
西城	2	7	9	0. 88
朝阳	40	34	74	2. 37
海淀	9	29	38	1. 31
丰台	2	3	5	0. 27
石景山	2	3	5	0. 98
昌平	2	3	5	0. 29
顺义	0	0	0	0
通州	0	2	2	0. 16
大兴	1	2	3	0. 20
密云	0	0	0	0
怀柔	0	0	0	0
延庆	0	0	0	0
门头沟	0	0	0	0
房山	0	0	0	0
平谷	0	0	0	0
总计	75	106	181	1. 00

(五) 本章小结

本章中我们对于北京的网络影视的新浪微博进行了统计分析，试图通过这个侧面来窥探北京网络影视的发展特征及其发展趋势。研究发现，北京网络影视的发展可以看到以下几个特点：

1. 北京网络影视彼此联系相对较多

影视行业是聚焦性很强的文化产业类型。微博用户的粉丝数和关注数显著高于其他行业。也是基于这个原因，社会网络的平均点度（3. 26）显著高于绝大部分网络文化产业门类。按照社会网络分析的一般标准判断，可以看作北京网络影视机构或个人彼此联系相对较多。

2. 热点网络影视剧官方微博和具有官方背景的个人用户微博受关注度高

我们增加采集的“白夜追凶”“万万没想到官微”“暗黑者电视剧”“他来了请闭眼官微”“河神系列剧”“电视剧虎啸龙吟”“忽而今夏官微”“中国有嘻哈”“奇葩说官方微博”等微博账号的粉丝数远远超过其他北京网络影视机

构。这些网络影视剧是大众关注的热点，拥有规模庞大的粉丝群体。此外，“小小围巾儿”“迷魂 Johnny”“河东少君”几个微博用户现在都就职于共青团中央网络影视中心的微博账号粉丝数量很多，受到了广泛关注。

3. 北京网络影视主要联系的地区是经济、文化发达的地区

北京网络影视主要关注的微博是来自中国广东、上海，以及美国、英国等国内外经济、文化最为发达的地方。在海外联系的国家中，美国居于第一位，英国位居第二位，韩国、日本位居第三位、第四位。美剧、韩剧和日剧在中国都有大量的受众，很容易理解它们被北京的网络影视机构和个人所关注。北京网络影视关注注册地为英国的微博可能是因为英国（特别是伦敦）是欧洲的门户，也是国人比较关注的国家。具体查看这些微博发现，有的注册地为英国的微博账号比较有影响力，被不止一个北京网络影视机构或个人所关注。比如，微博“英国那些事儿”被北京的网络影视微博“中青视讯手机电视台”“首届网络影视节组委会”“八影合”“星空盛典影业”共同关注。注册地为英国的微博“凤凰卫视欧洲台”被北京的网络影视微博“智桥传媒”“华视影视-招聘”关注。

4. 北京网络影视主要分布在朝阳、东城、海淀等中心城区

北京网络影视机构和个人呈现出向中心城区聚集的态势。即使在郊区偶有分布，也是在昌平、通州和大兴几个近年城市化进程非常快速的区。在中心城区，西城区布局了大量的政府机构和金融机构，留给文化产业发展的空间有限。东城区是文化部所在地，有便利的交通等基础设施。朝阳区既有中央电视台等巨型影视传媒企业，也有传媒大学等影视艺术院校。在大望路、高碑店等街道集中布局了几家创意园区，聚集了不少影视公司。海淀区则有爱奇艺等网络视频公司，它们是很多网络影视的制作和发行机构，也会吸引很多网络影视公司在这里布局。

5. 北京金骨朵文化传播有限公司在北京网络影视领域具有较强的影响力

一方面，“骨朵网络影视”的粉丝数位列前 10 位，是前 10 位中唯一的实体机构（其他 9 位都是知名影视剧或者综艺）。另一方面，“河神系列剧”“白夜追凶”“暗黑者电视剧”等知名影视剧的微博在很少关注其他微博的情况下，都关注了北京金骨朵文化传播有限公司的官方微博“骨朵网络影视”，并且以“骨朵网络影视”为中心在微博社会网络中形成了一个子群。可见北京金骨朵文化传播有限公司同时受到了普通的粉丝和专业的机构的关注，影响力较为突出。

第十四章　北京网络音乐产业研究

（一）网络音乐的兴起及特征

网络音乐是指用数字化方式通过互联网、移动通信网、固定通信网等信息网络，以在线播放和网络下载等形式进行传播的音乐产品，包括歌曲、乐曲以及有画面作为音乐产品辅助手段的 MV 等。①

网络音乐最早出现于 20 世纪末期。1999 年音乐人雪村将《东北人都是活雷锋》上传到网络中，将音乐作品从线下转向线上发展。通过使用与自身特质契合同时极富娱乐性的音乐评书以及制作 FLASH 动画等方式，让受众耳目一新并迅速在街头巷尾传唱起来，迅速风靡全国。之后，2003 年郝雨演唱的《大学生自习教室》、2004 年杨臣刚演唱的《老鼠爱大米》、2010 年筷子兄弟演唱的《老男孩》、2010 年“旭日阳刚”组合翻唱的《春天里》、2018 年小潘潘和小峰峰共同演唱的《学猫叫》等网络歌曲都取得了很大的成功，成为当年街头巷尾广泛传唱的歌曲。

相较于传统的音乐传播方式，网络音乐在商业模式、知识产权保护等方面都取得很大的进步，日益成为主流。数据显示，网络音乐节目《明日之子》在 2017 年单期播放量达到了 4.3 亿。相比之下，传统音乐节目《中国好声音》单期最高播放量只有 7000 万。② 网络音乐的突飞猛进与其具备的几个特征有显著的关系：

首先，网络音乐开拓了网络付费等新商业模式。随着移动支付手段的日益

---

① 《文化部关于加强和改进网络音乐内容审查工作的通知》［EB/OL］. http：//zwgk. mct. gov. cn/zfxxgkml/scgl/202012/t20201206 918159. html.

② 佟军，杨静一 . 网络环境下音乐节目的新思考——网络音乐节目《明日之子》评析［J］. 艺术教育 . 2019（3）：99-100.

便捷，主流数字音乐平台开始推广网络付费服务。通常的模式是一般品质的音乐可以免费听，高音质音乐需要付费听。这种免费与付费相结合的模式，充分考虑到我国用户习惯了免费音乐的特点，又兼顾了音乐收费的趋势，为当下音乐产业的良性发展找到了适宜的道路。

其次，网络音乐降低了参与音乐创作的门槛。很多网络音乐的创作者并不是专业的音乐作曲人员。① 网络新媒体能够将普通网民创作的音乐作品即时发布到网络中进行传播。技术、成本等因素对传播音乐的限制作用显著降低。比如《大学生自习室》的创作者郝雨只是一个在读非音乐专业的大学生。

最后，网络音乐促进了音乐与其他网络文化产业的融合。近年来，网络音乐平台的竞争已经由前两年的版权争夺进阶为比拼音乐生态。以网易云音乐为代表的网络音乐平台开发了音乐社交的功能（在网易云音乐“朋友”一栏可以查看其他人发布的动态）和电子商务功能（网易云音乐商城销售口琴、耳机等音乐周边产品），围绕音乐主题构建了新型的音乐生态体系。

（二）北京网络音乐的概况及其在全国的地位

在播放平台端，网络音乐是高度集中的产业类型，93.6%的用户在网络上常用的听歌软件是国内官方音乐 App（如网易云音乐、QQ 音乐、虾米音乐等）。② 这些音乐平台不仅是用户的主要入口，还签约了大量的歌手，打造了完整的音乐产业链条，是当前网络音乐产业的主要实体。

目前，依靠着背后的网易、阿里和腾讯，中国网络音乐平台呈现三强鼎立的局面。位于深圳腾讯公司旗下的 QQ 音乐曲库齐全，位于杭州的阿里巴巴集团旗下的阿里音乐（由两款音乐服务应用虾米音乐、阿里星球合并而成）发力原创，位于北京网易公司旗下的网易云音乐注重社交。③ 相较于杭州和深圳，北京有大量的音乐院校和传媒机构，北京的网络音乐在音乐人才、传播媒介方面有更为显著的优势，网络音乐产业的潜力最大。

---

① 吴丹．新媒体时代网络音乐文化及传播特征[J]．新闻战线，2019（02）：141-142.

② 盛开．大学生网络音乐付费意愿调查报告——以南京市部分高校为例[J]．中国民族博览，2019，157（01）：55-58.

③ 张丹，姚国强．“互联网+”中国数字音乐产业发展趋势前瞻[J]．电影新作，2018，237（03）：83-87.

（三）基于新浪微博数据对北京网络音乐产业的分析

1. 数据采集

我们于 2016 年 12 月底至 2017 年 1 月初在新浪微博“找人”模块，以“网络音乐”为关键词，选择搜索“全部”，地点限定在“北京”，用户选择“机构认证”和“个人认证”，搜索所有的用户。共搜索到 112 个认证用户，其中含 49 个机构认证用户和 63 个个人认证用户。由于很多北京的音乐公司或者个人在昵称、标签和简介里面都没有出现网络音乐这样的词汇。考虑到研究精力的有限性和采集数据的便利性，我们于 2019 年 5 月 5—10 日增加采集了“网易云音乐”（北京最大的网络音乐平台）、“腾讯视频明日之子”（最热门的关于网络音乐综艺节目）、“小潘潘大丸子”（网红歌手）3 个网络音乐主题的微博。我们采集了全部 115 个（一开始采集到的 112 个，加上补充采集的 3 个，共 115 个）认证用户的属性信息，包括昵称、所在地、性别、粉丝数、关注数、发表微博数、简介等。

在采集满足上述搜索项的用户之后，我们又搜索了上述 115 个微博认证用户关注的用户。由于新浪微博的“反爬虫”限制，只能最多抓取关注列表前 200 个用户信息。我们采集了搜索到的认证用户关注的前 200 个用户的属性信息，包括昵称、所在地、性别、粉丝数、关注数、发表微博数、简介等。

2. 北京网络音乐微博用户的特征

（1）粉丝数最多的网络音乐微博

表 14-1　粉丝数排名前 10 位的网络音乐机构

用户名	粉丝数	关注数	微博数	所在地
网易云音乐	13 193 266	756	25 103	北京
腾讯视频明日之子	1 299 340	338	6087	北京
天翼云	848 783	600	2928	北京西城区
12318 文化市场热线	96 764	119	4	北京东城区
酷米音乐会	96 260	27	36	北京东城区
鼓手中国网	43 520	290	5077	北京东城区
VV 音乐官微	35 185	319	7534	北京朝阳区
猫爪游戏	22 228	53	190	北京东城区
融视宝	9322	275	195	北京朝阳区
万度创智传媒	7721	345	1879	北京朝阳区

表 14-1 中，“网易云音乐”是一款专注于发现与分享的音乐产品，依托专业音乐人、DJ、好友推荐及社交功能，为用户打造全新的音乐生活。“腾讯视频明日之子”由企鹅影视、哇唧唧哇和微博联合出品，面向 95 后、00 后人群，致力于以音乐为载体，用创新的互联网形式来培养音乐偶像，开启偶像诞生的新纪元。“天翼云”是中国电信云计算公司制造的基于云计算技术的个人/家庭云数据中心，是一个提供文件同步、备份及分享等服务的网络云存储平台。“12318 文化市场热线”是文化部文化市场司官方微博，发布涉及演出、娱乐、艺术品、网吧、网络游戏、网络音乐、文学等文化市场及文化市场综合执法的相关信息。“酷米音乐会”是中国首部原创文学音乐会，是隶属于天津酷米网络科技有限责任公司的微博，其微博注册地填写的是北京市东城区。“鼓手中国网”是鼓手中国网站鼓吧论坛官方微博。“VV 音乐官微”是首款集听歌、唱歌、聊天交友于一体的音乐 App，隶属于北京优贝在线网络科技有限公司。“猫爪游戏”是南京猫爪网络科技有限公司的微博，旗下原创古风音乐节奏游戏《大琴师》已在苹果商店上线。“融视宝”是北京融视宝网络科技有限公司的微博。该公司主营业务包括文学、音乐及图书等。合作伙伴包括国内外著名的音乐学版权拥有者，诸如 CNTV、CCTV6 电影网、湖南卫视等。“万度创智传媒”是北京万度创智文化传播有限公司的微博账号，该公司从事广告片、专题片以及音乐制作。

表 14-2　粉丝数排名前 10 位的个人用户

用户名	粉丝数	关注数	微博数	所在地	性别
MC 九局_碉堡的老九	497 379	579	358	北京朝阳区	男
HITA	352 185	802	12 276	北京东城区	女
小潘潘大丸子	274 578	86	462	北京	女
吉他中国小兵姜伟	170 417	507	30 497	北京东城区	男
制片人导演陈蔚	67 353	2916	1965	北京	男
徐贝贝	60 393	562	465	北京	女
郭瑞 Allen	40 482	134	228	北京通州区	男
Jeri_张学磊	34 513	735	60	北京海淀区	男
金力文_	23 543	373	1143	北京朝阳区	男
静萱 614	16 210	592	13 070	北京海淀区	女

表 14-2 中，“MC 九局_碉堡的老九”是网络喊麦倡导者、九家音乐传媒创始人。“HITA”是网络原创音乐团队“莫名其妙”成员 HITA 的微博。“小潘潘

大丸子”是网络女歌手小潘潘（本名潘文凤）的微博账号，她的代表作品有《学猫叫》《只不过》《笑忘缘》等。“吉他中国小兵姜伟”是“吉他中国”网站CEO姜伟的微博账号。“制片人导演陈蔚”是金色沐光影视CEO兼制片人，以及百集网络情景喜剧《音乐CLUB》的监制。“徐贝贝”是网络红人、音乐人，代表作有《菊花爆满山》《如果爱死了》等。“郭瑞Allen”是网络歌手，音乐人，代表作有《爱情临时工》《你到底要我怎么做》《错的时间遇上对的你》。“Jeri_张学磊”是亚洲音乐台90后新生代主持人。“金力文_”是心源和美影业宣传总监，曾在华谊兄弟音乐和环球音乐工作，负责艺人宣传。“静萱614”的简介是网络人气歌手、星艺音乐传媒有限公司签约艺人。

综观北京网络音乐粉丝数排名，我们不难发现以下特征：

①平台型网络音乐机构受关注度最高

在我们抓取的数据中，平台型网络机构“网易云音乐”“腾讯视频明日之子”“鼓手中国网”“VV音乐官微”等受关注度最高。“网易云音乐”是致力于音乐播放和音乐社交的产品（包括网站和App），汇集了众多专业音乐人、DJ、音乐爱好者。“腾讯视频明日之子”是腾讯视频推出的一档音乐选秀节目，是青年音乐人交流和竞争的平台。“鼓手中国网”是鼓手的交流和分享平台。“VV音乐官微”是首款集听歌、唱歌、聊天交友于一体的音乐App。

②网络音乐的经纪人、歌手受关注度高

在个人用户粉丝数前10名中，几乎都是网络音乐的经纪人和歌手。“MC九局_碉堡的老九”和“吉他中国小兵姜伟”主要从事网络音乐的管理工作，是艺人的经纪人。“HITA”和“小潘潘”则是网络音乐歌手的代表，是广受关注的网红。

（2）北京网络音乐微博的联系方向

我们在采集115个网络音乐认证用户之后，又抓取了上述认证用户关注列表中的用户（由于新浪微博的“反爬虫”限制，关注人数超过200个的，只能抓取关注列表的前面200个用户）。之后，我们对这些网络音乐认证用户关注的用户（共计16618个用户，其中1146个是海外用户，标注地点为其他的用户为798个。海外用户中795个用户标注了所在国家）所在地进行了统计。我们假定每1个认证用户关注某地方的用户，视为这个认证用户联系了某地方一次。当我们累加所有的115个网络音乐认证用户关注的用户的所在地之后，我们就可以得到北京网络音乐认证用户所联系的方向（地方）。

可以看到，北京网络音乐的联系方向，无论是国内还是国外，与其他网络文化产业差别不大，尤其是和网络媒体非常近似。在国内，北京、上海、广东、浙江、江苏等经济发达、经济总量大的省市是北京网络音乐主要联系的省市。除了北京本地外，天津、河北等与北京距离近的省市很少被北京的网络音乐账号关注。

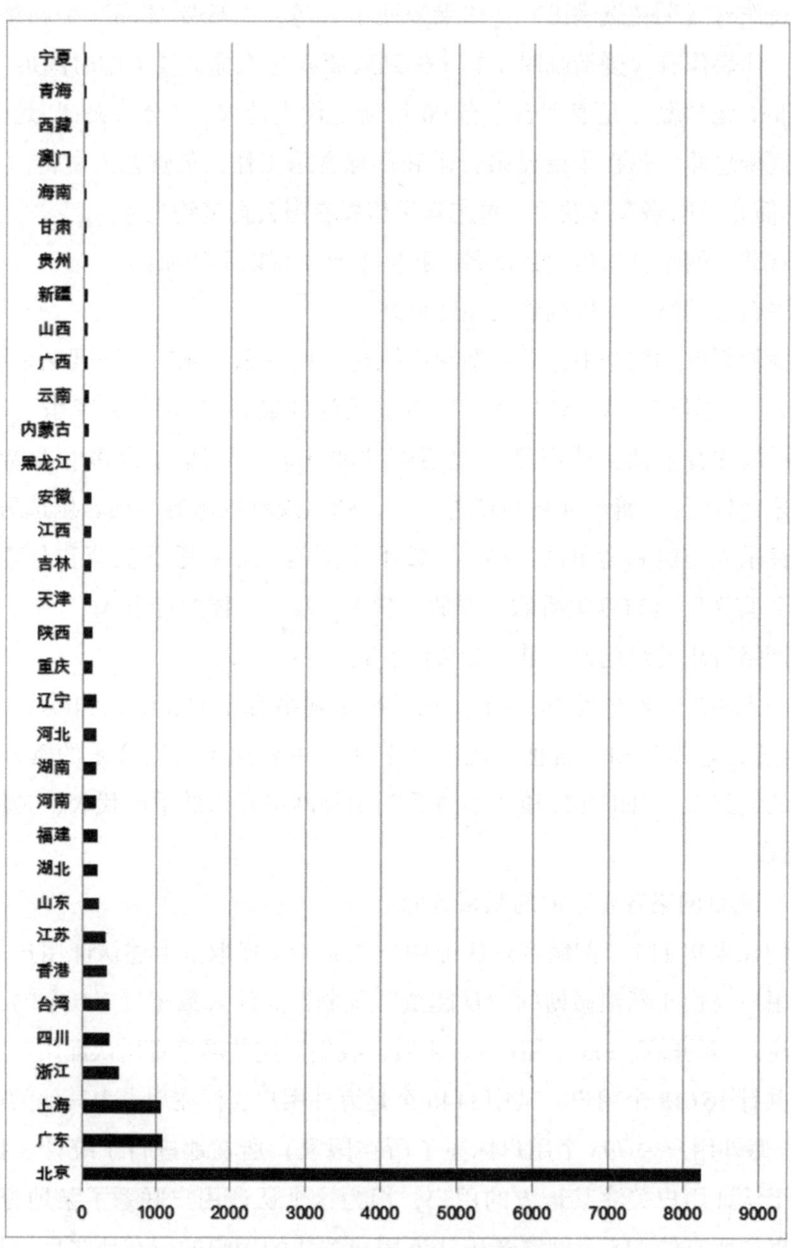

图 14-1　北京网络音乐联系的省市

在海外联系的国家中，美国遥遥领先，居于第一位；韩国位居第二位；英国和日本差别不大，分列第三位、第四位。这和我们直观的感受是比较契合的。美国、韩国的流行音乐正是近年来在北京最流行的音乐。英国、日本则紧随其后。

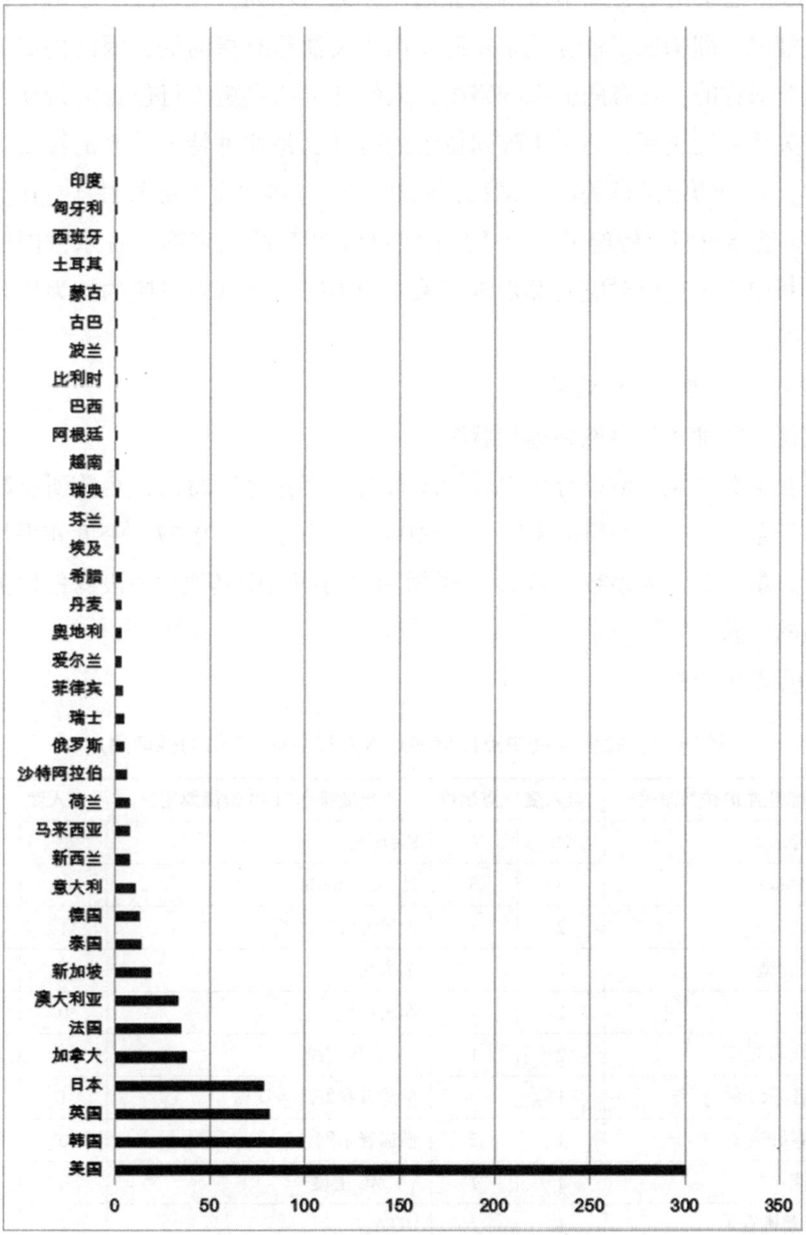

图 14-2　北京网络音乐联系的国家

3. 北京网络音乐微博用户的社会网络特征

（1）矩阵的构建

在进行社会网络分析之前，要进行社会关系矩阵的构建。关于微博的社会网络分析中，一般选取微博用户的相互关注数据作为构建矩阵的来源。本章以全部 115 个北京网络音乐学微博认证用户作为行和列，在矩阵中心填写行与列的关注情况，即构成了社会关系矩阵。由于关注是有指向的，因而构成的矩阵关系是非对称的。在有向关系网络中，人们常常约定矩阵行位置的行动者是某种特定关系的发送者，约定矩阵列位置的行动者是这种特定关系的接受者。在本书中，我们约定某行关注了某列，则在该行与列的交汇处标注 1，其他地方均为 0。这样我们就构建了一个“115 行×115 列”的北京网络音乐微博的关系矩阵。其中，所有行对应的都是该行关注的情况，所有列对应的均为该列被关注的情况。

（2）社会网络分析结果

①网络密度和社会网络连接状况

将社会关系矩阵数据导入 Pajek2. 0 软件。经过计算得出，矩阵所反映的北京网络音乐微博社会网络的密度为 0. 0033，平均点度为 0. 77。密度和平均点度都很低。事实上，大多数（77 个）微博用户与网络中其他用户没有任何关注或被关注的联系。

②点度中心性

表 14-3 社会网络中点出度和点入度排名前 10 位的微博用户

点入度排名前 10 位微博用户	点入度	点出度	点出度排名前 10 位微博用户	点入度	点出度
网易云音乐	20	0	Koala 岩	2	5
吕昊阳 Howie	3	3	吕昊阳 Howie	3	3
Koala 岩	2	5	大琴师音乐游戏	1	3
VV 音乐官微	2	2	金力文_	0	3
HITA	2	1	渔民小黑	0	3
星云乐众马五五	2	1	VV 音乐官微	2	2
大琴师音乐游戏	1	3	单薄青春好还乡	1	2
单薄青春好还乡	1	2	猫猫音乐网	0	2
猫爪游戏	1	1	YY_MC 七度	0	2
CHRRS 樱桃音乐	1	1	HITA	2	1

和前面几章一样，我们这里用微博社会网络的点度中心性来分析各个认证微

博在社会网络中的影响力。如表 14-3 中的结果所示，点入度最大的是“网易云音乐”（点入度为 20），远远高于排在其之后的“吕昊阳 Howie”（点入度为 3）、“Koala 岩”（点入度为 2）等，在社会网络中的受关注度居于统治地位。

与点入度相反，点出度表示某用户关注其他用户的程度。点出度最大的“Koala 岩”（普通音乐爱好者）点出度为 5，之后是“吕昊阳 Howie”（音乐人）、“大琴师音乐游戏”（猫爪网络科技旗下音乐节奏手游《大琴师》官方微博）、“金力文_”（心源影业宣传总监）和“渔民小黑”（华谊兄弟音乐有限公司前网络宣传），点出度都是 3。他们在网络中主动关注了一些网络音乐从业机构和个人的同时却较少被其他微博用户关注。这说明他们有扩大交往的愿望，但是自身影响力相对有限。

综合点入度和点出度，我们可以看到北京网络音乐微博社会网络中，点入度最大的是平台型机构“网易云音乐”，基本处于一枝独秀的局面；点出度普遍不高，最大的是“Koala 岩”仅有 5。整体上，北京网络音乐社会网络中，彼此联系不够紧密。网易云音乐是唯一真正能够聚集网络音乐机构和个人的平台。

③凝聚子群

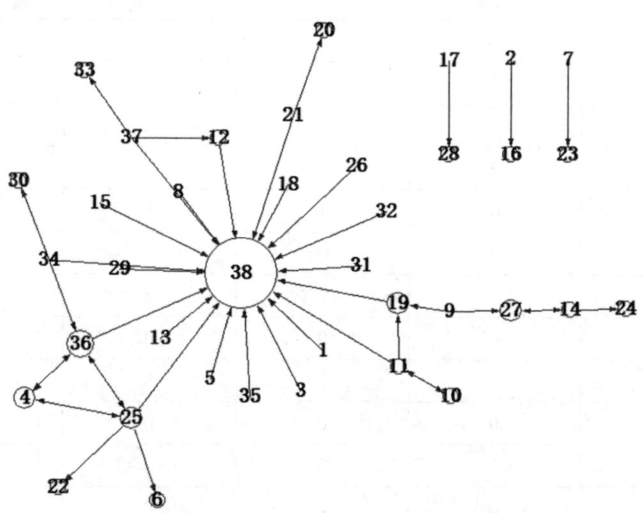

图 14-3 北京网络音乐微博社会网络的凝聚子群

注：图中顶点越大，表明该微博用户的点入度越大，在网络中受关注度越高。

除去 77 个没有与网络中任何微博发生联系的账号。通过寻找弱组元，发现 38 个顶点组成了 4 个子群。

第一个子群由 32 个顶点组成，主要围绕“38—网易云音乐”“36—吕昊阳

Howie”“25—Koala 岩”“19—HITA”而形成。其中，“38—网易云音乐”是绝对的中心。可以判断这是一个喜欢使用网易云音乐平台的粉丝组成的群体。

第二、三、四个子群分别由不同的顶点两两连接而成，他们大多是来自同一个工作单位。包括“17—郭瑞 Allen”和“28—徐贝贝”（二者都是音乐人），“2—青檬音乐台天天进化论”和“16—空腹潘大”（二者都来自青檬网络电台），“7—中娱智库”和“23—高东旭 David”（二者都来自中娱智库）。

（四）北京网络音乐微博空间分布

表 14-4 中，我们可以看到网络音乐机构和个人主要集中在朝阳和东城两个区。海淀区也有 13 个网络音乐机构或个人，但是，其区位商的数值小于 1，表明相对于人口规模，海淀区的网络音乐数量并不多。此外，通州有 3 个网络音乐个人的微博，相较于其他文化产业类型，算是比较多的。这与通州有北京现代音乐学院有关系。3 人中两个都有北京现代音乐学院的背景。

表 14-4　北京网络音乐的空间分布情况

所在区	机构	个人	用户总数	区位商
东城	11	7	18	5.53
西城	2	1	3	0.64
朝阳	15	27	42	2.94
海淀	7	6	13	0.98
丰台	0	1	1	0.12
石景山	0	0	0	0.00
昌平	0	2	2	0.25
顺义	0	0	0	0.00
通州	0	3	3	0.52
大兴	0	0	0	0.00
密云	0	0	0	0.00
怀柔	0	0	0	0.00
延庆	0	1	1	0.77
门头沟	0	0	0	0.00
房山	0	0	0	0.00
平谷	0	0	0	0.00
总计	35	48	83	1.00

和多数网络文化产业一样，网络音乐机构和个人都更加偏好北京的城市中

心区而不是郊区。网络音乐的制作人、歌手和受众都以年轻人为主。年轻人更加喜欢在繁华的中心城区生活和居住。同时，网络音乐从业者需要经常与媒体打交道，而媒体经常布局在市中心。这些可能是北京网络音乐倾向于布局在中心城区的原因。

（五）本章小结

本章中我们对于北京的网络音乐的新浪微博进行了统计分析，试图通过这个侧面来窥探北京网络音乐的发展特征及其发展趋势。研究发现，北京网络音乐的发展具有以下几个特点：

1. 北京网络音乐机构或个人彼此之间的联系松散

北京网络音乐微博社会网络的密度为0.0033，平均点度为0.77。密度和平均点度都很低。平均点度仅高于网络媒体的0.74，是所有网络文化产业中第二低的。事实上，大多数（77个）微博用户与网络中其他用户没有任何关注或被关注的联系。

2. 平台型网络音乐机构、网络音乐的经纪人、歌手受关注度最高

在我们抓取的数据中，平台型网络机构“网易云音乐”“腾讯视频明日之子”“鼓手中国网”“VV音乐官微”等受关注度最高。在个人用户粉丝数前10名中，几乎都是网络音乐的经纪人和歌手。“MC九局_碉堡的老九”和“吉他中国小兵姜伟”主要从事网络音乐的管理工作，是艺人的经纪人。“HITA”和“小潘潘”则是网络音乐歌手的代表，是广受关注的网红。

3. 北京网络音乐主要联系的地区是国内外文化产业发达的地区

可以看到，北京网络音乐的联系方向，无论是国内还是国外，与其他网络文化产业差别不大，尤其是和网络媒体非常近似。在国内，北京、上海、广东、浙江、江苏等经济发达、经济总量大的省市是北京网络音乐主要联系的省市。除了北京本地外，天津、河北等与北京距离近的省市很少被北京的网络音乐关注。

在海外联系的国家中，美国遥遥领先，居于第一位；韩国位居第二位；英国和日本差别不大，分列第三、四位。这和我们直观的感受是比较契合的。美国、韩国的流行音乐正是近年来在北京最流行的音乐。英国、日本则紧随其后。

4. 北京网络音乐主要分布在朝阳区和东城区，通州区的情况好于其他产业类型

和多数网络文化产业一样，网络音乐机构和个人都更加偏好北京的城市中

心区而不是郊区。网络音乐的制作人、歌手和受众都以年轻人为主。年轻人更加喜欢在繁华的中心城区生活和居住。同时，网络音乐从业者需要经常与媒体打交道，而媒体经常布局在市中心。此外，通州有 3 个网络音乐个人的微博，相较于其他文化产业类型，算是比较多的。这与通州有北京现代音乐学院有关系。三人中两个都有北京现代音乐学院的背景。

必须承认，微博社会网络和真实世界中的社会网络是有区别的。这种区别因为所研究对象的差异会存在较大差别。我们这章所研究的网络音乐，无论是个人用户，还是机构用户，因为其所在的行业与互联网联系紧密，对于微博社交是相对关注的。这就为数据所揭示的特征提供了一定的可靠性。

综合整理搜集的数据，结合国内外网络音乐产业发展的趋势，我们推测北京网络音乐将长期处于和杭州、广州、深圳等城市的激烈竞争之中。北京是传统上的音乐中心城市之一。在传统流行音乐领域，北京和广州等城市曾经经历过激烈的竞争。广州曾经推出中国最早的流行歌手毛宁、杨钰莹等。北京则依靠中央电视台的影响力，在 MTV 流行的年代，占据了国内流行音乐的领先位置。在网络音乐时代，呈现出群雄并起的局面。从我们抓取的数据来看，网络音乐平台正成为网络音乐领域的组织核心（比如网易云音乐是唯一粉丝数和点入度都很高的机构）。目前，杭州的虾米音乐、广州的酷狗音乐和深圳的 QQ 音乐，与北京的网易云音乐群雄并起。有理由相信，未来将继续维持几大城市激烈竞争的局面。

第十五章　北京网络游戏产业研究

（一）网络游戏的兴起及特征

网络游戏是以计算机技术为实现手段，以文化为载体的一种新兴的多媒体娱乐形式。[①] 在我国，网络游戏诞生于1996年以后，以纯文字类MUD3游戏为开端，主要在高校大学生之间流传，普及性非常低。1998年，《联众游戏世界》上线，图形化网络游戏开始进入国人的生活。1999年，《万王之王》作为国内首款大型网络游戏开始正式运营。

21世纪之后，网络游戏的发展开始突飞猛进。2001年，盛大游戏公司代理了韩国的《热血传奇》创造了最高60万人同时在线的盛况，使这款游戏成为当时世界上最大规模的网络游戏。之后，短短两年时间内，近40余款网络游戏相继上市，整个市场开始飞速成长。从2003年开始，国产网络游戏开始登上舞台，《剑侠情缘online》《传奇世界》等国产网游吸引了大量的用户，成为网络游戏市场的新兴力量正式内测运营。时至今日，国内市场仍然有一些国外的优秀游戏在运营，比如，第九城市代理的《魔兽世界》、腾讯游戏代理运营的《英雄联盟》等。但是，国内游戏逐渐呈现后来居上的局面，由于更加符合国内用户的口味与需求，逐渐占领了大部分国内市场。

相较于传统的单机游戏，网络游戏产值更高、用户量更大。网络游戏已经发展成为中国文化产业的核心组成部分，既是中国文化走出去的重要载体，也是传播我国文化软实力的重要途径。[②] 其特征主要表现在以下几个方面：

首先，满足游戏用户的社交需求。网络游戏通过互联网将不同终端的游戏爱好者连接起来。很多游戏需要组成团队共同作战，满足了用户在游戏过程中

① 杜渐．我国网络游戏产业研究［D］．对外经济贸易大学，2016.

② 孙佳山．网络游戏：第九艺术与大产业［N］．团结报．2016-07-02，第05版．

分享和“共情”的需求。

其次，网络游戏通过网络联机认证技术，解决了单机游戏普遍存在的盗版问题。这样，游戏开发者和运营方可以得到合理合法的收入，确保整个游戏产业可持续发展。

最后，网络游戏有媒体的属性。一方面，网络时代下，网络游戏媒体化进程加速。[①] 在很多网络游戏的运营中，会投放相关的广告。另一方面，网络游戏直播作为一种新型传播形式迅猛发展起来。[②] 吸引了广大游戏爱好者向观看足球比赛一样，投入观看网络游戏的报道中来。

（二）北京网络游戏的概况及其在全国的地位

在互联网时代，盛大游戏是电脑端游戏的霸主。2001 年，上海的盛大游戏（现已经更名为盛趣游戏）运营《热血传奇》，创下当时全球大型多人在线游戏运营纪录。盛大游戏运营的《热血传奇》《传奇世界》等 70 多款精品游戏，注册用户超过 21 亿。这样的成绩在北京的网络游戏中没有任何一家能够比拟。

在移动互联网时代，深圳的腾讯、北京的网易、完美世界等企业占据了移动游戏最大的份额。根据艾瑞咨询发布的《2018 年中国移动游戏行业研究报告》[③]，2017 年中国移动游戏市场营收前 10 位的企业包括腾讯游戏、网易游戏、完美世界、三七互娱、昆仑万维、游族网络、掌趣科技、搜狐畅游、巨人网络、恺英网络。其中，网易游戏、完美世界、昆仑万维、搜狐畅游、掌趣科技、恺英网络 6 家总部都在北京。但是，总部位于深圳的腾讯一家凭借着《王者荣耀》《魂斗罗》等流量产品占据了全部市场的 43.65%（排在第二位的网易游戏仅占 18.12%）。可见，北京网络游戏具备很好的资源，形成了很多有特色的企业，但是，缺乏上海和深圳等城市那样最具竞争力的龙头企业，这可能是北京网络游戏有待加强的方面。

---

① 许君婵．我国网络游戏产业的现状和发展趋势[J]．电子技术与软件工程，2017(1)：23-23.

② 李静涵，顾银垠．网络游戏直播版权属性、规制及产业发展[J]．中国出版，2016(24)：3-7.

③ 2018 年中国移动游戏行业研究报告［EB/OL］．http：//report. iresearch. cn/report_pdf. aspx? id=3266.

（三）基于新浪微博数据对北京网络游戏产业的分析

1. 数据采集

我们于2016年12月底至2017年1月初在新浪微博“找人”模块，以“网络游戏”为关键词，选择搜索“全部”，地点限定在“北京”，用户选择“机构认证”和“个人认证”，搜索所有的用户。共搜索到713个认证用户，其中含388个机构认证用户和325个个人认证用户。由于一些北京的游戏公司或者个人在昵称、标签和简介里面都没有出现网络游戏这样的词汇，考虑到研究精力的有限性和采集数据的便利性，我们于2019年5月5—10日新增加了“企鹅电竞”“完美世界”“乐元素HappyElements”“触控科技”“顽石互动”“王者之剑OL”“Rekoo-热酷”共7个机构认证微博，增加了“西山居郑可”“热酷刘勇”“LOL英雄联盟视频”3个个人认证微博。我们采集了全部723个（一开始采集到的713个，加上补充采集的10个，共723个）认证用户的属性信息，包括昵称、所在地、性别、粉丝数、关注数、发表微博数、简介等。

在采集满足上述搜索项的用户之后，我们又搜索了上述723个微博认证用户关注的用户。由于新浪微博的“反爬虫”限制，只能最多抓取关注列表前200个用户。我们采集了搜索到的认证用户关注的前200个用户的属性信息，包括昵称、所在地、性别、粉丝数、关注数、发表微博数、简介等。

2. 北京网络游戏微博用户的特征

（1）粉丝数最多的网络游戏微博

表15-1　粉丝数排名前10位的网络游戏机构

用户名	粉丝数	关注数	微博数	所在地
新浪新手卡中心	8 728 539	1755	8399	北京海淀区
着迷 Joyme	1 052 448	1801	8892	北京
九乐棋牌	1 027 853	493	1825	北京海淀区
金山玩家社区	941 985	722	1829	北京朝阳区
中国 TERA	818 205	44	1587	北京东城区
王者之剑 OL	814 425	75	519	北京朝阳区
最无极	743 468	86	0	北京海淀区
召唤大师_昆仑游戏	721 077	46	23	北京东城区
中华达人	708 736	181	2442	北京朝阳区
Rekoo-热酷	514 617	604	793	北京东城区

表 15-1 中，“新浪新手卡中心”是最大的新手卡、激活码发放基地，为游戏玩家提供近期公测网游名单、热门测试游戏推荐。“着迷 Joyme”是二次元社区“着迷网（www.joyme.com）”的官方微博。“九乐棋牌”是休闲类棋牌游戏《九乐棋牌》的官方微博。“金山玩家社区”是成都金山数字娱乐科技有限公司的官方微博，简介中自称与金山玩家最近的用户平台。其微博注册地址是北京朝阳区。“中国 TERA”是北京昆仑万维科技有限公司的官方微博，昆仑万维代理了这款由韩国研发商开发的战斗网游 *TERA*（中文名《神谕之战》）。“最无极”是巨人网络研发的游戏《最无极》的官方微博，这是一款由新浪、风游双核运营的多人在线即时战斗角色扮演类页游，游戏题材以水浒、封神榜为原型。“召唤大师_昆仑游戏”是北京昆仑万维科技股份有限公司的微博账号。昆仑游戏是昆仑万维旗下游戏平台，主要针对手游、页游、端游的研发与发行。

表 15-2　粉丝数排名前 10 位的个人用户

用户名	粉丝数	关注数	微博数	所在地	性别
LOL 英雄联盟视频	5 846 801	307	68 953	北京	女
王雨蕴	1 135 355	526	463	北京朝阳区	女
邢山虎_说不得大师	896 715	392	7041	北京	男
林熊猫	816 817	1222	12 763	北京东城区	男
大萌萌	343 890	675	2536	北京	女
爱魔兽爱生活	272 951	916	10 102	北京东城区	男
皮皮_叶翔	255 709	1831	3431	北京通州区	男
联众伍国梁	172 797	1331	3200	北京	男
z 诸葛小花	168 396	378	349	北京朝阳区	男
西山居郑可	109 892	63	152	北京海淀区	男

表 15-2 中，“LOL 英雄联盟视频”是秒拍达人、游戏文学自媒体的微博。“王雨蕴”是完美世界副总裁的微博。“邢山虎_说不得大师”是乐动卓越 CEO、麒麟游戏前总裁的微博。他同时是一位出色的网络作家，笔名是说不得大师，著有网络魔幻小说《佣兵天下》。“林熊猫”是著名游戏玩家，网络视频制片人，游戏测评人。业余龙套配音爱好者，炉石配音中队成员，参与作品包括《我叫 MT》《叫兽系列》等。“大萌萌”是游戏代言人、游戏展模特、网络红人。“爱魔兽爱生活”是魔兽游戏爱好者、B 站吹虾酒馆（chuixia.com）的站长。“皮皮_叶翔”是厦门亦乐互动 CEO。“联众伍国梁”是北京联众互动网络

股份有限公司 CEO。“z 诸葛小花”是微影时代副总裁。其微博标签注明自己也是网络游戏从业者。“西山居郑可”是西山居游戏副总裁。

综观北京网络游戏粉丝数排名，我们不难发现以下特征：

①平台型网络游戏微博用户受关注度最高

在我们抓取的数据中，平台型机构认证用户“新浪新手卡中心”“着迷 Joyme”在网络游戏机构中受关注度最高。粉丝最多的个人认证用户“LOL 英雄联盟视频”也具有平台的性质，是《英雄联盟》玩家观看游戏视频的媒介。

②网络游戏大型企业及其管理人员受关注度高

从新浪微博粉丝数来看，九乐棋牌、金山玩家、中国 TERA、王者之剑等知名游戏品牌的粉丝数目接近，都在 8 万~10 万之间，是北京最受关注的网络游戏。在个人用户中，完美世界作为北京最大的游戏公司之一，其副总裁王雨蕴的微博粉丝数排名第二，之后是乐动卓越 CEO 排名第三。“皮皮 叶翔”“联众伍国梁”“西山居郑可”等也都是网络游戏公司的管理者。

③跨界多个领域的网络游戏个人用户受关注度高

“邢山虎_说不得大师”是乐动卓越 CEO、麒麟游戏前总裁，同时也是一位出色的网络作家，著有网络魔幻小说《佣兵天下》。“林熊猫”是著名游戏玩家，网络视频制片人，游戏测评人，业余龙套配音爱好者，炉石配音中队成员。可见，一些文化领域的人才能够实现跨界发展，吸引来自不同领域的粉丝。

（2）北京网络游戏微博的联系方向

我们在采集 723 个网络游戏认证用户之后，又抓取了上述认证用户关注列表中的用户（由于新浪微博的“反爬虫”限制，关注人数超过 200 个的，只能抓取关注列表的前面 200 个用户）。之后，我们对这些网络游戏认证用户关注的用户（共计 92 172 个用户，其中 4798 个是海外用户，标注地点为其他的用户为 3873 个。海外用户中 3317 个用户标注了所在国家）所在地进行了统计。我们假定每 1 个认证用户关注某地方的用户，视为这个认证用户联系了某地方一次。当我们累加所有的 723 个网络游戏个认证用户关注的用户的所在地之后，我们就可以得到北京网络游戏认证用户所联系的方向（地方）。

在国内的省市中，可以看到北京、上海、广东、浙江、江苏等经济发达、经济总量大的省市是北京网络游戏主要联系的省市。上海超过了广东，是北京对外联系最多的省市。事实上，上海的网络游戏的发展水平在国内一直居于前列，拥有第九城市、盛大网络、巨人网络等国内一线游戏公司。反观广东，除了腾讯，其他知名的游戏公司较少。此外，在京津冀地区，除了北京本地外，天津、河北很少被北京的网络游戏微博关注。

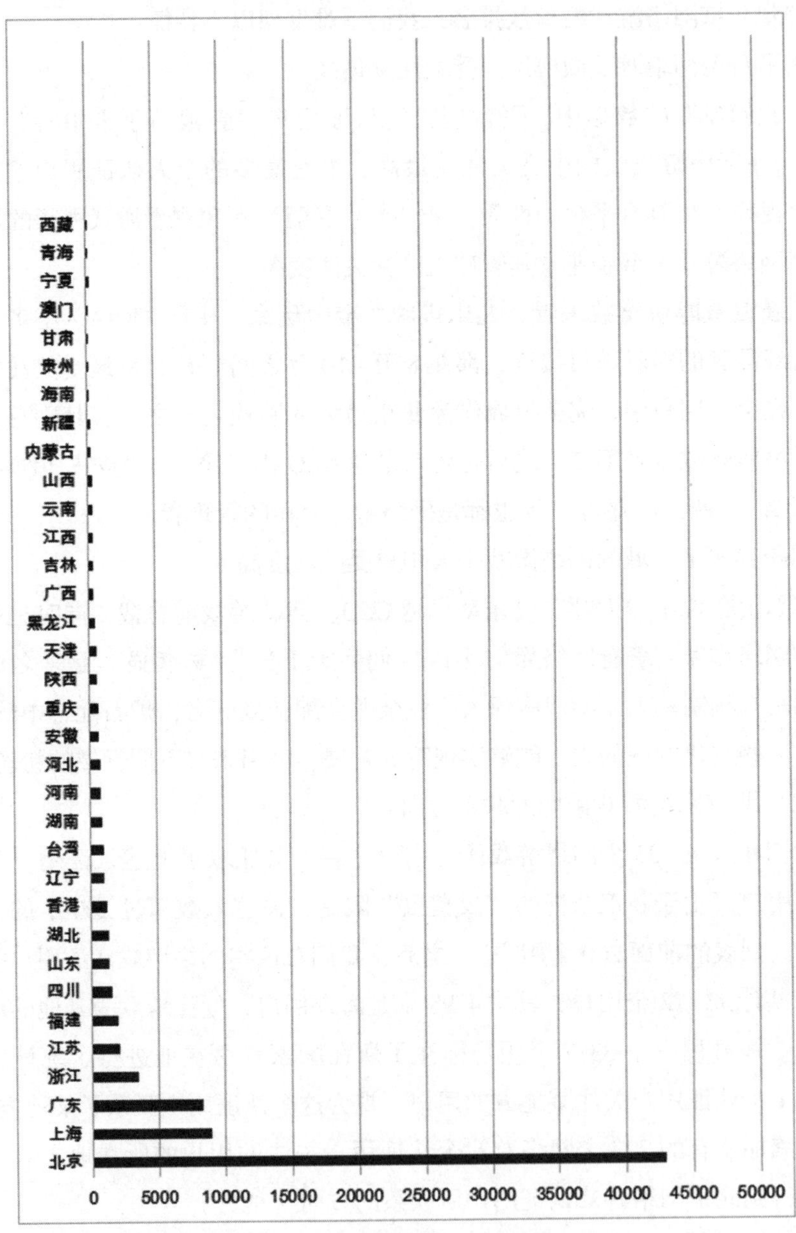

图 15-1　北京网络游戏联系的省市

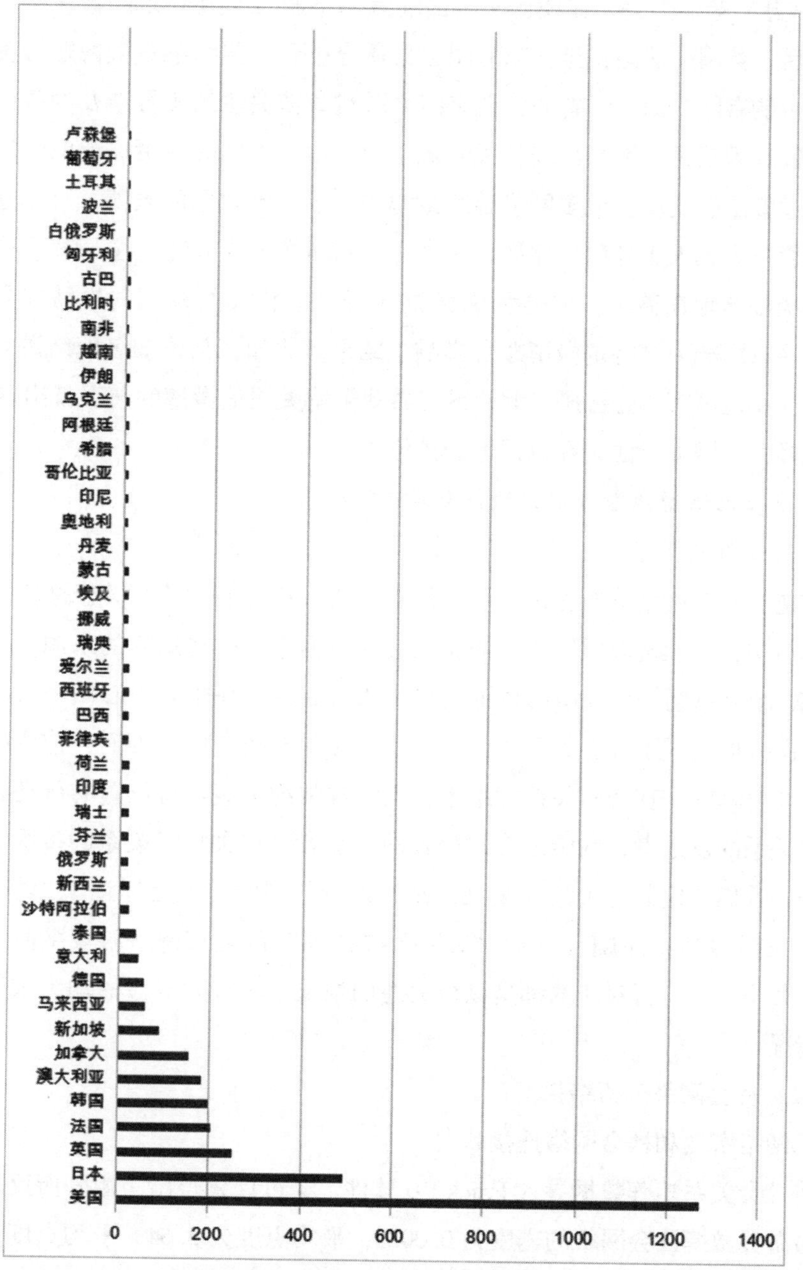

卢森堡
葡萄牙
土耳其
波兰
白俄罗斯
匈牙利
古巴
比利时
南非
越南
伊朗
乌克兰
阿根廷
希腊
哥伦比亚
印尼
奥地利
丹麦
蒙古
埃及
挪威
瑞典
爱尔兰
西班牙
巴西
菲律宾
荷兰
印度
瑞士
芬兰
俄罗斯
新西兰
沙特阿拉伯
泰国
意大利
德国
马来西亚
新加坡
加拿大
澳大利亚
韩国
法国
英国
日本
美国

0 200 400 600 800 1000 1200 1400

图 15-2　北京网络游戏联系的国家

在海外联系的国家中，美国居于第一位，日本位居第二位。二者都是网络游戏很发达的国家。特别是美国游戏商开发的《魔兽世界》《英雄联盟》是长期以来最受欢迎的网络游戏产品。令人意外的是，韩国网游对中国网游界影响巨大，中国市场早期最受欢迎的网络游戏很多都是韩国公司研发的，比如《传奇》《奇迹》等。但是，在我们采集的北京网络游戏对外联系的数据中，韩国甚至落后于英国、法国，排在第五位。具体分析北京网络游戏微博账号关注的情况，可能有两个原因。首先，北京网络游戏微博关注的账号涉及的领域很广泛，往往远远超过了网络游戏相关领域，而日本、英国等在更广泛的领域的影响力超过韩国。比如，很多网络游戏微博关注了动漫主题的微博，日本在动漫领域的影响力远大于韩国。比如，很多北京的网络游戏微博关注了“大圣玩足彩”这类注册地在英国，但是和网络游戏不直接相关的领域的微博账号。其次，一些有影响力的特定微博账号影响了结果。比如，某位知名网络游戏企业家微博注册地填写的是法国。北京网络游戏微博关注他微博的情况就出现了60次，这样大大增加了法国在数据上的排位。

3. 北京网络游戏微博用户的社会网络特征

(1) 矩阵的构建

在进行社会网络分析之前，要进行社会关系矩阵的构建。关于微博的社会网络分析中，一般选取微博用户的相互关注数据作为构建矩阵的来源。本书以全部723个北京网络游戏微博认证用户作为行和列，在矩阵中心填写行与列的关注情况，即构成了社会关系矩阵。由于关注是有指向的，因而，构成的矩阵关系是非对称的。在有向关系网络中，人们常常约定矩阵行位置的行动者是某种特定关系的发送者，约定矩阵列位置的行动者是这种特定关系的接受者。在本书中，我们约定某行关注了某列，则在该行与列的交汇处标注1，其他地方均为0。这样我们就构建了一个“723行×723列”的北京网络游戏微博的关系矩阵。其中，所有行对应的都是该行关注的情况，所有列对应的均为该列被关注的情况。

(2) 社会网络分析结果

①网络密度和社会网络连接状况

将社会关系矩阵数据导入Pajek2.0软件。经过计算得出，矩阵所反映的北京网络游戏微博社会网络的密度为0.0025，平均点度为3.64。平均点度是我们研究的这些网络文化产业中最高的。事实上，723个微博账号中456个微博账号与网络中其他微博存在关注或被关注的关系，这一比例比较高。

②点度中心性

和前面几章一样，我们这里用微博社会网络的点度中心性来分析各个认证微博在社会网络中的影响力。如表15-3中所示，点入度最大的是“新浪新手卡中心”（网络游戏新手卡、激活码发放基地），之后是“邢山虎_说不得大师”（乐动卓越 CEO）、“王雨蕴”（完美世界副总裁）、“林熊猫”（著名游戏玩家）。

表 15-3 社会网络中点出度和点入度排名前 10 位的微博用户

点入度排名前 10 位微博用户	点入度	点出度	点出度排名前 10 位微博用户	点入度	点出度
新浪新手卡中心	77	15	12318 文化市场热线	1	30
邢山虎_说不得大师	54	7	-房明	3	17
王雨蕴	32	1	跑堂阿蒙	5	16
林熊猫	26	1	完美世界 PWIE 进出口平台	2	16
笑傲江湖 online	24	2	新浪新手卡中心	77	15
杨依志	21	6	17y 游戏社区	4	14
完美世界国际版 2	21	3	7g8g 游戏网	4	13
艾瑞咨询	21	0	封神榜 3	6	12
热酷刘勇	20	5	疯狂勇士 OL	2	12
皮皮_叶翔	17	8	易玩通 POL	1	12

与点入度相反，点出度表示某用户关注其他用户的程度。点出度最大的是“12318 文化市场热线”（文化部文化市场司官方微博），之后是“-房明”（北京华夏飞讯科技有限公司产品总监）、“跑堂阿蒙”（完美世界网路电台总经理王濛）、“完美世界 PWIE 进出口平台”，它们有扩大在圈子内影响力的诉求，在网络中主动关注了很多网络游戏从业机构和个人。

综合点入度和点出度，我们可以看到北京网络游戏微博社会网络中，点入度最大的是那些自身粉丝数最多的微博账号，比如，“新浪新手卡中心”点入度和粉丝数都排在第一位；“邢山虎_说不得大师”点入度和粉丝数都排在前三位。说明它们在网络游戏圈子内以及更广泛的全部微博用户中都是最受关注的北京网络游戏微博。点出度方面，“12318 文化市场热线”比较值得注意，其微博上的全部关注数只有 167，但是在我们采集的网络游戏微博社会网络中，点出度就达到了 30。可见，文化部文化市场司对于北京网络游戏产业非常关注。

③凝聚子群

在 456 个与其他微博有关注或被关注的微博用户群体中，通过寻找弱组元的方式，可以找到 10 个子群。

第一个子群是由 445 个微博用户组成的巨大群体。其中，受关注度（点入度）最高的微博用户大多是那些来自大公司的员工或者管理人员，包括“405—大果粒哥”（上海人人游戏科技发展有限公司北京分公司游戏业务部主策划)、“444—曾顾曲”（知名游戏制作人，出品《完美世界》《诛仙》《无限世界》等)、“456—热酷刘勇”（热酷创始人及 CEO 刘勇)。此外，点入度很高的游戏视频自媒体“454—LOL 英雄联盟视频”也在这一群体之内。

第二个子群由 3 个微博用户组成。其核心是“134—3D 武侠网游热血江湖”，关注于这一款武侠游戏。另外两个关注它的成员是“220—17game”（网游热血江湖出品公司“一起玩网络”官方微博)、“58—数位加盛”（综合型网络游戏公司)。

第三、四、五、六、七、八、九、十个子群由一些微博用户两两连接而成。除了“29—好玩吧手机游戏平台”和“396—jafar_ qiao”二者都来自北京荣唐科技有限公司外，其他的子群内成员间没有特殊的连接关系。其他子群具体成员包括“375—徐浩宇_景行闻达_游戏头条”和“410—夜光菩提 mobi”；“361—陈自新”和“131—云快线-CloudEx”；“369—一不小心就变好看了”和“401—屋顶_庭”；“68—竞技世界招聘”和“84—3399 游戏”；“180—比特尔科技”和“282—jemmy-IT 猎头”；“336—冀秀元”和“160—鹏游云游戏”；“324—罗小月”和“32—酷玩瑞成”。

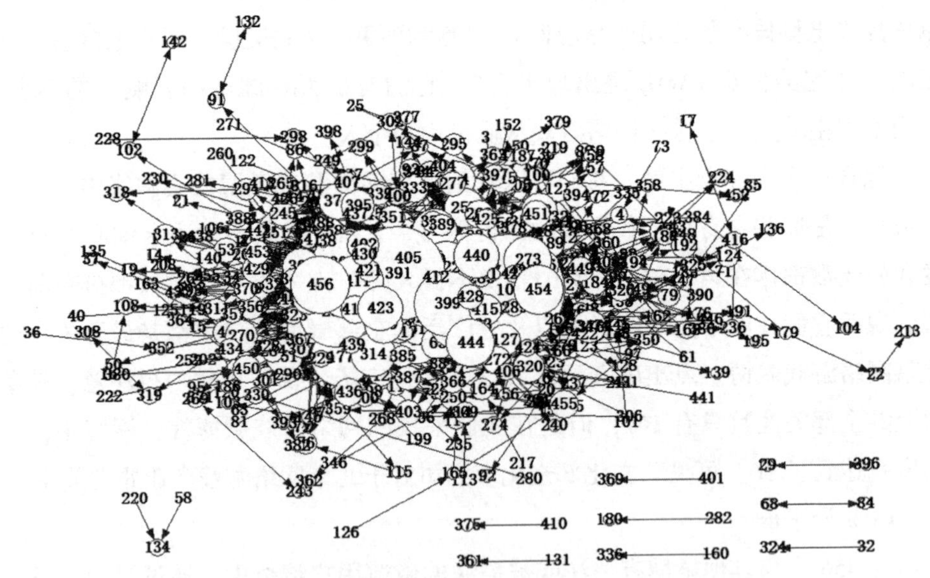

图 15-4　网络游戏微博社会网络的凝聚子群

注：图中顶点越大，表明该微博用户的点入度越大，在网络中受关注度越高。

（四）北京网络游戏微博空间分布

如表 15-4 所示，和其他网络文化产业一样，北京的网络游戏企业和从业者呈现出集中在中心城区的局面。尤其是集中在朝阳区、东城区和海淀区这 3 个区，另外石景山区、昌平区等也有一小部分。

朝阳区是北京重要的服务业聚集区，特别是传媒、影视等文化产业尤其发达，网络游戏显现出与这类产业较为近似的分布态势；东城区则处于北京的心脏，经济、文化资源都非常丰富，网络游戏产业也有较多的布局。海淀区是互联网行业的大本营。从区位商来看，网络游戏是北京网络文化产业中唯一一个海淀区超过朝阳区的类型。相比于其他文化产业，网络游戏产业更依赖互联网技术而不是内容创造者，这可能是海淀区网络游戏区位商更高的重要原因。

表 15-4　北京网络游戏空间分布情况

所在区	机构	个人	用户总数	区位商
东城	93	53	146	6.94
西城	3	9	12	0.40
朝阳	85	87	172	1.86
海淀	87	79	166	1.93
丰台	5	5	10	0.18
石景山	8	6	14	0.92
昌平	1	8	9	0.18
顺义	1	0	1	0.04
通州	0	3	3	0.08
大兴	0	2	2	0.05
密云	0	0	0	0.00
怀柔	1	0	1	0.10
延庆	0	0	0	0.00
门头沟	0	1	1	0.13
房山	0	0	0	0.00
平谷	0	0	0	0.00
总计	284	253	537	1.00

（五）本章小结

本章中我们对于北京的网络游戏的新浪微博进行了统计分析，试图通过这个侧面来窥探北京网络游戏的发展特征及其发展趋势。研究发现，北京网络游戏的发展具有以下几个特点：

1. 相较于其他网络文化产业，北京网络游戏彼此联系最多

北京网络游戏微博社会网络的密度为0.0025，平均点度为3.64。平均点度是我们研究的这些网络文化产业中最高的。

2. 平台型企业、有较高知名度的大企业的管理者受关注度高

在机构用户中，平台型机构认证用户“新浪新手卡中心”“着迷 Joyme”在网络游戏机构中受关注度（粉丝数）最高。排在之后的是九乐棋牌、金山玩家、中国 TERA、王者之剑等知名游戏品牌。在个人用户中，完美世界副总裁王雨蕴、乐动卓越 CEO 等网络游戏公司的管理者粉丝数目较多。此外，“皮皮_叶翔”“联众伍国梁”“西山居郑可”等也都是游戏公司的管理者。

3. 北京网络游戏主要联系的是国内外经济发达的地区

在国内的省市中，可以看到北京、上海、广东、浙江、江苏等经济发达、经济总量大的省市是北京网络游戏主要联系的省市。上海超过了广东，是北京对外联系最多的省市。

在海外联系的国家中，美国居于第一位，日本位居第二位。令人意外的是，在我们采集的北京网络游戏对外联系的数据中，韩国落后于英国、法国，排在第五位。具体分析北京网络游戏微博账号关注的情况，可能有两个原因。首先，北京网络游戏微博关注的账号涉及的领域很广泛，往往远远超过了网络游戏相关领域，而日本、英国等在更广泛的领域的影响力超过韩国。比如，很多网络游戏微博关注了动漫主题的微博。其次，一些有影响力的特定微博账号影响了数据统计结果。北京网络游戏微博关注某位注册地为法国的企业家微博的情况就出现了60次，这样大大增加了法国在数据上的排位。

4. 北京网络游戏主要分布在朝阳、海淀、东城几个中心城区

和其他网络文化产业一样，北京的网络游戏企业和从业者呈现出集中在中心城区的局面。尤其是集中在朝阳区、东城区和海淀区这3个区，另外石景山区、昌平区等也有一小部分。从区位商来看，网络游戏是北京网络文化产业中，唯一一个海淀区超过朝阳区的类型。相比于其他文化产业，网络游戏产业更依赖互联网技术而不是内容创造者，这可能是海淀区网络游戏区位商更高的重要原因。

必须承认，微博社会网络和真实世界中的社会网络是有区别的。这种区别

因为所研究对象的差异会存在较大差别。我们这章所研究的网络游戏，无论是个人用户，还是机构用户，因为其所在的行业与互联网联系紧密，对于微博社交是相对关注的。这就为数据所揭示的特征提供了一定的可靠性。

综合整理搜集的数据，结合国内外网络游戏产业发展的趋势，我们推测北京网络游戏将长期处于和上海、深圳等城市的激烈竞争之中。北京是互联网产业最发达的城市，在研发和运营方面具备网络游戏产业最核心的竞争力。同时，依靠北京在经济、文化上的独特地位，北京网络游戏企业能吸引更多的资本注入。因此，北京的游戏企业一定是具有较高竞争力的。但是，上海、深圳等城市在资金、人才、技术等方面也具备相当的积累。相比较而言，北京还面临着网络游戏企业“龙头”不够突出的问题。“完美世界”等北京的网络游戏企业在我们统计的粉丝数量、点入度上看并不非常靠前，它们有待进一步提升企业实力和影响力。

第十六章　北京网络广告产业研究

(一) 网络广告的概念、发展历程及特征

1. 网络广告的概念

网络广告主要指的是在网络上传播的广告。① 2016 年，国家工商行政管理总局发布的《互联网广告管理暂行办法》② 将互联网广告界定义为通过网站、网页、互联网应用程序等互联网媒介，以文字、图片、音频、文学或者其他形式，直接或者间接地推销商品或者服务的商业广告。这基本符合我们这里所研究的网络广告的范畴。

2. 网络广告的发展历程

网络广告最早起源于美国，1994 年 10 月 14 日美国《连线》（*Wired*）杂志最早发布了网络版广告。③ 1995 年 7 月，马云创办的中国黄页成为中国第一家发布商业信息的网站，堪称我国网络广告的先锋。④ 1997 年 3 月，一幅 Intel 的 486×60 像素的动画旗帜广告贴在了 chinabyte 网站上，这是中国网络广告发展的一个里程碑，标志着网络广告的正式诞生。⑤ 之后，网络广告伴随着互联网的发展快速增长。先是与门户网站等网络“他媒体”绑定，进行定点投放，之后，又开始向电子邮件和百度等搜索引擎进行渗透，出现了百度推广等依托搜索引擎的网络广告形式。近年来，伴随着微博、微信等社交媒体的发展，依托

---

① 张爽．中国网络广告的互动性分析[J]．中国民族博览．2019（2）：240-241.

② 国家工商行政管理总局令第 87 号互联网广告管理暂行办法［EB/OL］．http：//gkml. samr. gov. cn/nsjg/ggjgs/201902/t20190215_281605. html#.

③ 闫丞锋．网络广告互动性对广告沟通效果的影响研究——基于解释水平理论视角［D］．中国矿业大学，2016.

④ 黄玉涛．解析中国网络广告的发展轨迹[J]．中国广告，2004（7）：91-93.

⑤ 王成文，中国网络广告第一个十年发展研究［D］．河南大学，2008.

这类新型社交媒体和自媒体的网络广告形式也不断被开发出来。到 2017 年，中国网络广告年度广告市场规模达到 3750.1 亿元，同比增长 32.9%，至 2020 年整体规模有望接近 8000 亿元（艾瑞咨询，2018）。在网络广告时代，传统广告公司也开始转型，逐渐由单纯的制作广告转向将其与各种网络媒介深度融合，向用户精准定位消费群体、订制广告营销服务、建立完善的营销效果监测平台，以及提供业务咨询等。①

3. 网络广告的特征

在互联网浪潮的不断冲击下，传统的纸媒、电视媒介广告不断让位于依托互联网的新型广告形式。产生这一变化的主要原因在于网络广告在成本、互动性、投放精准度等方面存在着一些无法比拟的优势特征。

第一，网络广告的制作和传播成本低于传统媒介。最简单的广告只需要一个弹出窗口，并且可以在一个网页上链接很多个广告。因而其成本是显著低于传统广告形式的。

第二，网络广告可以根据客户需求精准投放。广告主可以根据消费者浏览痕迹和网络购物经历进行精准计算，并推送相应的广告信息，提升广告投放的精准性。

第三，广告收费模式更加灵活多样，按广告效果收费更加受到广告主青睐。点击率、转化率（用户点击广告转化为一个有效激活或者注册甚至付费用户）、投资回报率等指标可以在一定程度上用来衡量广告的投放效果。

第四，网络广告形式灵活，易于被用户接受。特别是随着大量的网络广告植入网络新闻、网络影视剧之中，网络广告不再被生硬地强推给客户，让用户在不知不觉中接受了广告信息。爱奇艺独播剧《老九门》首创小剧场广告，有情节故事，有产品植入，俨然正片模样，让观众在会心一笑中接受广告信息。

第五，网络广告受关注度更高。网络是全天候和全球性的，突破了时间和地域的限制。随着网络媒体受关注度逐渐超越传统媒体，网络广告的受关注度也日益超越传统广告形式。

（二）北京网络广告的概况及其在全国的地位

北京是全国政治和文化中心。长期以来，都是国内传统广告业最发达的城

① 张晓凯．网络时代广告公司营销服务的转型思考[J]．传媒，2019，(2)：81-82.

市。比如，2013 年时，北京广告经营额超过 2000 亿元，占全国广告经营额的三分之一。① 同时，北京集中着中国 60%的互联网企业。在网络广告被开发出来后，北京的互联网和广告迅速融合在一起，并且飞速地发展起来。

当前有关网络广告的统计都是以全国为单位的。不过，北京是互联网传播平台最多的城市。百度、今日头条、奇虎、新浪、搜狐、优酷、爱奇艺、人人、搜房、汽车之家、易车、58 同城、去哪儿、马蜂窝、智联招聘、豆瓣、知乎、美团等数量众多知名的互联网公司，其主要的收入来源都是网络广告。因此，北京必定是全国最大的网络广告生产和传播基地之一。

（三）基于新浪微博数据对北京网络广告产业的分析

1. 数据采集

我们于 2016 年 12 月底至 2017 年 1 月初在新浪微博“找人”模块，以“网络广告”为关键词，选择搜索“全部”，地点限定在“北京”，用户选择“机构认证”和“个人认证”，搜索所有的用户。共搜索到 335 个认证用户，其中含 191 个机构认证用户和 144 个个人认证用户。我们采集了全部 335 个认证用户的属性信息，包括昵称、所在地、性别、粉丝数、关注数、发表微博数、简介等。

在采集满足上述搜索项的用户之后，我们又搜索了上述用户关注的用户。由于新浪微博的“反爬虫”限制，只能抓取关注列表的前面 200 个用户。我们采集了搜索到的认证用户关注的前 200 个以内用户的属性信息，包括昵称、所在地、性别、粉丝数、关注数、发表微博数、简介等。

2. 北京网络广告微博用户的特征

（1）粉丝数量最多的网络广告机构和个人

表 16-1　粉丝数排名前 10 位的网络广告机构

用户名	粉丝数	关注数	微博数	所在地
多盟	1 176 720	724	2535	北京
百度推广	1 043 775	951	8972	北京

① 窦红梅．北京成为全国广告最发达地区之一［N］．北京日报．2014-5-12．转引自中国社会科学网［EB/OL］．http：//ex. cssn. cn/jjx/jjx_gdxw/201405/t20140514_1158276.shtml.

续表

用户名	粉丝数	关注数	微博数	所在地
艾瑞网	1 010 267	698	20 017	北京朝阳区
艾瑞咨询	233 139	453	23 295	北京
九枝兰	97 178	298	946	北京朝阳区
新浪微洞察	86 457	355	4116	北京海淀区
锐创网络	79 158	327	903	北京
互联网周刊	76 310	106	3509	北京东城区
未来网品牌	40 318	2646	6109	北京海淀区
百度鸿媒体	36 912	330	1167	北京

在表 16-1 粉丝数排名前 10 位的网络广告机构中，排在第一位的“多盟”自称为中国第一智能手机广告平台，整合了智能手机领域最优质的应用以及广告资源，搭建了广告主和应用开发者之间的广告技术服务平台。一方面借助大规模数据处理的平台优势，为应用开发者提供产品推广服务和收益；另一方面，为广告主在智能手机平台推广产品、品牌。排在第二位的“百度推广”是百度在国内首创的一种按效果付费的网络推广方式，是国内领先的效果广告营销平台，依托于百度海量优质流量资源，提升企业知名度及销售额。排在第三位的“艾瑞网”和第四位的“艾瑞咨询”本质上是一个机构。前者号称中国新经济门户，主要作为互联网数据资讯的聚合平台。后者是这个机构的实体，是国内对于网络媒体和网络广告具有较为深入研究的咨询公司。专注于网络新经济领域的研究，可以为网络行业客户及传统行业客户提供市场调查研究和咨询服务的专业研究机构，属于广义上网络广告业的范畴。九枝兰科技定位为一家新兴的数字营销技术公司。通过以 AI 为驱动的 SAAS（Software-as-a-Service，软件即服务的简称）产品，为企业提供一站式网络广告投放管理与优化解决方案。提供广告追踪监测、效果归因以及分析，跨渠道（搜索引擎、信息流、应用市场等）、跨媒体的推广活动管理与优化。截至 2018 年，九枝兰管理广告投放金额超过 10 亿元，涵盖教育、医疗、招商加盟、金融、电商、游戏等行业的 300 多家企业。“新浪微洞察”是新浪广告数据中心官方微博，主要负责互联网领域的数据研究，包含行业产品研究数据，用户调研数据及其他相关的信息。“锐创网络”是北京锐创利丰科技有限公司的官方微博。该公司业务范畴包括为企事业单位提供网络公关、危机公关、网络营销、新闻发稿、软文营销、报纸广告等。《互联网周刊》完整见证和记录了网络时代的风云变幻，潮落潮起，

是目前中国互联网和IT业界最成功的主流商业杂志之一。未来网品牌是未来网的官方账号。未来网是党中央交付团中央建设的面向全国未成年人的专属网站，承担着为广大未成年人提供健康向上、生动活泼、寓教于乐的网络产品和服务的重要任务，是引导未成年人勤奋学习、快乐生活、全面发展，加强未成年人思想道德建设的网络主阵地。百度鸿媒体是百度旗下的精准品牌展示广告网络，重点负责文学贴片广告，其工作目标为整合国内主流文学网站优质广告资源，实现跨媒体、跨平台全网投放，融入独有的“天目”技术，全面推动文学贴片广告进入精准定向投放新时代。

表 16-2　粉丝数排名前 10 位的个人用户

用户名	粉丝数	关注数	微博数	所在地
李思雨 Elena	130 354	632	513	北京东城区
第一城市_	101 403	179	176	北京西城区
耿东娜	100 170	151	413	北京朝阳区
视觉教父	71 281	2960	2674	北京朝阳区
啦啦小杰	70 975	93	698	北京丰台区
M9NCom	34 001	618	1651	北京朝阳区
北京_小伙儿	30 507	119	1554	北京西城区
网络营销刘国立	21 546	1963	4377	北京丰台区
善紫蓝	16 170	389	1862	北京朝阳区
Leo 耿晓晨	12 730	315	798	北京通州区

在表 16-2 粉丝数排名前 10 位的网络广告个人用户中，排名首位的“李思雨Elena”是中视盛世（北京）国际影视文化有限公司签约艺人、演员、平面模特，还是网络游戏《王者荣耀》梨城往事战队队长。“第一城市_”是北京图腾实大科技有限公司总经理。该公司主要承接网络视频媒体广告投放、微信群朋友圈商媒体广告投放。“耿东娜”① 是第 36 届环球国际小姐世界总决赛亚太区冠军、知名时尚博主，在互联网上从事母婴类产品的推介。“视觉教父”是国际时尚摄影师，为广告、杂志、艺人包装、推广拍摄作品。“啦啦小杰”是北京风尚引力投资顾问有限公司网络主管冯士杰的微博账号，主要从事互联网运营、互联网广告投放、电子商务市场拓展开发工作。“M9NCom”是天啸融通科技（北京）有限公司总裁，主要从事会员制营销、电话营销、网络营销、电视购物、电子商务、仓储物

① 我们采集数据时，微博注册地在北京朝阳区，现在微博注册地址已经改为深圳。

流 ERP。“北京_小伙儿”是北京新会网络广告有限公司设计总监，从事广告设计工作。“网络营销刘国立”是北京大维互通营销策划有限公司 MVI 项目总监，从事代理运营、网络新闻、网络广告、事件营销、文学营销、论坛营销、微博营销、博客营销。“善紫蓝”是北京沃德在线广告有限公司网络执行。“Leo 耿晓晨”是舜风国际广告有限公司网络事业部客户主管。

综观北京网络广告粉丝数排名，我们不难发现以下特征：

①平台类网络广告机构受关注度最高

在我们抓取的数据中，平台类网络广告机构受关注度最高。比如，有中国第一智能手机广告平台之称的多盟，搭建了广告主和应用开发者之间的广告技术服务平台，并借助大规模数据处理的平台优势以及贴近应用开发者的服务模式，为应用开发者提供产品推广服务和收益。排在第二位的百度推广和第十位的百度鸿媒体，作为基于全球最大中文搜索引擎的广告营销平台，可以为客户在搜索引擎显著位置展示推广信息，吸引了广泛的关注度。《互联网周刊》和“未来网品牌”两者同样具有平台的特征。前者是互联网和 IT 业界最成功的主流商业杂志，是互联网和广告业共同关注的信息传播平台。后者依托的未来网是全国少工委新媒体工作平台。

②广告数据和咨询类机构受关注度高

“艾瑞咨询”和“新浪微洞察”本质上都是广告数据方面的咨询机构，经常发布一些关于互联网和广告业的调研数据。这些数据的受众面很广，包括广告公司、广告主以及研究者都可能为了获取数据关注这些机构。

③网络红人和广告公司管理人员是关注度最高的微博个人账号

网络红人是社交媒体上吸引流量最大的群体之一。表 16-2 中，“李思雨 Elena”和“耿东娜”都属于这类，通过自己的外貌和对时尚类信息的传播吸引了大量的粉丝，进而在微博中植入广告，达到宣传推介产品的目的。

“第一城市”为代表的广告公司管理人员注重在网络上推介自己。同时，他们熟悉微博上吸引粉丝的方法，因而在网络上同样获得了很高的粉丝数目。

④传统的广告公司很少受到关注

在互联网的浪潮下，传统广告公司也逐渐从事一些网络广告业务。但是，从我们统计微博粉丝数来看，传统广告公司很少受到网民的关注。这主要是因为它们一般与广告主直接在线下联系，不注重在互联网上进行推介。比如，蓝色光标、北京奥美等非常知名的广告公司没有微博账号。美国麦肯世界集团与光明日报社于 1991 年年底合资组建的专业广告公司麦肯光明等的微博只有 2000 个粉丝。

(2) 北京网络广告微博的联系方向

我们在采集 335 个网络广告认证用户之后，又抓取了上述认证用户关注列表中前 200 个用户的基本信息（由于新浪微博的“反爬虫”限制，只能抓取关注列表的前面 200 个用户。当然，很多用户关注的账号数目少于 200 个，我们就把所有的关注的账号都抓取了）。之后，我们对这些网络广告认证用户关注的用户(共计 48 283 个用户，其中 2168 个是海外用户，海外用户中有 1530 个用户标注了所在国家）所在地进行了统计。我们假定每 1 个认证用户关注某地方的用户，视为这个认证用户联系了某地方一次。当我们累加所有的 335 个认证用户关注的用户的所在地之后，我们就可以得到北京网络广告认证用户所联系的方向。

我们发现，无论是国内还是国外，北京网络广告联系的方向和网络媒体、网络视频等各种网络文化产业都是非常类似的，进一步表明了文化产业发展具有集群效应。国内文化产业发达的城市，在这些领域都有较大的规模，与北京的文化产业机构或从业者发生联系的概率也自然更高。

如图 16-1 所示，在国内的省市中，可以看到和其他网络文化产业有类似之处，上海、广东、浙江、江苏、山东等经济发达、经济总量大的省市是北京网络广告机构和个人主要联系的省市。除了北京本地外，天津、河北等与北京距离近的省市很少被北京的网络广告微博用户关注。

如图 16-2 所示，在海外的国家中，美国远高于其他国家，韩国位居第二位。一方面是因为美国文化非常流行，国内网络广告从业者对于与美国，特别是纽约等国际大都市的微博用户十分关注。比如，798 艺术工厂传媒有限公司创办的 BOMODA 摩登系是一个针对全球华人的图片时尚社交平台，总部位于纽约。其微博介绍里强调来自纽约，为客户提供全球最新鲜火热的摩登时尚资讯。另一方面，对这些标注位置为美国的用户进行分析后，发现很多用户并非定居在美国，可能是因为美国比较发达，成了用户喜欢填写的地方。

韩国位居第二，原因可能有：首先，韩国文化产业发达，近些年向外输出很多文化产品、文化企业和从业者。北京是国内距离韩国较近的大都市，很多韩国人在北京就业。比如，被北京汇利嘉弘文化传媒有限公司关注的“娜姐彩妆日记”就是韩国时尚博主。其次，北京一些网络广告机构可能和一些韩国明星有合作，或者较为单纯地关注这些明星和机构。比如，韩国男子组合 2PM 成员玉泽演被韩资企业 NHN 北京-广告部所关注，韩国女星白颂伊被北京环球创

影传媒关注等。排在之后的英国、日本、法国也都是文化产业比较发达的国家，都有大量优秀的文化产品和知名的影星、歌星等被北京广告业机构或者个人所关注。也都有一些人因为喜欢这些国家，所以在新浪微博上注册地写了这些国家。

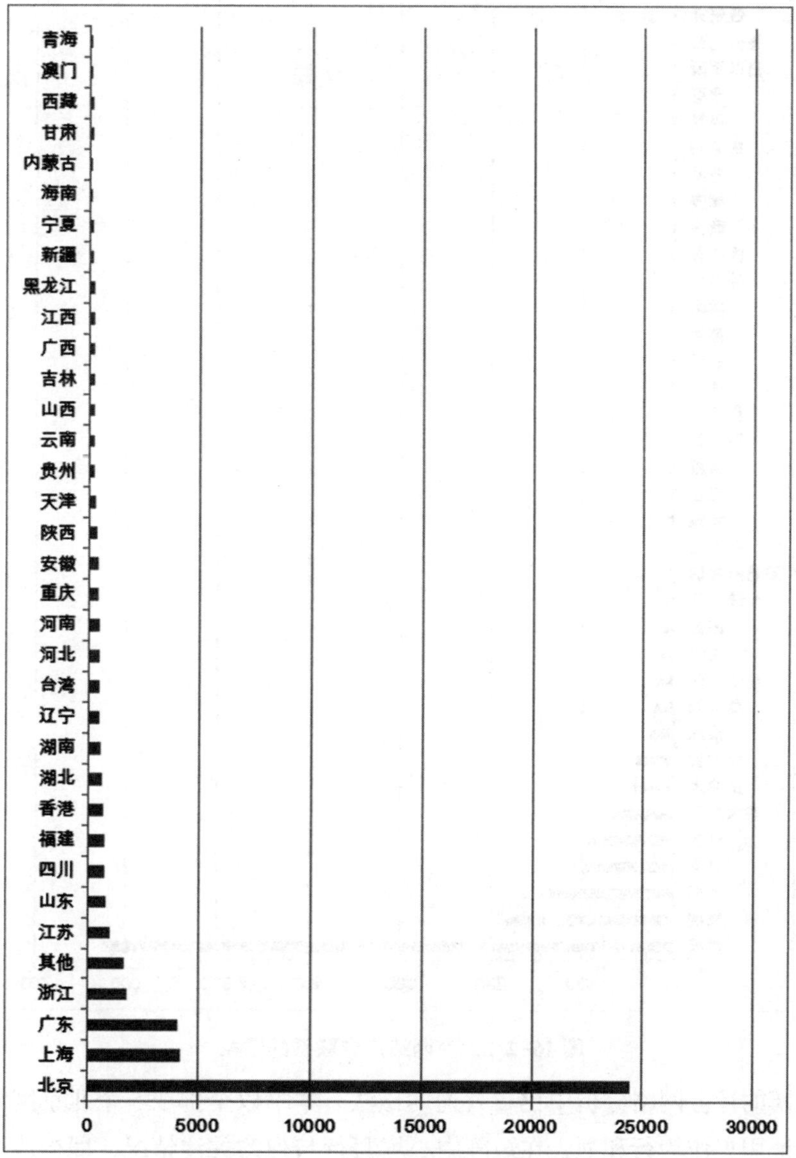

青海
澳门
西藏
甘肃
内蒙古
海南
宁夏
新疆
黑龙江
江西
广西
吉林
山西
云南
贵州
天津
陕西
安徽
重庆
河南
河北
台湾
辽宁
湖南
湖北
香港
福建
四川
山东
江苏
其他
浙江
广东
上海
北京
0 5000 10000 15000 20000 25000 30000

图 16-1　北京网络广告联系的省市

3. 北京网络广告微博用户的社会网络特征

（1）网络广告的微博社会网络

微博用户相互关注，从而构成微博社会网络。以相互关注数据进行分析是

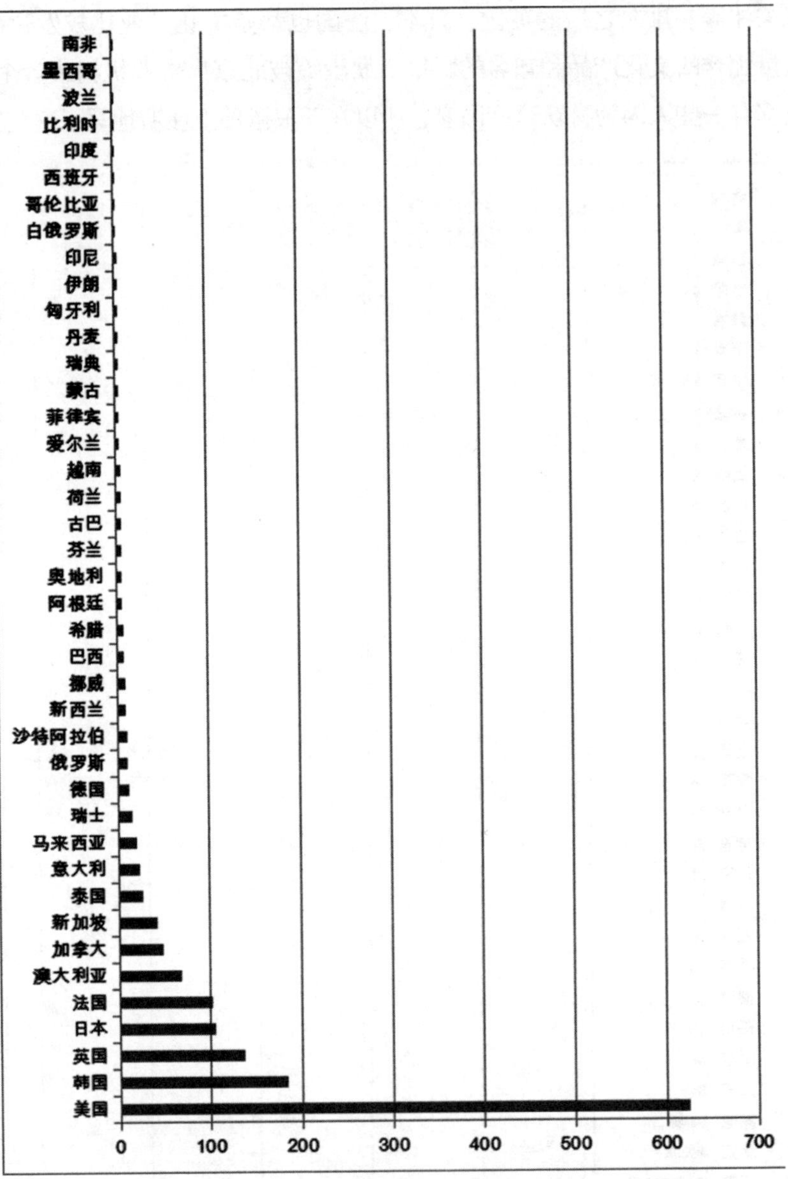

图 16-2 北京网络广告联系的国家

关于微博的社会网络分析中比较普遍的做法。本书以全部 335 个北京网络广告微博认证用户作为行和列，在矩阵中心填写行与列的关注情况，即构成了社会关系矩阵。其中，行位置的行动者是关注情况的发送者，列位置的行动者是关注情况的接受者（被关注）。在本书中，我们约定某行关注了某列，则在该行与列的交汇处标注 1，其他地方均为 0。这样我们就构建了一个“335 行×335 列”的北京网络广告产业微博的关系矩阵。其中，所有行对应的都是该行关注

的情况，所有列对应的均为该列被关注的情况。

（2）社会网络分析结果

①网络密度和社会网络连接状况

将社会关系矩阵数据转换为 Pajek 的网络数据格式，然后将其导入 Pajek2.0 软件。经过计算得出，矩阵所反映的北京网络广告微博社会网络的密度为 0.0022，平均点度为 1.45。密度和平均点度都很低。事实上，335 个网络广告微博用户中，仅有 147 个用户与其他用户之间有关注或被关注的联系，剩余的 188 个微博用户与网络中其他用户没有任何关注或被关注的联系。

②点度中心性

和其他网络文化产业一样，我们这里用点度中心性作为评价网络广告产业微博社会网络中的认证机构或个人重要与否的指标。点入度表示某用户被其他用户关注的程度，以此可以体现出这个顶点在整个网络中的威望。如表 16-3 中的结果所示，点入度最大的是艾瑞咨询（点入度为 26），之后是新浪微洞察和艾瑞网（点入度分别为 20 和 19）。可见，艾瑞咨询、艾瑞网和新浪微洞察等是北京网络广告微博社会网络中颇具威望、地位颇高的微博用户。它们都是带有研究和咨询性质的机构，特别是有大量的数据资源。这些可能是其他网络广告业微博用户关注它们的原因。

表 16-3　社会网络中点出度和点入度排名前 10 位的微博用户

点入度排名前 10 位微博用户	点入度	点出度	点出度排名前 10 位微博用户	点入度	点出度
艾瑞咨询	26	4	互联网猫特儿	0	16
新浪微洞察	20	3	数据监测-DCCI	3	10
艾瑞网	19	1	百度_鸿媒体	7	8
网络广告人社区	8	2	MediaV-聚胜万合	8	6
现代广告杂志社	8	2	秀米数字	1	5
MediaV-聚胜万合	8	6	艾瑞会展	1	5
百度_鸿媒体	7	8	派悦科技	0	5
尼尔森网联官方微博	7	0	艾瑞咨询	26	4
百度推广	6	1	艾瑞广告先锋	3	4
互联网周刊	6	2	侯中	3	4

与点入度相反，点出度表示某用户关注其他用户的程度。点出度最大的是互联网猫特儿（点出度为 16）。互联网猫特儿点出度最高，但点入度为 0，说明他在网络中主动关注了很多从业机构和个人，但是，没有被从业者关注。相反，艾瑞咨询关注社会网络中的其他人和机构数量只有 4 个，却被 26 个网络广

告微博用户关注。这进一步表明，艾瑞咨询在北京网络广告的社会网络中的地位非常高，而且其地位不是靠着主动联系其他人，双方互相关注而得到的。数据监测-DCCI（点出度为10）和百度_鸿媒体（点出度为8）也是点出度高于点入度。一定程度上说明他们更多的是在向广告业用户进行推广阶段，没有受到业内人士的广泛关注。

③凝聚子群

分析北京网络广告（传媒）微博的相互关注状况可以判断出哪些网络广告之间的联系更为紧密，甚至形成若干团体。我们运用社会网络分析中的凝聚子群分析方法来进行分析。在初始的335个认证账号的网络中，发现147个微博与其他北京广告业微博没有联系，剩余的188个微博用户联系的网络中，通过弱组元分析，可以找到7个子群。133个微博组成了一个大的网络，其他14个微博用户组成了6个小的子群。

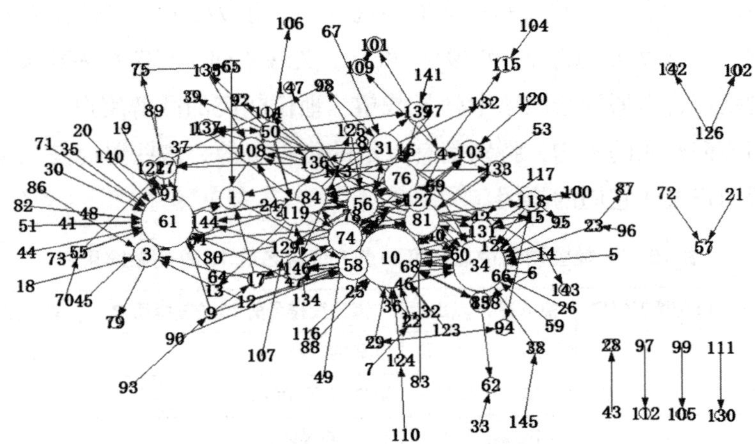

图16-3 北京网络广告微博社会网络的凝聚子群

注：图中数字为顶点的序号。顶点越大，表明该微博账号在网络内点入度越高，受关注度越高。

“10—艾瑞咨询”“34—艾瑞网”“61—新浪微洞察”等133个微博用户紧密地联系在一起，构成了一个最大的子群。它们关注于各种社会热点，可以看作北京网络广告中的主流。

“126—许涛涛-克克”（北京双行线广告和豆奇网络的创始人许涛涛）同时关注了“102—吴超辉日志”（起点联盟市场总监吴超辉）和“142—涂晴”（凤凰网无线广告部华北销售总监），并且和其他北京的网络广告微博没有联系。三者可以看作一个小群体。

“57—雅歌时代广告”（北京雅歌时代广告传媒有限公司）被“21—实效传

媒”（北京实效根源传媒文化有限公司）和“72—锐创网络”（北京锐创利丰科技有限公司）同时关注，并且和其他北京的网络广告微博没有联系。可以看作三者形成了另一个小群体。

“43——推网”关注了“28—GAA 长城梅地亚”；“97—邱月 sunny”关注了“112—中视王辉”；“99—李浩 9466”关注了“106—沈禄政”；“111—那雨_TRain”关注了“130—瞿子羲”。可以将这些因关注而连接在一起的机构或个人视为小群体。但是，这些小群体里面只有两个成员，且只有单向的关注关系，很难说二者之间的联系是否紧密。

整体上看，北京网络广告微博的社会网络关系倾向集中于艾瑞咨询和新浪微洞察两个数据监测和发布机构组成的庞大群体。考虑到社会网络的密度和点度都很低，可以认为北京网络广告公司和从业者之间更多的是竞争关系，彼此紧密的联系并不多。

（四）北京网络广告微博空间分布

表 16-4　北京网络广告微博的空间分布情况

所在区	机构	个人	用户总数	区位商
东城	39	16	55	4. 19
西城	4	6	10	0. 53
朝阳	60	54	114	1. 98
海淀	22	21	43	0. 80
丰台	9	7	16	0. 47
石景山	0	0	0	0. 00
昌平	2	2	4	0. 13
顺义	0	0	0	0. 00
通州	2	4	6	0. 26
大兴	1	1	2	0. 07
密云	0	1	1	0. 13
怀柔	0	0	0	0. 00
延庆	0	0	0	0. 00
门头沟	0	0	0	0. 00
房山	0	1	1	0. 06
平谷	0	0	0	0. 00
总计	139	113	252	1. 00

从表16-4中，我们可以看到朝阳区、东城区和海淀区是网络广告机构和个人用户分布最多的区。几个区的人口规模差异巨大，我们测算了北京网络广告微博用户的区位商，来分析相对于人口规模北京网络广告在各个区的分布状况。

我们从表16-4中不难看出，东城区、朝阳区是北京网络广告最为发达的区，它们的区位商都超过了1。其他区，包括海淀区，区位商的数值都是低于1的。在区域经济学上，区位商大于1，可以认为该产业是地区的专业化部门，意味着其产业发展水平高于整个背景区域的平均状况。这说明北京的网络广告业是高度集中在东城区和朝阳区的。比起其他网络文化产业而言，这种集聚状况尤为突出。

（五）本章小结

1. 北京网络广告的发展特点

本章中我们对于北京的网络广告的新浪微博进行了统计分析，试图通过这个侧面来窥探北京网络广告的发展特征及其发展趋势。研究发现，北京网络广告的发展可以看到以下几个特点：

（1）北京网络广告性质多元，彼此联系较为松散

北京的网络广告性质非常多元，有传统广告从业者主动融合互联网科技，转型向网络广告、网络营销发展的网络推广机构（如北京四海欢腾广告有限公司）；有从事咨询、广告数据分析的平台机构（如艾瑞咨询）；还有互联网平台型企业成立的广告分支机构（如百度推广），也有通过微博自媒体植入广告进行营销的网络红人（如耿东娜）等。可能是由于网络广告微博用户来源差异很大，彼此之间的联系不多。社会网络的平均点度为1.45，在网络文化产业各类型中较低。

（2）平台类网络广告机构、广告数据和咨询类机构受关注度最高

多盟和百度推广等平台类机构搭建了广告主、应用开发者、网民之间互联互动平台，成了最受关注的一类微博博主。“艾瑞咨询”和“新浪微洞察”等数据平台和咨询机构，经常发布一些关于互联网和广告业的调研数据。这些数据的受众面很广，是第二类受关注的微博博主。

（3）北京网络广告主要联系的地区是经济、文化发达的地区

北京网络广告主要关注的微博是来自中国上海、广东，以及美国、韩国等国内外经济、文化最为发达的地方。这可能与这些地方的网络文化同样很发达，并且具有很多高知名度的网络名人、机构有关。比如，美国、韩国的演艺明星，

往往被北京的网络广告从业者大量关注。

(4) 北京网络广告主要分布在朝阳、东城两个媒体资源发达的区

网络广告的发展与网络媒体有着密切的关系。从北京网络广告的布局来看，它们主要分布的朝阳区和东城区是北京的传统媒体和网络媒体资源分布最多的两个区。北京网络广告的分布与此类似，无论从绝对数量，还是从区位商来看，东城区和朝阳区都远高于北京其他任何区。不同之处在于，海淀区的网络广告的区位商小于1。这可能是因为海淀区的网络广告机构是侧重于技术领域门类，网络广告的市场部门数量较少。

2. 对北京网络广告发展趋势的推测

综合整理搜集的数据，结合国内外传媒产业发展的趋势，我们对北京网络广告的发展有以下推测：

(1) 北京网络广告在全国将长期占据优势地位

北京是全国政治和文化中心，也是各类媒体资源最集中的城市。特别是在互联网新媒体领域，北京是新浪、百度这类网络巨型平台的总部所在地，也是各类文化名人和网络红人的所在地。再加上很多网络广告的从业者很多从传统广告业转型而来，而北京又是国内传统广告业最发达的城市。如我们前文的数据所示，这些因素都能促成北京网络广告吸引更多的粉丝，在全国网络广告业领域占据优势地位。

(2) 北京网络广告的市场份额将日益超越传统广告形式

随着数字营销模式的兴起，网络广告的精准投放、按效果计费等优势特征日益凸显。电视、广播、杂志和报纸四大传统媒介在市场中的整体份额比例已经降低到47%左右。网络广告在市场份额上优势日益显著。根据艾瑞咨询发布的《中国网络广告市场年度监测报告2018》显示，2017年中国整体广告市场保持稳定增长，中国广告经营额近7000亿。其中，网络广告占据绝对优势，市场规模达到3750.1亿元，同比增长32.9%。

我们没有找到北京网络广告市场规模的数据。但是，从北京网络广告的新浪微博数据来看，北京的网络广告与网络媒体是深度融合的。粉丝数排名前10位的网络广告机构，除九枝兰外，同时也是网络媒体。如第二章中所述，北京的网络媒体发展十分迅速，特别是百度、抖音、今日头条、爱奇艺、优酷等媒体用户关注量不断增长。相反，传统媒介受关注度逐渐减少。因而，北京的网络广告市场将日益超越传统广告形式。

第十七章 尾声：北京文化产业的共性与差异

从空间尺度和研究范围来分析，文化产业研究大致有 3 种类型：第一种是在园区尺度针对文化产业某一个具体门类的研究，比如，一些文献中对工业设计园区发展机理的探讨。第二种是在国家和城市尺度，基于数据对文化产业做整体性的研究，比如，针对北京市的文化产业集聚形态的分析。第三种是在城市尺度对不同的文化产业门类进行分析和比较的研究。长期以来，因为数据的限制，第三种类型的研究定性分析为主，定量分析很难得到推进。本书采用互联网公开数据，试图在这方面做出一点尝试。

前文中我们依据对新浪微博数据的采集和测算，对北京传统文化产业的 7 个门类和网络文化产业的 8 种门类进行了较为系统的分析①。根据我们测度的结果，这些不同的文化产业门类之间主要在空间布局方面呈现出一些相似的规律；但是，在产业组织的结构方面呈现出明显的差异性。

（一）北京文化产业门类之间的共性与差异

1. 北京文化产业门类的共性特征

从前文的结果中不难发现，北京文化产业的 15 种门类之间存在一些共性以及一些差异。就其共性而言，主要集中在以下两点，都和空间布局相关：

（1）联系方向基本类似

北京传统文化产业和网络文化产业主要关注的微博大都注册于中国广东、上海，以及美国、韩国等国内外经济、文化较为发达的地方。临近的天津市、河北省很少被北京的文化企业或个人关注。这与很多关于文化产业布局研究中发现的两个规律保持一致：其一，城市之间的距离不是影响文化产业布局的主

① 限于作者精力，仅对北京文化产业的大部分进行了分析，还有一些行业（比如，电视、广告等）没有分析。

要原因。文化企业之间可以通过互联网分享想法、图纸，通过现代物流分享“设计原型”。其二，文化产业与城市的规模经济相关。文化产业的市场是面向各地的，但是，也是有明显的空间指向的。文化企业和从业者关注的对象主要是那些经济规模很大、企业集聚效益突出的省市，如广东和上海等地。

（2）在北京城市内部空间布局类似

无论是绝对数量的空间分布，还是相对于人口规模的空间分布（区位商），北京的文化产业基本上主要分布在朝阳、东城、海淀几个媒体资源和互联网企业较为发达的区。在北京市内呈现集中分布的态势。部分网络文化产业与互联网联系更为密切，在海淀分布更为集中一些。但是，整体而言，朝阳、东城是各类文化产业最偏好的区域。这同样反映出一个很多文化产业布局研究中的被多次证明的规律，即不同文化产业门类的布局之间具有较为相似的空间指向性。就北京而言，主要是在文化氛围好、生活便利、文化机构多的中心城区以及互联网产业较为发达的区域。

2. 北京文化产业门类的差异性特征

文化产业是按照工业标准，生产、再生产、储存以及分配文化产品和服务的一系列活动。不同文化产业门类生产和流通形式不同，产业组织具有显著的差异性。本书中，我们发现的规律主要包括：

首先，不同门类的文化产业受到“互联网+”的影响存在明显差异。传统文化产业中，动画、电影、音乐等产业的生产和流通过程与互联网高度融合，催生了网络动画、网络电影、网络音乐等网络文化产业新形态。相反，设计、时装与互联网融合程度较弱。不仅没有形成互联网化新业态，在新浪微博上受到大众关注度比较低，行业内部机构和从业者彼此之间的微博联系也较少，平均点度较低。相声表演，乃至更广泛意义上的表演产业比较特别，形成了一种线上线下相结合的新发展模式。一方面，“网络相声表演”这样的新业态尚未成规模的出现。相声表演的营业收入主要来源仍然是剧场、影视等传统渠道。另一方面，很多相声演员借助互联网媒体迅速扩大知名度，吸引了大批的粉丝。张云雷、岳云鹏、高晓攀等相声演员的粉丝队伍已经较为庞大，在线上集结之后，在线下又成了观看演出的重要观众群体。

其次，文化产业中是否存在非常强大的平台型以及媒体型机构影响产业组织形态。网络音乐、网络动漫、网络广告这类产业的微博中，平台型企业或者机构的微博往往是最受关注的，在该类文化产业中具有举足轻重的影响。与此同时，这类产业中，非平台型企业或机构彼此之间的联系反而较少。比如，网络音乐平台网易云音乐有上千万的粉丝，点入度也位居首位，但是，北京网络音乐微博社会网络的密度为0.0033，平均点度为0.77。密度和平均点度都很低。平均点度仅高于网络媒体的0.74，低于其他所有网络文化产业。在网络动漫中“AcFun弹幕视频网”（A站）这一平台机构受关注度最高。网络动漫的社会网络平均点度仅高于网络媒体和网络音乐，数值明显较低。

最后，文化产业涵盖的范畴性质是多元还是单一，影响产业组织形态。相声、电影这类文化产业以及网络游戏、网络影视、网络文学这些网络文化产业内部的机构性质比较一致，企业和机构的相互联系较多。相反，设计、网络媒体、网络广告内部机构性质比较多元，企业和机构的相互联系较少。比如，设计产业包含时尚、家居、工业、建筑、集成电路的设计等众多类型，这些不同的类型企业和机构彼此之间交流起来存在较多的障碍，社会网络密度自然较低。

（二）北京文化产业之最

从前文的分析中我们不难看出，北京几乎在所有的文化产业都具备相当的竞争力。但是，在不同的门类中，其特点仍然有较大差别。我们发现了北京文化产业有以下几个“之最”。我们可以看出北京文化产业的一些特征。

1. 成员数量最多的文化产业

传统文化产业中成员数量最多的文化产业门类是设计（2049个认证微博用户），网络文化产业中成员数量最多的是网络媒体（1120个认证微博用户）。设计涵盖的范畴非常广泛，包括时尚、家居、工业、建筑、集成电路等各种类型，机构数量最大。网络媒体同样性质非常多元，有传统媒体从业者在互联网建立的自媒体，有咨询公司建立的商业网站，也有近年来借助新闻事件炒作而成的网络红人，还有网络作家、网络漫画家经营的自媒体平台，是网络文化产业中规模最大的群体。

2. 粉丝数量最多的文化产业

根据排名前10位的微博账号的平均值来看，传统文化产业中，机构类认证微博粉丝数最多的文化产业是音乐（平均3 963 885个），电影排在第二位（平均2 969 271个）。个人认证微博粉丝数最多的文化产业是相声（平均9 975 625个），其次是电影（平均4 432 245个）。由于很多影视明星的微博中没有标注“电影”，我们没有采集相关数据，真实的情况很可能是电影产业才是受关注度

最高、粉丝最多的门类。

根据排名前10位的微博账号的平均值来看，网络文化产业中，机构类认证微博粉丝数量最多的文化产业是网络视频（平均10 574 604个），远超第二位的网络游戏（平均1 607 135个）。个人认证微博粉丝数最多的文化产业是网络游戏（平均1 001 932个），远超排在第二位的网络文学（平均560 760个）。可见视频网站在北京网络文化产业中不仅占有最突出的地位，而且远超其他任何机构和个人。

表17-1　网络视频机构粉丝数排名情况

用户名	粉丝数
微博 iPhone 客户端	41 359 755
优酷	17 287 513
爱奇艺	13 255 979
新浪视频	13 254 853
搜狐视频	7 497 558
中国网络电视台	4 727 609
土豆	3 600 757
酷6网	2 135 407
微博 Java 客户端	1 616 340
艾瑞网	1 010 267

3. 社会网络联系最紧密的文化产业

传统文化产业中，相声表演产业的社会网络密度最高，平均点度为43.22。其次是电影（平均点度为13.4）、艺术（平均点度为12.32）和音乐（平均点度为11.21）。相反，时装（平均点度为0.51）、设计（平均点度为6.10）和动画（平均点度是8.6）是联系最为松散的文化产业微博网络。一方面，这与我们对产业门类的划分有关。比如，相声是一个非常具体的文化产业类型，设计则是包罗了很多种的设计门类。显然，在同一细分领域，成员之间彼此联系更为密切。另一方面，这一定程度上也表现出不同文化产业内部企业和个人交往重要性的差异。比如，相声是一个非常需要交际的圈子，很多人彼此之间存在着师承关系。时装、设计这类行业，虽然也需要企业、从业者彼此建立一定程度的联系，但是，联系的广度（联系人的数量）存在较大的局限。

网络文化产业中，网络游戏的社会网络密度最高（平均点度为3.64），其次是网络影视（平均点度为3.26）和网络文学（平均点度为2.82），网络视频

（平均点度为 1.71）和网络广告（平均点度为 1.45）位于中间，网络媒体（平均点度为 0.74）、网络音乐（平均点度为 0.77）和网络动漫（平均点度为 1.05）社会网络密度最低。产生这一现象的可能的原因有：一是网络游戏、网络影视等行业合作的需求比较多，相关机构和从业者彼此之间更容易产生联系。二是网络媒体、网络动漫等行业内部包括的企业和从业者类型比较多元（比如网络媒体中有传统媒体从业者在互联网建立的自媒体，有咨询公司建立的商业网站，也有网络红人、网络作家、网络漫画家经营的自媒体平台等），相关企业和从业者主要在小圈子内交流，行业整体的社会网络密度反而不高。三是本书的分类方法。比如为了与前文研究的音乐产业相区分，本书统计的网络音乐的微博中没有涵盖那些在传统音乐形式中非常知名的艺术家，而这些艺术家的社会网络联系非常多。从而造成了音乐微博社会网络密度较高，而网络音乐微博社会网络密度较低。

4. 影响面最广的企业：艾瑞咨询

艾瑞集团成立于 2002 年，共有艾瑞咨询、艾瑞数据与艾瑞资本 3 项核心业务。作为咨询机构，艾瑞掌握了大量的关于网络文化产业的基础数据，同时，它又发布了很多网络文化的发展报告。因此，兼有媒体和咨询公司的双重属性，在网络媒体、网络视频、网络游戏、网络广告 4 个文化领域都是点入度非常高的企业，是北京文化产业中跨越产业类型最多的机构。

参考文献

1. Cunningham, S. D. From Cultural to Creative Industries: Theory, Industry, and Policy Implications [J] . *Media International Australia, Incorporating Culture & Policy*, 2002, (102) .

2. Granovetter, Mark. Economic Action and Social Structure: The Problem of Embeddedness [J] . *American Journal of Sociology*, 1985, 91 (3) .

3. Hartley, J. Creative Industries [A] . *Creative Industries* [C] . J. Hartley, (eds) . Malden: Blackwell Publishing Ltd, 2005.

4. Hesmondhalgh, D. *The cultural industries* [M] . London: SAGE Publications, 2002.

5. Kenny B , Meaton J . Cross-benchmarking international competitiveness and performance in human language technologies [J] . *Benchmarking: An International Journal*, 2007, 14 (5) .

6. Leidner D E , Kayworth T . A reivew of culture in information systems research: toward a theory of information [J] . *Mis Quarterly*, 2006, 30 (2) .

7. Robey D , Markus M L . Rituals in information system design [J] . *Mis Quarterly*, 1984, 8 (1) .

8. 艾瑞咨询．中国网络广告市场年度监测报告-简版 [R] . 2018.

9. 陈少峰．“互联网+文化产业” 的价值链思考[J] . 北京联合大学学报（人文社会科学版), 2015, 13 (4) .

10. 陈积银，杨廉．中国网络视频产业的发展现状、趋势与思考[J] . 现代传播（中国传媒大学学报), 2017, (11) .

11. 陈思，靳戈 . 2018 中国网络影视精品研究报告[J] . 传媒，2018, (14) .

12. 陈吉．网络与传统电影艺术本体、价值革命[J] . 艺术百家，2008, 24 (1) .

13. 陈辉．新媒体时代网络音乐文化传播特征解析[J] . 中国音乐学，2009, (3) .

14. 陈少峰．“互联网+文化产业” 的价值链思考[J] . 北京联合大学学报：人文社会科学版，2015, 13 (04) .

15. 窦红梅．北京成为全国广告语最发达地区之一 [N] . 北京日报，2014-5-12.

16. 杜杨沁，霍有光，锁志海．政务微博微观社会网络结构实证分析[J] . 情报杂志，2013, 32 (5) .

17. 杜渐．我国网络游戏产业研究［D］．对外经济贸易大学，2016.
18. 冯巩．相声艺术创新的探索与实践［D］．华中师范大学，2001.
19. 高玉琮．传统相声的回归与相声艺术发展[J]．文艺研究，2003，(2)．
20. 高红波，陈成．中国网络视频栏目创新发展研究[J]．新闻爱好者，2018，(07)．
21. 耿波．相声艺术的产业化之路与日常生活再生产[J]．民族艺术，2009，(3)．
22. 黄玉涛．解析中国网络广告的发展轨迹[J]．中国广告，2004，(7)．
23. 黄艳．网络视频内容生产中的IP价值链建构进路[J]．中国电视，2019，(2)．
24. 黄小琴．网络视频下中国传统文化的传播方式[J]．新闻前哨，2018，(12)．
25. 胡天状．近五年中国网络视频营销快速发展因素分析[J]．东南传播，2011，(6)．
26. 侯利民．推进“互联网+文化创意产业”融合发展——以浙江省杭州市为例[J]．环球市场信息导报，2015，(21)．
27. 金元浦．“互联网+”与“创客”时代[J]．理论导报，2015，(10)．
28. 金路．利用信息手段管理文化遗产——故宫博物院世界文化遗产监测平台建设探讨［C］．百年传承 创新发展：北京地区博物馆第六次学术会议论文集，2012.
29. 李昕．基于社会网络分析的企业微博营销与信息瀑布传播实证研究［D］．北京邮电大学，2013.
30. 李静涵，顾银垠．网络游戏直播版权属性、规制及产业发展[J]．中国出版，2016，(24)．
31. 李玉琴．“互联网+”艺术品平台的竞争力提升问题与路径[J]．深圳大学学报（人文社科版)，2018，35（4）．
32. 李峰．前卫艺术回顾：中国当代艺术及市场28年[EB/OL]．搜艺搜——艺术品专业搜索．http：//www. findart. com. cn.
33. 鲁元珍．“互联网+”给文化产业带来什么[J]．决策探索（上半月)，2015，(4)．
34. 梁宏，许南山，卢罡．新浪微博用户及其微博特征分析[J]．计算机工程与应用，2015，51（7）．
35. 马春晖，杨晓红，潘禹宁．“互联网+”下的企业文化嬗变松原移动的企业文化创新实践[J]．通信企业管理，2016，(02)．
36. 欧阳日辉．从“+互联网”到“互联网+”——技术革命如何孕育新型经济社会形态[J]．人民论坛·学术前沿，2015，(10)．
37. 欧阳友权．网络媒体对文学经典观念的解构[J]．贵州社会科学，2007，(012)．
38. 曲明月．中日两国幽默文化的比较——相声和漫才[J]．学园：学者的精神家园，2014，(21)．
39. 时尚产业研究中心“中国时尚产业蓝皮书”课题组. 中国时尚产业蓝皮书2008——时尚产业升级之道［R]. 中欧商业评论，2008.
40. 宋恩梅，左慧慧．新浪微博中的“权威”与“人气”：以社会网络分析为方法[J]．图书情报知识，2012，(3).
41. 孙佳山. 网络游戏：第九艺术与大产业 [N]. 团结报，2016-07-02，第05版.
42. [澳] 斯科特·麦奎尔. 媒体城市 [M]. 邵文实译. 南京：江苏教育出版社，2013.
43. 邵燕君. 网络文学时代中国"主流文学"的重建[J]. 艺术评论，2014，(12).
44. 盛开. 大学生网络音乐付费意愿调查报告——以南京市部分高校为例[J]. 中国民族博览，2019，(01).
45. 司改霞，张敏，郝放，等. 互联网+城市公共文化信息传播广场建设研究[J]. 创新科技，2015，(11).
46. 佟军，杨静一. 网络环境下音乐节目的新思考——网络音乐节目《明日之子》评析[J]. 艺术教育，2019，(3).
47. 王军. 设计产业，首都创新发展新引擎 [N]. 中国信息报，2015-09-21，第007版.
48. 王佳. 设计产业与城市发展的耦合关系研究 [D]. 山东工艺美术学院，2012.
49. 王波，甄峰，席广亮，等. 基于微博用户关系的网络信息地理研究——以新浪微博为例[J]. 地理研究，2013，(2).
50. 王骏峰. 商业模式创新时建立模仿壁垒的策略研究——以"雅昌"为例[J]. 中国集体经济，2015，(1).
51. 王素芳. 国产网络动漫剧的发展趋向[J]. 艺术广角，2017，(5).
52. 王立新，刘敏. 信息网络技术对社会文化影响探析[J]. 辽宁教育行政学院学报，2002，19(05).
53. 王成文，中国网络广告第一个十年发展研究 [D]. 河南大学，2008.
54. 王晓红，谢妍. 中国网络视频产业：历史、现状及挑战[J]. 现代传播（中国传媒大学学报），2016，38(6).
55. 汪长玉，李秋迪. 多视角下网络文化产业链模式研究[J]. 技术经济，2014(1).
56. 魏鹏举. 互联网破解文化产业金融难题[J]. 人文天下，2015，(15).
57. 吴丹. 新媒体时代网络音乐文化及传播特征[J]. 新闻战线，2019，(02).
58. 邬贺铨. "互联网+"行动计划：机遇与挑战[J]. 人民论坛·学术前沿，2015，(10).
59. 习近平. 加快推动媒体融合发展构建全媒体传播格局[J]. 求是，2019，(6).
60. 项立刚. "互联网+"不是简单加法[J]. 中华工商时报，2015-03-27，第3版.
61. 夏榕潞. 国际音乐产业在移动互联网时代中的成长趋势研究[J]. 黄河之声，2020，(4).
62. 肖文婷. 网络影视受众的思维及审美探析 [D]. 江南大学，2011.
63. 熊澄宇，孔少华. 数字内容产业的发展趋势与动力分析[J]. 全球传媒学刊，2015，(2).
64. 邢祥虎，赵晓春. 传统影视传播与网络影视传播[J]. 山东师范大学学报（自然科学版），2002，17(3).

65. 许苗苗．网络文学，得到的和失去的［N］．文汇报，2018-05-29，第010版．
66. 许君婵．我国网络游戏产业的现状和发展趋势[J]．电子技术与软件工程，2017，(1)．
67. 解学芳，臧志彭．“互联网+”背景下的网络文化产业生态治理[J]．科研管理．2016，37（2）．
68. 杨洁．“互联网+”模式下艺术品市场的变革[J]．营销界，2019，(28)．
69. 杨臻．相声探源[J]．两岸关系，1999，(6)．
70. 严万祺．我国网络动漫发展概观[J]．电影文学，2017，(1)．
71. 艳霞文．周末相声俱乐部振兴相声的一方热土［N］．北京日报，2004-02-10.
72. 闫丞锋．网络广告互动性对广告沟通效果的影响研究——基于解释水平理论视角[D]．中国矿业大学，2016.
73. 张书云．网络动漫迈开大步又何妨[J]．光明日报，2016-10-8，第006版．
74. 张锐，许妍．首都网络动漫产业发展报告[J]．中国电影市场，2018，(1)．
75. 张晓凯．网络时代广告公司营销服务的转型思考[J]．传媒，2019，(2)．
76. 张丹，姚国强．“互联网+”中国数字音乐产业发展趋势前瞻[J]．电影新作，2018，(03)．
77. 张爽．中国网络广告的互动性分析[J]．中国民族博览，2019，(2)．
78. 张捷，张卓．说相声江湖[J]．人物，2015，(2)．
79. 中国互联网络信息中心．第43次中国互联网络发展状况统计报告[J]．互联网天地，2019，(2)．
80. 中国网络视听节目服务协会．2018中国网络视听发展研究报告［EB/OL］．http://www.sohu.com/a/279228578_179557.
81. 郑荔鲤．中国音乐与演艺产业发展报告（20187）［C］．两岸创意经济研究报告，2019.
82. 周清平．“互联网+”模式中现代影像艺术文化基因的融合与裂变[J]．电影艺术，2016，(1)．
83. 周子钧．中国电影产业高质量发展的内在逻辑探究[J]．2020，(5)．
84. 朱春娇．中国动画产业现状及发展研究[J]．现代商贸工业，2010，(4)．